[美] 丹尼斯·舍伍德 著
（Dennis Sherwood）

邱昭良 刘昕 ◎译

白金版

SEEING THE FOREST FOR THE TREES
A Manager's Guide to Applying Systems Thinking

机械工业出版社
CHINA MACHINE PRESS

图书在版编目（CIP）数据

系统思考（白金版）/（美）舍伍德（Sherwood, D.）著；邱昭良，刘昕译．—北京：
机械工业出版社，2014.6（2025.7重印）
书名原文：Seeing the Forest for the Trees: A Manager's Guide to Applying
Systems Thinking

ISBN 978-7-111-47024-3

I. 系… II. ①舍… ②邱… ③刘… III. 企业管理－研究 IV. F270

中国版本图书馆CIP数据核字（2014）第126514号

北京市版权局著作权合同登记　图字：01-2014-3074号。

Dennis Sherwood. Seeing the Forest for the Trees: A Manager's Guide to Applying Systems Thinking.
ISBN 1-85788-311-X
Copyright © 2002 Dennis Sherwood.

No part of this book may be reproduced or transmitted in any form or by any means, electronic or mechanical, including photocopying, recording or any information storage and retrieval system, without permission in writing, from the Publisher.

All rights reserved.

本书中文简体字版由Nicholas Brealey Publishing通过Andrew Nurnberg Associates International Ltd. 授权机械工业出版社在中国大陆地区（不包括香港、澳门特别行政区及台湾地区）独家出版发行。未经出版者书面许可，不得以任何方式抄袭、复制或节录本书中的任何部分。

系统思考（白金版）

[美] 丹尼斯·舍伍德（Dennis Sherwood） 著

出版发行：机械工业出版社（北京市西城区百万庄大街22号　邮政编码：100037）
责任编辑：程　琨　　　　　　　　　　　　责任校对：董纪丽
印　　刷：保定市中画美凯印刷有限公司
版　　次：2025年7月第1版第30次印刷
开　　本：170mm×242mm　1/16
印　　张：20.75
书　　号：ISBN 978-7-111-47024-3
定　　价：69.00元

客服电话：（010）88361066　68326294

版权所有·侵权必究
封底无防伪标均为盗版

越洋专访

关于几个关键问题的对话

邱昭良：丹尼斯·舍伍德教授，您好！很荣幸能够将您的大作《系统思考》翻译为中文，使之惠及更多有志于提高决策能力和学习能力的组织和个人。

您的大作以真实的案例为基础，一步步清晰地阐释了系统思考的相关理念、工具和方法，令人受益匪浅。

现在，我有几个问题希望向您请教。

丹尼斯：昭良，你好！很高兴能有机会和你交流，并谢谢你的辛苦翻译！得知你很喜欢这本书，并有所获益，我深感欣慰。我非常乐意和你讨论相关问题。

关于系统思考与心智模式

邱昭良：首先，根据彼得·圣吉及其五项修炼理论，系统思考和系统循环图有助于浮现个体的心智模式，并有机会加以改善，同时，也有助于建立团队共享的心智模式。这也被认为是激发团队学习和组织学习的关键因素。不知您对这个问题怎么看？

丹尼斯：你提到的问题很好。诚如你所说，系统思考确实有助于改善心智模式。对我而言，绘制系统循环图是我所知厘清个人思考的最有力方法，因为它迫使我们深究各种复杂的因果关系链的来龙去脉。同时，这也有助于向别人展现自己对一个复杂问题的思考。一幅好的系统循环图会无声地对别人诉说："这就是我如何看待这个世界的。"因此，当不同人绘制的系统循环图相互比较时，这是一种礼貌地向别人描述自己世界观的稳妥方式，从而也提供了形成共同世界观的基础。如果一幅系统循环图能够让团队中每个人看到它都会说，"对，我也是这么看的"，大家就会在解决问题、制定政策和一致行动方面处于非常有利的位置。这就是圣吉所称的"团队心智模式"。虽然我在书中谈到这一问题主要是第 9 章，但我相信全书都贯穿了这一思想。

事实上，本书所有案例，从第 1 章中提及的投资银行的后勤系统到第 11 章中的全球变暖，都取自我的工作经历。在这个过程中，我和团队一起绘制系统循环图，其目的就是找到一幅让每个人都觉得豁然开朗的图画。在我的心目中，这是系统思考最基本的好处。为确保这一点，按照我们西方的话来说，最有力的方式就是让每个人的目光都汇聚到同一张纸上。

我曾经不止一次地猜想，对于东方哲学思想而言，这一概念是否更加和谐自然？按照我的理解，西方的世界观更加注重个人主义，东方哲学的世界观则蕴涵着整体的观点、宇宙的一体性以及阴阳的平衡，与系统思考所强调的系统的整体性观念更加吻合。因此，可以想象，共享心智模式的观念以及由此产生的和谐，是深深根植于东方哲学和文化之中的自然结果。

我喜欢的一项工作是阅读那些没受过正规的系统思考训练但却是天生的系统思考者的著作——他们生来就能全面地看待事物，并能洞察长期的因果关系。我一直渴望但还没有时间去做的一件事，就是写一本"莎士比亚戏剧系统思考指南"，把莎士比亚每一部伟大的戏剧作品都用一系列系统循环图来展现。我想这可能同样适用于中国的孔老夫子。

关于系统思考与基模

邱昭良：丹尼斯教授，谢谢您的回答！确实，我认为在中国古代文化中包含着大量的系统思考智慧。从古至今，中国社会与经济活动中，存在着大量的系统思考实践，显而易见，它们都根源于东方文化与哲学中的系统思考思想。希望有机会深入研究一下这个课题。您关于莎士比亚和孔子的想法非常吸引人。

我想问的第二个问题是，彼得·圣吉在《第五项修炼》等书中提到了"系统基模"（archetypes）的概念，并给出了九个系统基模。在您的书中，也提到其中之一即"成长上限"。那么，我想了解您如何看待系统基模？它们和系统循环图是什么样的关系？应该如何应用它们？

丹尼斯：就我个人而言，我并不认为彼得·圣吉和其他一些人（如Daniel Kim）描绘的系统基模对人们特别有帮助。当我初次知道这个概念时，我想："啊哈，一些基本的构造模块，这一定会使事情变得更简单。"但在实际应用中，事实并非如此。我认为原因之一是这些基本结构的出现是不可避免的。让我来详细解释一下。

我们知道，系统思考最基本的构成元件是增强回路（R）和调节回路（B），而它们本身就是两个最基本的基模。因此，任何包含两个回路的系统只能是B-B、R-R或B-R结构，再没有其他可能性了。以上三种组合都有特定的一般性行为，也能映射到现实生活中的特定情境。所以，这三种组合加上那两个最基本的基模，使基模的数量达到了五个。同样，让我们看一下包含三个回路的系统，也只有B-B-B、B-B-R、B-R-R与R-R-R四种组合的可能性。你瞧，我们也有了九个基模！

从我的经验来看，使用基模可能带来的问题之一是，当人们遇到真实世界里的一个问题时，他们会不由自主地想："这种行为符合哪个基模呢？"这样，就可能倾向于"强迫"真实世界的行为去符合特定的基模，而不是按照真实呈现的现象去解决问题。所以，我倾向于从"基本原理"开始，去寻找准确描述问题的最佳系统循环图,然后再以此为基础进行解释。每次我这么做完之后,都会发现基模不能很好地与事实相吻合。这就是为什么我在本书中甚少涉及基模的原因。

我相信,与其花费力气去了解和掌握基模,还不如把基本概念理解得更深刻,并能熟练地使用它们。从本书后几章所展示的一些更为复杂的范例中,我坚信这一点。

关于系统思考与学习型组织

邱昭良:我能理解您提到的这个问题。在中国有个成语来表述这类现象,即"削足适履"。这确实可能是人们在使用基模时容易陷入的一个误区。由于我个人目前还缺乏大量的系统思考实践,还无法判断基模的利弊,只能根据个人主观判断和文献来推断。既然您基于自己的实践,给出了这个结论,我一定会认真考虑您的建议。

按照我粗浅的理解,我并不认为系统基模一无是处。事实上,对于很多不太熟悉系统思考技巧的人来说,基模可以提供一个快速参考,也有助于快速厘清一些经常出现的结构。当然,我们要避免您提到的使用基模过程中的误区。在这方面,我还需要向您多多请教。

第三个问题是,您对中国企业创建学习型组织有何建议?系统思考在这个过程中,能起到什么作用?

丹尼斯:由于没有机会访问中国,我对中国及中国企业的了解也甚少,因此,我恐怕无法就你这个问题给出什么有针对性的建议。但我确实对学习型组织的概念有过一些思考,也发表过一些文章。我真诚地相信学习是件好事,我们应该乐于相互倾听,并转变自己的思维,以克服骄傲自满。但我必须坦率地承认,我认为"学习型组织"的概念存在缺陷,它不会扬名太久。

在我的认识中,应该有一个超越"学习"的状态,我称之为"忘却学习"(unlearning)。在这种状态下,我们不仅更容易获取全部的学习内容,而且能够"忘却",以发现新的事物——那些尚未被人们所认识而无法被学习的事物。这就是创造力和创意之所在。因此,对于"学习型组织"来说,一个很大的危险是,人们容易把它解释为"获取各种现存知识"的组织,也就是说,一旦我"学"了某个领域(譬如市场营销)的所有相关问题,我就掌握了一切。但事实并非如此。为了需要探索新的营销方式,并付诸实施,你就需要"忘却"旧的一套。

在这方面,你可以参考几年前我在伦敦商学院主办的《企业战略评论》(*Business Strategy Review*)杂志上发表的一篇论文,题为"忘却型组织"(unlearning organization)。同时,我也希望你关注我的另外一本书,题为《创新管理》。该书已经在中国内地翻译出版。

在我看来,创新、创造性和系统思考都是一回事儿,它们都是关于我们如何获得新的想法的学问。事实上,无论是《系统思考》还是《创新管理》都源自我更早期的一本书,名为《开启你的大脑》(*Unlock Your Mind*),其中一半是关于创造性,另外一半则是关于系统思考的。

谢谢你和另外一位译者的共同努力!我希望早日看到译作出版。如有任何我可以协助的地方,请及时告知。

祝好!

邱昭良:丹尼斯教授,谢谢您的反馈!您的见解对我有很大启发,希望能有机会继续和您探讨相关问题,也希望本书中文版的出版能够有助于更多的人受益于系统思考。

SEEING THE FOREST
FOR THE TREES

推荐序一

　　如今我们已经进入了全球化的时代，几乎所有事情都是协同运作，甚至需要依赖全球的资源来完成，不论是产品生产、销售，还是股票市场、城市发展、金融服务、互联网络、科技竞争，还有黑道犯罪……甚至连病毒都是全球化传染（透过航空及其他交通运输渠道）。因此，我们所生活的环境已经变得牵一发而动全身，你永远不知道你的一举一动借助媒介的全球传播，会影响到多少人。例如，阿富汗一位少女的照片成为全球瞩目的热点；一则无中生有的消息，也能造成全球性的股灾。你也难以想象，个人的生活习惯可能引发令全球恐慌的传染性疾病……总之，在当今时代，几乎没有一个人可以置身世外，世界已经变得一体化，彼此间的相互依赖越来越深，互动越来越多。试问有多少人还能关起门来，对外面的世界不闻不问呢？又有多少人能够真正置身于全球系统之外，而不关心每年让地球平均温度上升的"温室效应"以及全球恐怖主义呢？即使是养牛的农夫，都该关心一下"疯牛病"对牛肉价格的影响。

　　正因为如此，我更认为身为"地球村"的一员，需要一种新的全球性语言，超越过去语言文化所造成的隔阂，看到彼此之间紧密的联系和互动关系——这种全球性的语言就是系统思考。

对于在组织中工作的现代上班族来说，系统思考更是你在职场中谋生、发展的必备工具。越往组织的高层走，你就越会遭遇到更多复杂而纠缠不清的系统问题，所牵涉的层面之广、之深，绝非我们用文字性的描述可以说清楚的。所以，越是高层的管理者，越需要有能力看清并处理高度复杂的系统动态问题，才可以确保你的企业或组织拥有持续的竞争优势。

系统思考是建立学习型组织的关键技术。没有了系统思考，组织将难以改变根深蒂固的成见，更遑论集体的学习与创新了！"系统思考"中的"系统"原文为"systemic"，是"整体"的意思，而不是"systematic"（系统化）的意思。很多第一次接触系统思考的人以为它又是一套逻辑分析工具，其实这完全是一种误解。系统思考是管理学上划时代的新方法，是一种整体思考的有效工具，彻底改变了过去在工业社会过于割裂式的世界观，反而比较接近中国传统的思考方式。在中国人的社会里，当你拿到一个物品时，大都会问这是从哪里来的？把它看作一个完整的东西，来探讨它的历史渊源以及与周遭环境的互动关系，然而在西方人的文化里，他们会问这是由什么组成的？把它当作是一些元素的集合体，进而去分析它的组成成分及比例。

所以在近代管理史上，我们大都承袭了这种分割式的思考模式，把企业拆解成产（生产）、销（销售）、人（人事）、发（研发）、财（财务）五大部分，彼此独立发展，少有联系与互动。这种思考模式不但影响到现有的组织架构，就连教育制度也都根据这种思考方式而分门别类，培养所谓的"专才"，如此则使部门之间的壁垒更加强化分明，诸如达芬奇等兼具艺术及科学的人才，近代已经少有了。在企业运作上，一个紧密相关的整体又进一步被分割成品质、成本、技术、流程、策略等块或面，使得管理成本的采购部门毫不关心品质；高级主管整天关在会议室里想着未来的策略，而忽略了基层员工的心声；技术归工程单位负责，单纯从技术出发而不管市场的需要；而流程归管理部门管控，与各个职能部门相互扯皮……"各司其职"的"后遗症"使我们几乎丧失了关照整体的能力，"过度分工"的结果是工作越努力，公司的利润就越低！我们根本无法了解整个组织是如何运作的，就连公司的总经理也只是看到一大堆的报表与数字——我们只看到了树木，而看不到整个森林！

直到《第五项修炼》一书问世，才提醒我们不能再埋头苦干，在分割式的思考模式下找答案，因为把一头牛切成两半是不会成为两头小牛的。我们必须停下来彻底检视我们习以为常的思考方式（这种思考模式可能就是造成问题的源头），并将视野拉高、拉广，可能需要改变看事情的角度，而不是改变做事情的方法。在现代企业中，改变经营绩效不佳的局面，往往不是一个部门就能解决的，必须靠好几个部门的通力合作才有机会克服。例如，有一家计算机设备公司，要求其所属的服务部门每增加200单位的维修收入就可增加一名维修人员。乍听之下这个政策非常合理，其实它并未整体考虑其产品项目与复杂度将会增加服务部门的人力负担。若单纯以维修收入为人力的决定因素，将会促使服务人员倾向于维修简单而费用高的产品，而复杂且难度高的新产品将会面临服务支持不足的窘境。若不将业务部门的产品组合与服务人力放在一起来讨论，将难以看清其中复杂的互动关系。又如业务单位只冲业绩、服务部门只做维护，而系统部门只负责开发，这样的组织虽然单个部门绩效很好，但企业整体效率会变得很差，彼此的力量相互抵消，而且会造成许多"三不管"地带，例如物料管理、信息系统、市场信息等部分无人关心。长此以往，将会使业绩无法增长，甚至衰退！

尝试重新看待我们所处的环境，以整体而不是以偏概全的角度来思考现实中的复杂问题，对现代企业的上班族来说，并不是一件容易的事。由于工作已经被切割成许许多多的小单元，而绩效考评制度也告诉我们：完成自己的小单元后就可拿到奖赏，所以更没有任何诱因鼓励我们去看看自己的工作与其他单位的关系，及其对组织整体目标的影响是什么。受现代分解式战略、目标规划方法的影响，很多人存在这样一种逻辑，即认为只要每个人、每个部门都把目标达成，整个公司的目标就会达成。所以，只要公司目标没有达到，人们就自然而然地反推一定是某个部门或个人没有做好，只要将这个"害群之马"揪出来换掉，问题就会迎刃而解。然而，几乎所有的案例都很难找到这个罪魁祸首。事实上，没有一个人会故意去搞破坏，阻碍公司的发展。造成问题的关键是人们把整体当作部分的总和的片段式思考方式，以及由此导致的对部门之间的互动与搭配关系的忽略。我们习以为常的"找原因、消除原因"（或"找差距、消除差距"）的做法，并不适用于高度复杂的组织环境。

因此，我们需要一个类似广角镜的工具，协助我们打破这么多年来形成的思考方式，了解复杂的组织结构是如何运作的，事件与事件之间有什么关联，以及部门间的互动会造成什么超出我们预期的结果。系统思考的相关工具可以使我们了解整个事情的来龙去脉，进一步培养组织成员看清复杂系统的能力。虽然它不会直接告诉我们标准的正确答案，但却可降低我们因不了解系统而做出错误决定的比率。更重要的是，它是一种预防问题发生的手法。

《系统思考》为我们整理出一条学习系统思考的快捷方式。本人从事企管顾问工作十余年，主要的工作就是教授企业管理者学会系统思考的能力，但我常常发觉他们欠缺一本参考书籍，能够在上完课后、在没有老师的环境下继续自修及练习。因为对于系统思考的工具而言，刚开始接触时会让人感觉有些复杂，如果没有老师的带领是很难入门的。如今，我很高兴看见在华文社会里，出版了第一本关于系统思考的入门书籍，如此可以让更多没有机会上课、接受顾问指导，而又想学习和运用系统思考的广大经理人和各方人士找到简捷的学习途径。

这本书从什么是系统思考开始介绍，让完全没有概念的读者，也可以按部就班地了解，而且作者还特别强调了整体的重要性：如果失去了整体的关照，团队将无法有效运作。作者还指出：借助系统思考，可以对复杂的世界进行了解，并做出团队集体的学习，而非狂妄地想要预测未来。虽然本书的重点是放在个人角度来应用系统思考，但已经将前提说得很清楚了。

接下来，用一个投资银行中所发生的内勤人力问题，来说明系统的复杂特性，并且进一步点出很多事情是环环相扣、牵一发而动全身的。如果没有根据时间序列来分析这个问题，恐怕难以厘清其中的关联，于是就介绍了系统思考所用的系统循环图（因果关联图），如此一来，让这个内勤人力问题的思考变得更周全，才发觉其中牵涉到的不只是人力问题，而包括培训、服务质量、交易的种类、信息系统，但更重要的是其中的恶性循环，才是让管理难度大幅增加的主因。

在第二部分，详细描述了系统循环图工具的使用，尤其是对增强回路——系统思考的基本回路，做了详细而完整的说明，并且举出另一个电视制作公司的案例，说明虽然投资银行与电视制作公司的行业相距甚远，但它们却都具有相同的系统结构，也就是增强回路的结构。所以，即使其中的变量不同，却拥有共通的恶性循环，而且更以图表说明回路具有指数增长的特性。

第三部分是系统思考工具的实际应用，让我们看到公司的成长结构及城市人口的增长，都不会毫无限制地成长，而是存在着成长上限的系统作用。我最喜欢其中的一个例子，即假如你是18世纪初欧洲一个小国的国君，你会采取什么政策来促进经济的繁荣？答案竟是多喝一杯下午茶！作者在这部分还提及如何找出干预系统的"杠杆解"，其中大部分往往在自己的心智模式，而这也是激活组织智能的一把钥匙。

第四部分更提到系统思考的进阶应用，即运用计算机仿真技术，建立更精准的系统模型，并以量化的方式加以分析，如此可以帮助一个大中型企业，快速分析异常复杂的竞争环境及组织动态，然后做出更为高明的系统决策。如果公司的规划部门及高层管理者能够应用书中所说的"未来情境实验室"的做法，将可以大大地减少错误决策的风险，其效益将会远远超出现在好几倍，甚至几十倍。

最后，我想用一个故事当作序的结尾：有两个和尚分别住在东西相邻的两座山上。这两座山之间有一条小溪，这两个和尚每天都会在同一时间下山去溪边挑水。久而久之，他们便成了好朋友。就这样，时间在每天挑水中不知不觉地过去了五年。

突然有一天，东边这座山的和尚没有下山挑水，西边那座山的和尚心想："他大概是睡过头了。"便不以为意，哪知第二天，东边这座山的和尚还是没有下山挑水，第三天也一样……直到过了一个月，西边那座山的和尚终于受不了了。他心想："我的朋友可能生病了，我要过去拜访他，看看能帮上什么忙。"

于是，他便爬上了东边这座山去探望他的老朋友。等他到达东边这座山上的庙，看到他的老朋友之后，大吃一惊，因为他的老朋友正在庙前打太极拳，一点也不像一个月没喝水的人。

他好奇地问："你已经一个月没有下山挑水了，难道你可以不用喝水了吗？"

东边这座山的和尚说："来来来，我带你去看。"

于是，他带着西边那座山的和尚走到庙的后院，指着一口井说："这五年来，我每天做完功课后，都会抽空挖这口井。即使有时很忙，也能挖多少算多少。如今，我终于挖出了井水，再也不必下山挑水了。这样我就有了更多时间练我喜欢的太极拳了。"

如果你想更轻松且更有效地生活与工作，有机会比别人有更多时间练你喜欢的"太极拳"，系统思考很可能就是你要凿的那口"井"。

刘兆岩
台湾羽白国际管理顾问公司　总经理

推荐序二

SEEING THE FOREST
FOR THE TREES

或许本书的副标题也可以叫做"精确的常识在组织战略和政策思考中的应用"。因为丹尼斯·舍伍德以令人信服而又有趣的方式向人们展示了如何使用系统循环图和系统思考技术，人们所熟知的一些常识得以精确化、结构化，从而使人们有可能以一种易于管理和理解的方式来解决复杂的战略性问题。

在本书开头，丹尼斯就指出，在解决经营、组织方面的问题时，采用整体的观点是至关重要的。这一条铁律无论对商业组织，还是公共事务机构的管理者，都是正确的。作为欧盟下属一家机构的经理人，我立刻就意识到本书所阐述的方法对我所在组织的有效性——欧洲审计师委员会具有相对分散的组织结构，甚至在总体目标方面也有一些分歧，各部门对什么比较重要以及目标之间的优先顺序都有自己的认识。在这种情况下，存在着一种各自为政、没有整体观念的倾向。随着组织规模的扩张，我们意识到这一问题更加严重。现在，我们正致力于让整个组织聚焦于一些关键性的全局目标，很明显，我们必须采用整体的方法——这一点现在已经再次成为常识！在帮助组织聚焦于真正重要的目标这一点上，系统思考和系统循环图可能是一种强有力的工具，因为它们可以帮助我们"见树又见林"。

我认为本书中最重要的信息之一就是，以事后诸葛亮的观点来看，系统思考似乎是非常显然的事情。然而，这是一个悖论——人们使用系统循环图，花费了大量时间找出来的东西，事后看起来竟然是显而易见的。就像丹尼斯所指出的那样，不停地思考有哪些连接、悬摆，如何表述图中的要素，考虑因果关系是"同"还是"反"，会让人头痛，并让你的废纸篓中塞满了不恰当的废图。这就需要将严格的方法与常识结合起来，也就是说，要与对被研究系统的深刻认识结合起来。因此，这一方法一个有价值的副产品是，可以确保人们正确地理解当前的业务。

丹尼斯已经证明，本书中所阐述的理念并不局限于商业组织和商业决策范围。在第10章，他通过将这一技术应用于诸如全球变暖等公共政策领域的重大问题而证明了这一点。全球变暖是一个高层次的公共政策问题，也是一个非常有趣、可读性很强的例子。当然，如果仅仅是出于展示该方法可用性的考虑，丹尼斯完全可以选择一个非营利性组织所面临的战略问题。只要一个组织具有目标、约束以及影响绩效的不同因素之间的复杂连接，无论问题出在何处，都可以应用系统思考的方法并绘制出系统循环图。这一切可能很困难，因为存在着很多模糊变量，能够精确量化的指标很少，但无论如何，系统思考仍然能够发挥重大作用。

在第9章，作者强调了理解不同的心智模式在促成高绩效团队工作中的重要性，这一点在公共事务领域尤为明显。在欧盟这样一个特定的机构内，员工具有不同的背景和文化，理解这一点非常重要。即使在一些像我们这样的专业机构中，虽然我们都被称为审计师，但不同成员国的审计传统仍然相去甚远。因此，将这些不同的传统融合进一个组织，并形成一种共同的文化，以致能够通过"电话本测试"，是一项长期的工作。

这是一本非常有用且引人深思的书，你也许会在阅读过程中就拿出纸和笔，试图绘制系统循环图，以分析自己组织面临的战略问题。要做到这一点，你需要集思广益，开动脑筋，并准备好一个大废纸篓！当然，如果能请丹尼斯来帮助就更好了！

约翰·斯皮德（John Speed）

欧洲审计师委员会主任

目录

越洋专访
推荐序一
推荐序二

绪论
什么是系统思考 // 001

0.1 系统思考是个重要概念 // 001
0.2 什么是系统思考 // 002
0.3 连接 // 004
0.4 为什么必须从整体上研究系统 // 005
0.5 系统思考工具箱 // 006
0.6 系统思考的益处 // 007
0.7 本书的结构 // 008

第一部分　处理复杂性

第1章
系统视角 // 012

1.1 系统 // 012
1.2 涌现与自组织 // 014

1.3 反馈 // 016

1.4 系统思考 // 017

1.5 继续我们的学习之旅 // 024

第 2 章
撬起内勤之石 // 025

2.1 故事 // 025

2.2 环境 // 026

2.3 问题 // 027

2.4 图表表示 // 028

2.5 让图表充实起来 // 030

2.6 错误带来的恶果 // 030

2.7 恶性循环 // 031

2.8 还有哪些处理能力的驱动力 // 031

2.9 成本如何 // 032

2.10 仍然遗漏了一个东西 // 033

2.11 重归睿智 // 035

第 3 章
质量、创造力和削减成本 // 038

3.1 故事 // 038

3.2 环境 // 039

3.3 图片 // 040

3.4 另一个恶性循环 // 040

3.5 我们应该做些什么 // 041

3.6 谁是正确的 // 042

3.7 制定政策 // 044

第二部分 工具和技术

第 4 章
反馈回路 // 048

4.1 反馈回路的重要角色 // 048

4.2 增强回路 // 051
4.3 调节回路 // 052
4.4 悬摆、边界和真实系统 // 054
4.5 只存在两种连接：S 型连接和 O 型连接 // 055
4.6 分辨调节回路和增强回路 // 056
4.7 两种基本构造块 // 058
4.8 语言的重要性 // 059
4.9 是否所有的连接都是非 S 即 O // 060
4.10 模糊变量 // 061
4.11 单方向起作用的 S/O 型连接 // 062
4.12 最后一点思考 // 065

第 5 章
增长引擎，也是衰退引擎 // 068

5.1 恶性循环和良性循环 // 068
5.2 它们具有相同的结构 // 069
5.3 增长引擎 // 070
5.4 增长的模式 // 072
5.5 指数增长非常快 // 076
5.6 明确的悬摆和隐含的悬摆 // 078
5.7 繁荣和衰退 // 080
5.8 增强回路可以相互连接 // 085

第 6 章
制定目标，寻找目标 // 093

6.1 关于调节回路的更多内容 // 093
6.2 商业中的调节回路 // 098
6.3 调节回路通常相互关联 // 102
6.4 调节回路和时滞 // 105
6.5 差异的定义 // 109
6.6 用武之地马上到了 // 113

第 7 章
如何绘制系统循环图 // 115

法则 1：了解问题的边界 // 115

法则 2：从有趣的地方开始 // 116
法则 3：询问"它将驱动什么"以及"它的驱动力是什么" // 117
法则 4：不要陷入混乱 // 117
法则 5：不要使用动词，请使用名词 // 119
法则 6：不要使用类似于"在……方面增长/降低"
　　　　这样的词 // 120
法则 7：不要害怕从未出现过的项目 // 122
法则 8：随着进展及时确定连接类型 // 122
法则 9：坚持就是胜利，持续前进吧 // 123
法则 10：好图表必须反映实况 // 123
法则 11：不要爱上你的图表 // 124
法则 12：没有"已经完成"的图表 // 125

第三部分　应用

第 8 章
刺激增长 // 128

8.1　现实生活中，指数增长无法永续 // 128
8.2　突破限制 // 134
8.3　城市人口增长 // 136
8.4　不用猛踩油门，松开刹车就够了 // 147

第 9 章
决策、团队工作和领导力 // 149

9.1　人才问题 // 149
9.2　太明显了 // 160
9.3　心智模式 // 162
9.4　团队工作 // 165
9.5　外包、合伙以及跨边界冲突 // 169

第 10 章
控制杆、成果和战略 // 180

10.1　控制杆 // 180

10.2 成果 // 182
10.3 控制杆和成果是如何连接的 // 183
10.4 控制杆、成果和系统思考 // 187
10.5 控制杆、成果和回路 // 187
10.6 将两个回路连接起来 // 190
10.7 最后一个连接 // 194
10.8 其他控制杆作用如何 // 197
10.9 通用商业模型 // 199
10.10 完整的图像 // 201
10.11 激发雄心、远见和想象力 // 206
10.12 如何具有创造性 // 209
10.13 回到控制杆和成果 // 212

第 11 章
公共政策 // 214

11.1 系统思考同样适用于公共政策事务 // 214
11.2 重提人口 // 215
11.3 经济活动的后果 // 216
11.4 系统的结构和行为 // 217
11.5 盖亚 // 220
11.6 全球变暖 // 223
11.7 将回路连接到一起 // 228
11.8 暴风雨的影响 // 231
11.9 "天启四骑士"再次降临 // 232
11.10 超越全球变暖 // 233
11.11 我们能做些什么 // 235

第四部分 创建"未来实验室"

第 12 章
加速系统思考 // 242

12.1 系统动力学 // 243
12.2 系统动力学和电子数据表 // 244

12.3　存量和流量 // 248

12.4　商业中的存量和流量 // 250

12.5　另外两个概念 // 255

12.6　系统循环图和水管图 // 256

12.7　用 ithink 建模 // 259

第 13 章
业务增长建模 // 268

13.1　一个业务例子 // 268

13.2　模糊变量 // 276

13.3　为答案而建模，为学习而建模 // 279

13.4　管理营销组合 // 281

13.5　寻找优化业务的对策 // 290

13.6　80∶20 的分配比例是否最佳 // 292

结束语
驾驭复杂性 // 295

致谢 // 297

参考书目 // 298

译者后记 // 304

绪论

什么是系统思考

0.1 系统思考是个重要概念

这本书主要介绍系统思考（systems thinking）。系统思考是个重要概念——一个能够帮助你理解并解决现实世界中复杂问题的概念。我们无法坐等复杂问题自动消失，如果我们能够采用正确的方式来看待这个世界，并且自信地面对复杂问题而不是被它吓倒，我们就可以真正睿智地处理它、解决它。

系统思考的精髓是，处理真实世界中复杂问题的最佳方式就是用整体的观点观察周围的事物。只有拓宽视野，才能避免"竖井"式思维和组织"近视"这一对孪生并发症的危害——前者的危害经常表现为，对一个问题的补救只是简单地将问题从"这里"转移到了"那里"；后者的危害则通常表现为，对"现在"一个问题的补救只会导致"未来"一个更大的需要补救的问题。然而，视野的拓宽不能以忽视细节作为代价；大多数时间里，我们都要理所当然地关注那些非常重要的细节。但是，这也不需要关注所有细节；实际上，这是一个在由恰当的细节构成的环境中保持开阔视野的问题——希望能够像本书的标题那样，既见树木，又见森林。

如果能做到这一点，你就能得到回报，那就是更好、更稳健、更睿智的决策。决策更好，是因为全面地考虑了整个问题的复杂性；决策更稳健，是因为透彻地了解了整个问题的所有后果，从而不会为意料之外的情况而惊讶；决策更睿智，是因为对整个问题进行考虑时，经历了最艰巨的验证——时间的验证。无论你身处商业组织，抑或非营利性机构，无论就何种意义而言，更好的决策总是意味着更好的事业。

为了得到这份回报，必须具备如下两点：

- 敢于直面复杂问题，而不是躲避它；
- 能够从容自信地使用系统思考这一工具，从而使你能够理解、描述、检查并探究真实世界的复杂性。

而这本书能够帮助你的是：

- 它会说服你复杂问题是可以解决的，并将帮助你建立起解决它的信心。
- 它会逐步为你介绍系统思考的思想，从而帮助你用相关的工具和技术来武装自己。

0.2　什么是系统思考

你可能对系统思考很熟悉——尤其是当你读过彼得·圣吉（Peter Senge）的畅销书《第五项修炼》（*The Fifth Discipline*）或者阿里·德·赫斯（Arie de Geus）的《长寿公司》（*The Living Company*），或者参加过他们主持的会议，再或者在商学院学习过系统思考的课程。对于这些情况，我相信本书将会增强你对系统思考的理解，而且基于我过去15年间采用系统思考处理形形色色事务的经验，比如管理繁忙的内勤、协商外包项目、制定业务战略等，我相信这些案例也将使你获得启发和乐趣。

对于那些对系统思考知之甚少的读者，我希望你们同样能够从这些真实的案例中得到乐趣。另外，你们会在这本书中发现一些可以用来武装自己的相关工具和技术。

首先解释一下"系统思考"的含义。这个词第一眼看上去可能会有些误会："系统"这个词似乎总让人想到信息技术，而"思考"这个词似乎总是暗示着很理性、高智商的事情。实际并非如此。

在本书中，我使用"系统"来表示**"一群相互连接的实体"**，这是对构成我们所感兴趣的**实体事物**之间的连接的一种强调性定义。在这种情况下，可以将系统的对立面理解为"堆"（heap），因为尽管"堆"也由很多实体构成，但它们没有相互连接。因此，碰巧在某个时间待在同一个地点的人的集合（比如凑巧在一辆巴士上旅游的人们），就构成了一个"堆"（或者换一种更礼貌的说法，是一个随机的群体），因为他们之间没有相互连接；相反，在一起工作的人，比如在竞标的过程中，一旦这些人之间建立起了连接，就随时都会出现一种非常特殊的、可以称之为高效团队的系统。

因此，对系统的研究实际上就是对系统构成组件之间的连接的研究。当系统中包含人、部门，或者准确地说，包括业务或组织时，对系统的研究就和我们经理人的角色息息相关了。这一点在后文中还会有更详细的介绍。

- 如果你希望了解一个系统，并进而能够预测它的行为，那么，就非常有必要将系统作为一个整体来研究。将系统各部分割裂开来研究，很可能会破坏系统内部的连接，从而破坏系统本身。
- 如果你希望影响或控制系统的行为，你必须将系统作为一个整体来采取行动。在某些地方采取行动并希望其他地方不受影响的想法注定要失败——这也就是连接的意义所在。

系统思考根本就不是那种充满学究气、象牙塔中的活动，它极其实用而且务实，可以应用到企业和组织生活中的每个侧面。本书中囊括了大量的实例，充分展示了系统思考是如何成功地应用于以下问题的：

- 如何确定一个繁忙的内勤办公室中适当的职员人数？
- 如何以最佳的方式管理"明星"员工？
- 如何保证业务平滑而持续地增长，避免陡升和速降？
- 如何以最佳的方式管理不同部门对于稀缺资源的竞争？
- 如何创建高效的团队？

- 如何磋商伙伴关系协议、处理跨边界冲突？
- 如何开发鲁棒（robust）的业务战略？
- 如何为类似全球变暖这样的大问题设计解决政策？

0.3 连接

正如我刚刚指出的，构成系统的实体之间的连接是系统思考中非常重要、非常基础的概念，因此我将在此做一个更详细的解释。

想象一下，假如你手中正握着一枚硬币，如果你松开手，会发生什么？很简单：它会掉到地上。

作为对比，想象一下，假如你扔的不是一枚硬币，而是将你的一种产品的价格降低了5%，又会发生什么呢？这次不是那么简单了——你降价这个单一的动作可能会引发无数不同的结果：从导致销售量的增长（按照最简单的经济逻辑）到触发一场"价格战"；从让一些顾客因为花费更少而高兴，到让另外一些顾客因为失去了奢侈品的感觉而疏远这一产品；从因为你达到本季度的目标而得到晋升，到公司3年后的破产（你的成功让你得到了更多的关注，因此在你升职后不久，你就被你们公司的主要竞争对手"猎头"了，而你同时也带走了你的团队，从而剥夺了你原来公司的主要市场力量）。

所有这些都是那个单一事件——产品降价——的可能后果。除此之外，还可能有很多种其他的后果。一个观测我们这个世界的"火星人"，可能在某种场合发现降价之后紧接着就是销售量上升；在另外一种场合却发现销售量下降；第三种场合里没有变化；随着时间的进行，其他各种后果也有可能发生。那么，"火星人"能得出什么结论？可能是销售量的变化和价格的变动并没有任何联系；也可能是从统计的角度看，降价会增加销售的可能性为1/4；可能那个古怪的、由蓝色和绿色构成的地方非常反复无常，行为方式任性而难以预测——因此无法控制，他最好放弃对地球的研究，转而去研究金星。

我们的世界真的那么反复无常、任意、无法预测、无法控制，抑或发疯了吗？

不！与其说这个世界是个疯狂的世界，不如说是一个复杂的世界。扔一枚硬币和降低价格之间的差异就在于，扔掉一枚硬币所发生的环境非常简单，而降价这一举动所处的环境却极端复杂——一种由连接所引发的复杂。

当你扔一枚硬币时，这一事件所牵涉的实体仅仅包括你自己、那枚硬币和地面。其他的任何人、任何事物都没有直接牵涉其中，这一事件所发生的环境非常有限。但是，当你降低产品价格时，整个环境却迥然不同。很多实体被牵涉其中，它们都被这样或那样的联系连接在一起。你的客户和产品价格因他们的购买习惯而连接在一起；你的竞争对手和产品价格因市场行为而连接在一起；你的同事和价格因降价对业务本身的冲击，以及你因此而获得的地位优势而连接在一起；政府和价格因宏观调控而连接在一起……不一而足。降价这件事情所牵涉的环境几乎是没有边界的，它以波纹效应的形式在近乎无限的时间和空间里传播着。

这种波纹效应就是牵涉其中的各种不同实体之间连接的直接后果。如果不存在连接，这一因果事件链就会受一定的边界所限而很快停下来。然而，由于连接的存在，因果事件链就近乎无限地扩张下去——由一个事件引发下一个事件，然后是再下一个，再再下一个……由于牵涉其中的事件很多，而每个事件都可能有多种行为，从而增加了最终可能出现的结果数目。因此，很快就难有任何信心来估计降价这一小小的动作能够引发出什么样的后果。我们同样也开始认识到因果链可以回溯。为什么我们首先考虑降价？是因为一位新的市场进入者所引入的竞争产品吗？因果链从什么地方开始的？又会在哪里结束？

这就难怪为什么降价的后果比扔一枚硬币难解释多了。归根结底，这都是因为连接的存在。只有几个事件参与、在时间和空间上都受限的事情就易于预测。而那些难以预测的事情通常都涉及很多紧密连接的实体，而且因果事件链在时间和空间两个维度都扩展得很广。

0.4 为什么必须从整体上研究系统

我相信你现在已经信服正是系统中存在实体间的连接才表现得像一个系统，使得系统表现出总体大于局部之和的特点。因此，如果我们试图理解系统及其特性，就必须维持系统内的连接，并从整体上去研究系统。

对于我们中的很多人来说，这种方式非常违背直觉。因为当面临复杂问题时，我们的直觉反应就是将感兴趣的系统划分成几块，研究这些块，最终以对这些块的知识为基础来理解整个系统——这是很自然地采用的简化方式。这种化整为零进行研究的思路确实能够对这些"块"有所了解，但通常很难针对整个系统得出深刻见地。其原因有二：

- 将系统分块通常破坏了你所试图研究的系统。这当然是由于连接的原因：就像我们已经看到的那样，如果你破坏了系统内的连接，你就破坏了系统本身。
- 更奇妙的是，很多系统表现出它们的任何组成部分都不具备的特征。因此，对任何单一组成部分的研究，无论如何详细彻底，都不可能辨识出这类系统层次上的特征，更别提了解它们的行为了。比如，就像每一个团队管理者、运动爱好者，或者是任何业务管理者所了解的那样，对每个个体参与者的知识并不能帮助你准确预测整个团队的行为。

系统思考可以帮助你避开上述陷阱，因为系统思考的第一课就是要认识到并接受这样一个概念：复杂系统必须被原封不动地作为一个整体来进行研究。这就维护了所有至关重要的连接，并保证我们可以观察到系统层次的特征。

0.5 系统思考工具箱

那么，你怎样才能在一定方法的指引下从整体上研究一个复杂的系统，并得到深刻的见解，而不是被系统固有的复杂性压垮呢？

这就需要系统思考工具箱的帮助。系统思考作为一种思考问题的方法，同时还提供了一套工具和技术来帮助你脚踏实地地执行。这些工具和技术主要包括两大类：

- 系统循环图（或称因果回路图，causal loop diagrams），可以帮助你以因果关系链的形式来描述系统。
- 系统动力学建模（system dynamics computer models），帮助你认识在一系

列不同的假设下，系统随时间变化的特性。

本书中大量实用的例子将会向你展示如何使用这些工具和技术，尤其是如何使用系统循环图来描述复杂系统，如何清晰而言简意赅地捕捉系统的本质，从而为讨论、沟通和政策制定提供一个平台。正因为如此，本书中包含了大量的系统循环图，每一个都包含了我在前面所列举的"如何去做……"以及其他一些复杂问题背后的因果关系。我相信你会发现它们清晰而富含信息，并且确实会帮助你们"见树又见林"。

当然，作为对系统结构的书面表示，这些图表有一个缺点，即它们是静态的，无法描述系统特征随时间变化的情况。但是，如果你能将系统循环图所展示的逻辑与计算机的仿真能力相结合，计算机仿真模型（我们称之为系统动力学建模）就可以助你一臂之力，从而真正加速了你的思考。

0.6 系统思考的益处

系统循环图和系统动力学建模一起使用，可以用来处理最复杂系统的复杂性问题，从而产生如下非常有价值的用途：

- 通过提供结构化的思考方法，平衡考虑各项因素，并选择了全面视角，以照顾到细节的合适层次，系统思考可以帮助你处理真实世界中的复杂问题。
- 作为一种用以捕获当前已经处理好的复杂问题的图示化方法，系统循环图是一种有力的交流工具，可以保证你所在的群体能够真正深刻地共享这一视图。在构建高绩效团队的工作中，这是一个至关重要的因素。
- 系统循环图还可以成为你分析所感兴趣的系统的最睿智的方式。其结果就是，你可避免拙劣的决策，比如那些看起来补上了当前的漏洞却留下了长期隐患的决策。
- 系统动力学建模是一种允许你对一个复杂系统的运行状况进行仿真的计算机建模工具，它和系统循环图所隐含的意义一样，但可以随着时间的推进而演变。这就为你提供了一种"未来实验室"，你可以在你最终做出决定之前用它来测试当前的行动、决策或者是政策的后果。

- 总之，系统思考可以帮助你做出正确的决策，以通过最严厉的检验——时间的检验。

0.7 本书的结构

本书从结构上划分为四个部分共 13 章，前面有绪论，后面有简洁的结束语。

第一部分阐明了为什么必须从整体上研究复杂系统，并结合两个具体的案例进行了研究。第 1 章阐述了我们在绪论中提到的几个概念。这些概念引发了第一个案例研究；第 2 章就是关于在迅速增长的业务量的无情轰炸下，如何管理一个繁忙的内勤系统来提供高质量的服务。在很多大男子主义盛行的内勤文化中，内勤经理的关键绩效指标就是在不被压垮的情况下所能扛起的石头的重量。从达尔文的观点看，这可以保证适者生存，但是从组织的观点看，这样是否明智呢？

第 3 章同样也是一个让很多人感到似曾相识的问题：既面临着削减成本的压力，又不能降低质量和创造力。在这种情况下，应该如何处理这个两难问题呢？上述两个案例共同展示了系统思考（从一般的意义上看）和系统循环图（作为一种特定的技术）是如何用来处理现实世界中的复杂问题的，并将关键问题作为焦点，从而帮助管理团队采取可能的最佳决策。

第二部分展示了系统思考的关键基础。第 4 章引入了反馈回路的概念——这一概念是系统思考的中心内容，并指明有两种反馈回路：增强回路和调节回路。

首先介绍的是增强回路，这一部分构成了第 5 章。增强回路是业务增长的驱动力，但是如果出了差错，它们也会带来灾难性的衰退。这一事实解释了我们经常见到的繁荣—衰败循环圈。另一个主要构造块，调节回路，在第 6 章中得到了介绍。这一章将展示调节回路在制定目标的系统中处于中心地位。这类系统在商业系统中比比皆是，任何时候只要你同意了一项预算或者提交了一项计划，你就是在事实上创建了一条调节回路。因此，调节回路的行为构成了很多商业行为的基础，这一章将解释这一切都是如何发生的。

第二部分以第 7 章作为结束，其中总结了 12 条黄金法则来帮助你绘制图表，从而使得你可以使用它们来处理身边的任何问题。

第三部分展示这些工具和技术应用到现实世界中的四种不同情形。第 8 章讨论了一个所有经理人都关心的话题：如何促进业务平滑而持续地增长——即使在面临约束的情况下。这个案例同时也揭示了一个看起来不可思议的有趣话题：饮茶是工业革命之所以发生的一个强大的推动力。

第 9 章将聚光灯投在决策制定上，并展示了系统思考如何帮助形成睿智的决策。这一章包含两个案例：第一个案例是对第 3 章所遇问题的进一步拓展，第二个案例则处理一个在所有外包和分包环境下都会产生的重要问题：如何在对供应商的依赖和成本升高的风险之间做出平衡。这一章主要阐述在帮助形成一致意见、构建高绩效团队和进行卓有成效的领导时，系统思考所扮演的角色和系统循环图所发挥的威力。

最重要的决策当然是和战略相关的决策，所以，第 10 章就展示了系统思考和系统循环图如何用来帮助你形成睿智而创新的企业战略。这一章提出了一个针对企业战略的通用系统思考模型，并描述了这一模型是如何作为所谓"情景规划"过程的集成视点而得以应用的。

本书中的大部分实际案例都和商业相关，但是系统思考的功效之一就是它还可以将思维的聚光灯投射到任何商业之外的领域中的复杂问题上，比如卫生保健和教育。对于处于公众领域或者非营利组织的读者（包括那些尽管处于商业世界之中，但其个人兴趣已经超越了所在公司的资产利润表的读者），第 11 章展示了一个公共领域的系统思考案例，即可能是摆在人们面前的最重要的长期威胁之———全球变暖。你可以从系统循环图中看出政治家所做的一切是不是最明智的政策，你同样也可以根据你自己的想法得出一些其他的结论。另一个耐人寻味的地方就是，你会发现我们所画的、用来表示全球变暖的系统循环图，和我们在第 10 章用来表示企业战略的图，在结构上惊人的相似。

以上探讨的都是"手工工具和心灵工具"——系统循环图可以很容易用手在纸上涂抹出来，它们的作用就是用来激发思考。第四部分则更进一步地展示了如何将上述工具与计算机的仿真能力相结合，从而真正地加倍发挥它们的作用。第 12 章引入了系统动力学建模的概念，这是一种基于计算机的仿真建模技术，可以输入因果回路模型，利用计算机的力量去探究系统随着时间演变的状况。

对那些使用电子数据表的读者来说，基于计算机的建模当然非常简单。然而，系统动力学模型的力量、范围和界限都远远超出了电子数据表的范畴。系统动力学确实得到了加倍的发挥，假设分析的范围也得到了大大扩展，从而可以为你提供一个你能想象到的、最复杂的"未来实验室"——复杂到甚至能够为你提供一个控制面板，包括所有的旋钮、杠杆、按钮等供你转动、拉动或者按动，从而让你在这里运行你的业务。

在引入了系统动力学建模语言之后，第13章借助第12章的基础和第8章的材料，展示了如何为业务增长建造一个通用的系统动力学模型。

以上构成了本书的全部内容。至此，你将不仅能够在日常工作中，利用系统循环图辅助制定决策，并提高团队的绩效，还可以以系统循环图为基础建立有深刻见解的计算机模型，来增加真正的价值。

我相信你会在本书中找到乐趣——当然，我已经享受了写出这本书的乐趣了！但是我很明白这本书并不是"快餐读物"，不是那种在每个机场都摞得高高的、宣称"提升你的业务的五个速效措施！即使不用思考，你也可以在1分钟内学会"的一般通俗读物。经营管理是一项复杂的活动，根本不存在什么真正简单的速效措施能让每个人都知道、让每个人都照着做。处理复杂性也不是一件轻而易举的事情，因此，理解本书也未必轻而易举，它需要你的关注和专心。但是我相信，我已经通过适当的章节划分和逐步加深的案例研究，让这一切尽量易于处理。

那么，让我们开始我们的旅程吧……

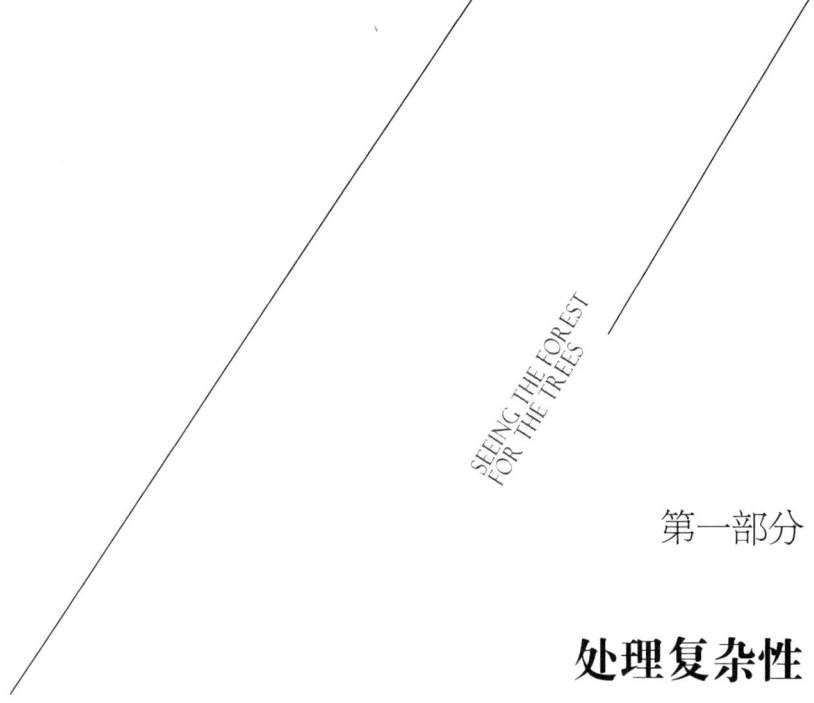

第一部分

处理复杂性

在本部分,我们将检验系统思考的基本原则,并考察其中的关键技术之一——如何用系统循环图来处理真实世界中的两个案例。第1章讨论了系统思考的基本原则;第2章讨论了如何确定一家繁忙的投资银行内勤系统中的员工数量;第3章探讨了一家对质量敏感、需要高度创新的电视制作公司,如何以最佳的方式来削减成本。

第 1 章

SEEING THE FOREST
FOR THE TREES

系统视角

1.1 系统

一群相互连接的实体构成了系统。以系统的观点研究系统，构成了本书的主题，尤其对企业中的系统要特别关注这一点。

如何预测系统的行为？

系统由一系列相互连接的实体组成。如果你希望从整体上理解，进而能够预测、影响，并最终控制系统的行为，仅仅依靠对系统中各个实体的了解能实现这一点吗？

就像我们在绪论中所看到的那样，对于这个问题，我们禁不住诱惑想回答"是"。归纳起来，主要出自三方面的原因。

第一个原因非常人性化：由于生活在简单的世界中远比生活在复杂的世界中来得轻松，所以，有时候我们不希望看清楚这种复杂性。我们倾向于否认复杂性的存在，试图相信我们的行动总是会产生我们想要的效果，而且没有副作用，即便是存在着强烈的、反方向的证据。

第二个原因则是出于务实的考虑：理解一些小而简单的事情肯定要比从整体上理解那些复杂的事情更容易。

最后一个原因则归因于在过去的四个世纪中，人们大量采用化整为零、各个击破的科学研究方法。人们精心设计一个实验，控制特定的条件，细心观察实验所产生的结果。这样可以排除其他干扰因素，以便关注我们最感兴趣的内容。这种通过剖析目标对象的某些特殊部分，从而达到对其进行详细研究的方法，在科学研究中取得了成功。因此，无论什么时候遇到问题，我们都会试图使用同样的方式来解决它，即使这个问题和我们周围这个明显反复无常、任意而又疯狂的世界密切相关。

然而，确实存在着很多这种方法不能发挥作用的场合。彼得·圣吉在《第五项修炼》中指出"将一头大象分成两半，并不能造出两头小象"就形象地阐明了这一点。如果你的目标是理解大象这个系统是如何运转的，而你试图将大象切成块，并研究每一块的性质，你很可能达不到目的，因为将大象切成两半这一举动本身只会将一个良好运作的系统变成两个无法运转的系统。

造成这种结局的原因，当然是因为大象的后半部分和前半部分之间具有密不可分的联系。在你将大象切成两段的同时，这种联系也被破坏掉了。由于系统的本质就是它的连接，因此毫无疑问，切断这些连接就破坏了这个系统。

所以，如果你想理解一个系统，并试图进一步影响它的行为，甚至控制它，你必须从整体上理解它。这可能需要详细了解所有组成部分的行为，也可能不需要；然而，可以肯定的是，关于组件的知识对于从整体上理解一个系统，作用非常有限——在某些情况下，这些知识甚至具有相反的效果。

当然，这也是管理的中心问题之一。你所管理的部门是一个相互之间具有高度复杂联系的系统的一部分，有些连接局限在你的组织内部，而很多连接则超出了组织的边界。你非常了解你自己的部门，对于部门内部的决策也非常有信心。然而，一个在你部门内部看起来非常合理的决策，对于组织整体而言，可能未必是最优的。因此，你对系统中属于你的这部分所采取的局部行动，可能反而会导致无法实现整体目标。

比如，为了留住你的部门中的一些关键员工，你给他们临时涨了工资。这种做法可能实现了你的目的，但是却可能会使其他人产生嫉妒心理，继而使得整个团队无法像以往那样高效地运作，从而无法完成团队目标。"当前"或"此处"的一种速效措施，可能会引发"以后"或"彼处"更大的问题，这是一个我们很熟悉的组织问题，而上述情形只是这个组织问题的一个简单例子。

1.2 涌现与自组织

化整为零、各个击破的方法在应用于系统时不能奏效的另外一个原因是，系统所展示出来的特征通常是作为一个整体所拥有的特征，而不是任何一个部件所具有的特征。由于这些特征仅仅在系统层次上存在，因而，无论怎样研究部件，都无法识别出系统特征的存在。因此，我们将首先关注两类特殊的、系统层次的属性：涌现（emergence）与自组织（self-organization）。

我所知道的每个组织都将"团队协作"作为组织的核心价值观之一，不成为一个好的"团队参与者"则是一宗重罪。就像我在绪论中所指出的那样，真正的团队工作具有功能良好、高度联系的系统特征——我们把这种系统称为团队，一个由团队成员这种组件组成的系统。我们都知道，作为一个团队，它的绩效是不能通过对团队成员个体绩效的了解而预测出来的。高效的团队工作是在所有条件都满足、像一个团队时才表现出来的。这只是涌现的一个例子。在这种情况下，整体确实大于局部之和。

有时候，复杂系统会表现出一种特别的、与系统自身结构相关的涌现属性。比如一群鸟，规模比较小的鸟群通常会排成 V 字形队列，头鸟飞在 V 字形的顶点，其他鸟儿整齐地排在后面，像一个听诊器。大一些的鸟群会形成更接近球形的队列。但是，不知道什么原因，无论鸟儿怎样在天空中高飞或盘旋，鸟群整体的形状却基本保持不变。

这些复杂的鸟群系统是如何保持队形不变的？是头鸟告诉那些跟随着的鸟儿，要求它们那样做的吗？是不是存在着一种持续的指令流，从而让鸟儿保持秩序？这些模式是自然形成的吗？鸟儿可以在彼此之间进行交流，因此不能排除形成某种形式指令的可能性。然而，这种解释对于其他系统而言基本上就是"天方夜谭"，比如飓风，尽管它们由分离的实体构成，却仍然表现出大规模的、一致的结构性。飓风是由从海洋中蒸发、在空气中混合的水分子组成的。尽管水分子没有主动交流的方法，可是飓风却形成了巨大的旋涡，这些巨型旋涡由微小的单个水分子组成，却通过机理不明的行为，共同形成了一致的、威力惊人的宏观结构。

这些系统的一个重要特征就是它们不是静止的，而是动态的，表现出强烈的生机。动态系统会表现出一些激动人心的属性。比如一个由骑车人和自行车构成的系统。自行车不能自我平衡，而且在静止的情况下，自行车和骑车人在一起也不能平衡。但是，当系统动起来之后，当骑车人为系统注入动力，从而让自行车前进的时候，自行车和骑车人就在突然之间与地面垂直，而且没有任何的摇摆。因此，即使没有明显的外力干涉，动态系统仍然能够展示出某种稳定的结构。这种情况发生得很自然，似乎就像系统自己找到了这种动态的稳定：自行车的运动、飓风的旋涡以及鸟群的盘旋。

这种稳定的动态结构就称为自组织，是很多复杂系统的另一个重要属性。

对于一个外部观察者而言，自组织系统最明显的属性之一就是高度的有序。与随机的人群相比，鸟群具有更好的秩序；飓风形成的旋涡拥有一种特定的而不是随意的结构；运动中的自行车和骑车人保持竖直的姿态，而不是在地面上随机地倒卧。这种高度有序的结构通常会保持很长的时间。比如，你的心跳就是另一个高度有序的自组织系统，它在你整个一生中持续、有规则地跳动着。

自组织系统能够保持这种高度有序状态的原因，在于它们都还拥有另外一项细微的共性：它们之中都存在着能量流———股将给定系统与周围环境联系起来的能量流。当你骑自行车时，你用腿将能量送入系统，这些能量来自于和吸入氧气相关的活动；飓风通过与它周围环境之间的热量传递，来维持自己的结构；鸟群中的鸟儿则根据相邻的鸟儿引起的气流而做出相应动作。同样，是系统中的组件彼此之间的连接，以及作为整体的系统和周围环境的连接，构成了维持、创造这种秩序的主要原因。自组织系统都和周围的环境交换能量，因此它们都被称为"开放系统"。

这一节的必然结论就是，如果你想创造一个能够维持一定秩序、不会分解的系统，那么这个系统必然是一个开放系统，需要为它注入能量，并让其在系统中流动以维持这种秩序。当能量流停止的时候，系统就开始退化。这就是当你停止踩脚踏板之后，自行车最终会倒下的原因。当你经过了一天的辛苦工作，从办公室疲惫不堪地回到家中的时候，你所耗费的能量就是用来创造并保持你的部门的良好秩序的能量流。这种持续为组织注入能量的行为，正是领导能力的核心。

1.3 反馈

涌现和自组织都是系统在作为系统时才能观察到的属性。它们是如何出现的？这是一个目前非常活跃的研究领域。该领域中一个最引人注目的成果就是认识到了反馈所具有的至关重要的作用。

让我们考虑一个高水平运动团队的例子，比如说一支足球队。一支顶级的足球队由11个配合默契、独立思考、同时追求个人成功的球星组成，每个球星的价值都要比只"做好自己的事"要大。但是，如果每个球星都真的只"做好自己的事"，控球但不传球，只愿意自己站在聚光灯下，不愿队友们得到机会，这样的球队肯定会输得很惨。因此，为了使球队这个整体聚合涌现出高水平，个体的行为就必须受到约束。这样，每个球员在任何时刻准备进行选择时（"我应该自己带球通过，还是应该传球？"），他所做出的选择都会是从球队的角度出发的最佳选择（"我还是传球吧。"）。

为了促成这种情况的发生，每个球员都必须不停地接收和处理信息流：关于对方球员队形的信息，以及自己队友站位的信息。如果给一名球员戴上眼罩，让他无法得知什么球员在什么位置，他就无法发挥作用。正是这种对信息的持续处理，结合各位球员自我约束的个人意愿，使得整个球队能够作为一支光芒四射的优秀球队绽现辉煌。

这种系统内部的信息流被称为"反馈"。在这里，这个词的含义相对宽泛。然而，反馈的作用并不仅仅是用来控制、限制或者约束；有时候，反馈也可以起到扩大或者增强的效果。这样的例子也不少，比如参加公共集会的人群，在某些情况下会变得越来越狂热，或者越来越恐慌。对于股票市场，这种效果更明显。

在很多自组织系统中，反馈经常和另一种聚合属性——自修正——密切相关。正如我们所见，在自行车与骑车人这一开放自组织系统中，表现出了维持动态稳定这一聚合属性，从而保持了自行车和骑车人的竖直。这一聚合属性的表现之一就是这个系统是竖直的，它不是27°，也不是其他任何度数，更不会摇摆不定：系统自然而然稳定地竖直着。只有在拐弯的时候，自行车才会倾斜（摩托车的效果更明显），但是即使在这种情况下，这一倾斜角度仍然是个特定的数值。

如果自行车和骑车人的系统遇上了一个小小的颠簸，系统就会摇晃，但是它很快就会再次稳定下来，因为系统具有自修正的性质，无论外界出现怎样的干扰，它都会主动维持有序、自组织的状态。这一切正是通过反馈取得的：骑车人感受到了摇晃，他就轻微地调整重心来进行调整。这一自修正机制在处理小颠簸时非常有效，但是如果颠簸非常大，骑车人和自行车就可能会摔倒。用系统的语言来描述这一切，就是：最初处于有序、动态平衡状态的自组织系统，受到了其内部自修正机制无法处理的外部冲击，系统陷入混沌状态（自行车和骑车人倾斜歪倒），直到系统进入另一个稳定平衡态——通常是静态平衡，而不是动态平衡（自行车和骑车人横躺在地上）。

很多生物系统都是自修正的，生物学家和生理学家将其称之为"体内平衡"（homoeostasis）。比如，你我身体中都有一系列的机制来维持我们的体温稳定在大约36.9℃。如果太低，我们会开始打战，从而使体内产生热量；如果太热，我们会开始出汗，从而带走一些热量。但是，这些天然的机制同样具有天然的极限：如果寒冷的时间过长，体温就会降低；如果实在太热了，我们就可能会犯心脏病。这些机制都是由反馈所驱动的：关于外界环境的信息被反馈到我们的内部生理过程；在把人体作为一个系统维持的时候，这一切都起到了自组织的作用。

在理解管理系统时，反馈的概念同样具有至关重要的作用。在第9章、第10章，尤其是第11章，我们将看到反馈、涌现和自组织是如何结合起来，并指导我们如何构建高水平团队、如何处理在构建跨组织边界关系时所产生的复杂问题、如何构建强有力的经营战略，以及如何更深入地理解诸如污染和全球变暖等重要的公共政策问题。

1.4 系统思考

要从系统的角度研究系统，必须原封不动地从整体上去研究。不幸的是，我们大多数人采用了一种"升降机"式的观察方式,即我们在教育系统以及职业生涯中所掌握的大多数用来解决问题的工具,都赞成并鼓励我们将问题分割。此外,我们所处的部门分割、竖井式的组织结构,也让我们只能采取一些局部化的、地方主义的措施,除此之外,我们也无能为力。

如果我们希望从系统的角度去研究系统,就必须采用一系列新工具;如果我们希望进行明智的决策,并深刻理解每一个举措对于系统整体的含义,就必须与我们的同事和谐并进。系统思考就是解决这一问题的工具、技术和方法的集合,也正是我们所急切寻找的武器:它是一套适当的、用来理解复杂系统以及相应属性的工具包,同时也是一种更好地促使我们协同工作的行动框架。

系统思考解决问题的方式就是认识到复杂系统之所以复杂,正是因为系统中各个组件之间的联系,从而使我们意识到:如果意图理解系统,就必须将其作为一个整体来审查。所有的工具、技术和方法的设计目的,都是为了辅助进行这种整体检验,理解并记录这些组件之间的联系,解释和探索它们作为一个整体的动态行为。

系统思考的雏形可以追溯到古希腊。比如,亚里士多德在《形而上学》(*Metaphysica*)中指出:"任何由多个部分组成的事物都不只是那些组成部分的简单相加,比如一堆柴,而是作为一种超过各部分的整体而存在的,这中间必有原因。"——这完全是"整体功能大于部分功能之和"这句现代俗语在2300多年之前的古老版本。很多东方哲学家都极力推崇整体的观点,尤其是推崇我们人类只是所处宇宙中的一分子这一观点,这一主题同样也是很多宗教和文化传统的鲜明特征之一。

系统思考的一些原则,尤其是采用反馈去控制机器的原则,在很久以前就已经广为人知了。假设你想控制一台引擎的速度,使其无论在何种负荷之下都能保持恒定——比如,在爬坡的时候维持一辆汽车的速度。其中的一种方法就是监测引擎的速度,并利用这个信息来控制引擎的供油量。引擎速度越慢,供油量就越多;引擎速度越快,供油量就越少。只要这一信息流和供油调整的周期不算太慢,引擎就会维持在一个恒定的速度上。这正是现代汽车巡航控制的方法;这也正是詹姆斯·瓦特于18世纪八九十年代控制他和马修·博尔顿所制造的蒸汽引擎速度的方法,他们当时所使用的"旋转调节器",现在已经演变为众所周知的"离心式调速器",或者叫做"飞球调速器"。从那时起,这种技术一直被用来控制引擎速度,直到最近发展出电子控制技术。

詹姆斯·瓦特的"双工"蒸汽机

图1-1是詹姆斯·瓦特的一个蒸汽机的线描图,其用途是驱动大飞轮转动。锅炉(没有画出来,应该在图的左边)里面出来的蒸汽经过节流阀,通过进气管进入汽缸,从而推动活塞运动。蒸汽可以从两个方向进入汽缸,并推动活塞运动,这就是"双工"的含义。活塞的上下往复运动带动横梁(在图的上部)运动,从而驱动飞轮转动。与此同时,一根细绳引起离心式调速器——图中间那个像哑铃的东西——转动,飞轮转动得越快,调速器转动得也就越快。随着调速器转速加快,哑铃的位置自然向外、向上移动,从而引发一种机械连接来限制节流阀的进汽量。这将减少进入汽缸的蒸汽,从而降低引擎的转速,进而让飞轮转得慢一些。自然,这将降低调速器的转速,继而哑铃开始下降,从而增加节流阀的开度。这将增加汽缸的进汽量……最终的结果就是,引擎在一个恒定的速度下工作。

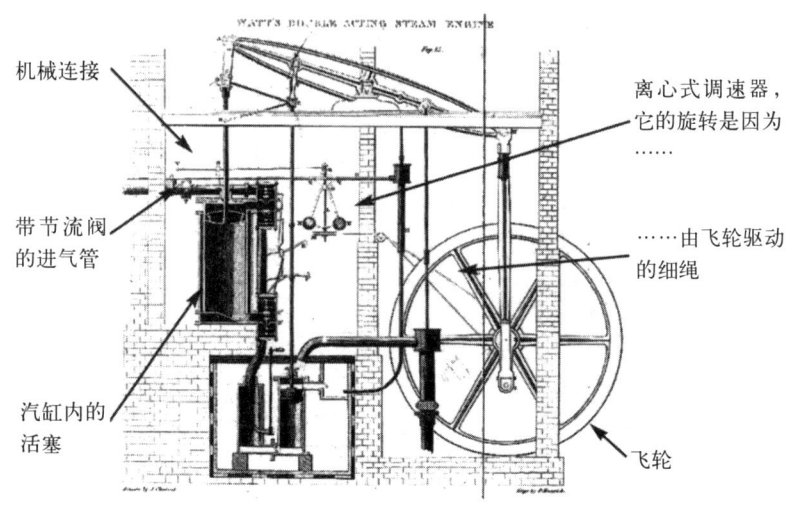

图1-1 蒸汽机的线描图

詹姆斯·瓦特最初于1788年应用了离心式调速器,但是这并不是他发明的。这一荣誉应该归功于一个叫做托马斯·米德的人,他于1787年为类似的设备申请了专利。该设备最初在风车房中被用于控制磨石之间的距离，从而保证在不同风速下都能保持平滑的碾磨谷物。

这里所发生的事情就是关于引擎的输出结果（它的速度）的信息被反馈回来，用于控制引擎的输入（汽油流或者蒸汽流），而作为这种反馈的结果，引擎约束了自身的行为，并自组织后运行在一个稳定的速度。当然，詹姆斯·瓦特完美地理解了工程学，但是他并不认识诸如"反馈"、"自组织"这样的字眼。而且，实际上，即使是在关于反馈的最早的例子中，古希腊那位于公元前 250 年前后，最早发明了采用浮阀来控制水钟平滑运行的斯提西比乌斯（Ctesibius）也同样不知道这两个术语。顺便说一句，浮阀同样也是一项非常耐久的技术：罗马人使用它来控制沟渠中的水位，而且，它还是我们现在家用卫浴设备中的一项常用设备！

整个工业革命期间及以后，工程师继续使用反馈来控制日渐复杂、精密的机器，但是，直到 20 世纪三四十年代，系统才正式成为专项研究的对象，从而获得正确的地位。一个重要的里程碑就是 1948 年发展出来的系统思考。那一年，麻省理工学院的诺伯特·维纳（Norbert Wiener）教授出版了《控制论》（*Cybernetics*），这本书仔细分析了控制的基础，并特别关注了信息流——我们现在称之为通信（communication）——在保证控制系统能够有效、高效工作中的关键作用。

另一位于 20 世纪 40 年代晚期在麻省理工工作的电子工程师杰伊·佛睿斯特（Jay Forrester），最初参与了电子计算机的早期开发。进入 20 世纪 50 年代后，佛睿斯特开始对将控制理论和反馈的概念应用到诸如商业与社会等更广阔的领域产生了巨大的兴趣，从而导致了三本巨著的诞生。《工业动力学》（*Industrial Dynamics*）（1961）分析了很多商业和管理系统，其中包括库存控制、物流和决策制定系统等；《城市动力学》（*Urban Dynamics*, 1969）研究了诸如过度拥挤、内城老化等城市社会问题；《世界动力学》（*World Dynamics*, 1973）则从全球的角度考察了人口增长和污染等问题。这些书都大量地利用计算机仿真来探索复杂系统的关键特征是如何随着时间演变的。这种由佛睿斯特所首创的技术被称为系统动力学。

系统思考发展过程中的另一位重要人物并不从事工程领域，而是从事生物科学，他就是奥地利的路德维格·冯·贝塔朗菲（Ludwig von Bertalanffy）。在第一次世界大战和第二次世界大战之间，他停留在维也纳大学，在那里，他对生命系统的行为和演化产生了独特的兴趣。他认识到开放系统对于生命组织的重要性——正如我们所见，系统并不是孤立地由自身操纵，而是和周围的环境密切地联系，并因能量流的存在而保持着高度的有序。随后他于1949年移民加拿大，冯·贝塔朗菲继续从事生物系统的研究，并从中发展出他的通用系统学，清晰地阐述了复杂系统行为的普遍规则。

从这些先驱开始，在过去的40多年里，系统方法已经形成了大量的规则、子规则、方法、工具、方法论以及学术争论。这里是一些主要成就的列表：

- 系统工程（systems engineering）最初在美国的智囊库兰德公司得到了探讨，它主要考虑如何设计复杂系统以使其以优化的方式运行：比如对工厂和设备的控制系统，军队命令和控制系统。系统工程依靠很多运筹学的知识，而且，对于计算机系统而言，它也是系统分析的基础。
- 软系统方法论（soft systems methodology，SSM），由彼得·柴克兰德（Peter Checkland）提出——他近期由英国兰卡斯特大学退休——他明确地认识到，几乎在所有的真实情况下，人都是所感兴趣的软系统中固有的一部分。鉴于人们通常具有多种不同且相互之间存在竞争关系的目标，而且这些目标有时还不清晰，软系统方法论断言，最佳的处理方式肯定是一种能够丰富所有涉及者的知识，从而提高他们对系统和形势的理解的方式，而不是去"科学"地寻找"最佳"答案。
- 复杂理论和混沌理论是当前学术研究所密切关注的两个关系紧密的领域，比如，在新墨西哥州的圣菲研究院就非常关注这一跨学科课题。这些理论都特别关注对复杂适应性系统（根据周围环境的变化而谐和地改变自身结构和行为的开放系统）的研究和对其规律的探索，以及对这些现象背后的自组织和涌现等性质的理想化数学解释。
- 管理控制论由斯塔福德·比尔（Stafford Beer）在英国提出。它的特点是提出了可行系统模型（viable systems model），这是一种用来确定以设计一种自组织型组织为目标的可持续系统特征的框架方法。

自20世纪50年代被提出以来，系统动力学持续得到重视，发展势头迅猛，而由杰伊·佛睿斯特于1956年在麻省理工大学斯隆管理学院所创建的系统动力学研究组，仍然被很多人认为是世界的中心——不仅仅是在计算机仿真领域，也是在广义的系统思考领域。比如，正是麻省理工的一个小组为罗马俱乐部所开展的研究，为1972年出版的《成长的极限》(Limits to Growth)提供了基础，这本基于佛睿斯特的《世界动力学》(World Dynamics)的出版物，在对地球资源的掠夺式开发和污染问题等关键的基本问题上激发了大量激烈而有争议的公开辩论。

系统思考是一个非常广阔的领域，很难在一本书中涉及所有的工具、技术、方法和手段。因此，我的选择就是详细介绍我发现的非常有用的那些内容。它们主要来自于对麻省理工一些理论的继承，主要由两大工具组成：使用系统循环图来描述真实系统的复杂性，并着重强调组件间的联系；系统动力学计算机仿真建模，可以帮助你探究任何复杂系统随时间变化的行为。

对于希望了解其他各种方法的读者，我相信下面的资源列表会对你有所帮助。

一些系统思考资源

有很多关于系统思考及其应用的书，这在本书的参考书目中列举得很详细。这里我想特别介绍一些我认为非常有价值的书。

系统思考的两本奠基之作，《控制论》，也叫做《动物和机器内部的控制和通信》(Control and Communication in the Animal and the Machine)，诺伯特·维纳著，1948年首印，并于1961年再版；《通用系统论》(General System Theory)，路德维格·冯·贝塔朗菲著，1968年首印，1976年再出修订版。

《工业动力学》，杰伊·佛睿斯特著，1961年首次出版，书中展示了从整体出发的系统思考方法是如何为大量的问题带来解决之光的。这些问题包括维持一项生意，管理复杂的供应链和市场的动态行为，有效地制定管理政策以及进行决策。

《成长的极限》，1972年出版，展示了人类的困境是这一项目的成果。这一项目由罗马俱乐部的智囊库首倡，由来自麻省理工的丹尼斯·梅多斯(Dennis Meadows)领衔的多学科交叉国际专家组完成。他们的结论就是对耗尽自然资源的警告，这一结论在当时争议非常大。《成长的极限》和1962年出版的雷切尔·卡逊（Rachel Carson）所著的《寂静的春天》（*Silent Spring*）一起为环保运动做出了巨大的贡献。

《第五项修炼》，彼得·圣吉著，1990年首次出版，并很快成为一本商业畅销书，而且可能是关于系统思考的书中最广为人知的一部。这本书最大的特点就是将系统思考作为一种管理过程进行强调，而不是一种基于分析或者数学的技术。

《商业动力学》（*Business Dynamics*），约翰·斯特曼著，2000年出版。这本书是对《第五项修炼》的天然补充。这本书语言优美，对系统思考和系统动力学建模进行了详尽而严格的描述，这充分展现了作者作为当前麻省理工系统动力学研究组主任的实力。

《系统思考与系统实践》（*Systems Thinking, Systems Practice*），彼得·柴克兰德著，软系统方法论的主要资源，包括了对系统思考发展过程的详细回顾，以及软系统思考在整个系统思考发展史中的地位。1981年首次印刷，1999年的版本还加入了对30年来系统思考和软系统方法论发展历程的回顾。

《企业之魂》（*The Heart of the Enterprise*），斯塔福德·比尔著，1978年发行，是关于可行系统模型的主要资源；关于这一模型在实际中的应用的信息，在《可行系统模型：斯塔福德·比尔的VSM模型的解释和应用》（*The Viable Systems Model: Interpretations and Applications of Stafford Beer's VSM*）一书中有相应的介绍，该书由若尔·艾斯帕杰罗和罗杰·哈恩登编辑，1989年发行。

《系统思考：管理混沌和复杂》（*Systems Thinking: Managing Chaos and Complexity*），贾姆希德·格哈拉杰达基（Jamshid Gharajedaghi）著，1999年发行，对当前系统思考及相关领域所处的艺术状态进行了颇具启发性的分析，并对未来的发展方向提出了深刻的见解。

《复杂》（第2版）（*Complexity*），罗杰·卢因（Roger Lewin）著，2001年发行，依靠从物理、化学、生物、经济、语言学、人类学等各种领域收集的例子，采用数学之外的手段对至今为止的复杂理论进行了归结。书中还有一章专门介绍了复杂理论在商业中的应用。

1.5 继续我们的学习之旅

让我们继续我们的系统思考之旅吧。我们将看到如何描述复杂系统，从而通过使用系统循环图这种特定的图示化工具来理解复杂系统。接下来的两章将介绍我在咨询工作中遇到的两个案例，从而演示系统循环图的现实作用。第一个案例研究了如何确定一家投资银行中合适的内勤人员数目，第二个案例则探究了一家媒体公司削减成本计划所带来的一系列后果。

SEEING THE FOREST
FOR THE TREES

第 2 章

撬起内勤之石

2.1 故事

很多组织都有"内勤"（back office）。所谓"内勤"，是相对于直面客户的"外勤"（front office）工作而言的，是处理"外勤"产生的各项事务的行政管理功能。[⊖] 下面是一个基于我自身经历的故事，涉及所有内勤支持功能都会面临的一个两难问题：应该雇用多少内勤员工，以及如何最佳控制成本？

准确地说，这个故事发生的舞台是一家投资银行，其内勤人员的主要工作是根据市场交易商及股票经纪人的指令，处理有价证券、商品和外汇买进、卖出的交易事务。这是一种透明度高、利润高、压力大的环境，在迈克尔·刘易斯的著作《说谎者的扑克牌游戏》(*Liar's Poker*)以及迈克尔·道格拉斯主演的《华尔街》(*Wall Street*)中都有栩栩如生的反映。尽管我们这个故事发生在这种戏剧性的环境下，但它适用于任何提供支持功

⊖ 不同于人们通常意义上所称的"行政后勤"，"内勤"是为直接面对客户的一线业务部门提供支持、配套与服务的职能，也有人称为"后系统"。相对地，一线业务部门被称为"前系统"。——译者注

能的内勤系统。

故事中的人物代表了五个群体。首先是内勤经理，他们负责提供这些服务，还要负责控制不同内勤部门的成本。在投资银行里，这些人都是些资深而强硬的家伙，正是他们的持续工作保证了投资银行的正常运转。每天的交易必须当天处理完毕以避免积压，而在市场繁荣的时候，每天必须处理的交易量可能是非常惊人的。

其次是内勤系统的职员，他们的工作就是保证每笔交易都得到了正确处理，他们的时间主要耗费在输入数据、更正错误、处理异常、应对查询、追踪问题以及其他各种杂事上。这些人通常很年轻，没有什么经验，为了丰厚的工资和可能的快速升职而乐于承受工作的压力。

再次是信息技术（IT）部门。有价证券交易高度依赖信息系统——从交易商用来将他们的买卖决策通知给投资银行的通信设备，到用来记录交易、支付现金的交易处理系统。在这个快节奏的行业中，先进的信息系统无疑是竞争优势的重要来源之一。因此，IT部门的使命就是尽量加强信息系统的功能、提高处理容量和速度。

然后是人力资源部门。很多投资银行具有明显的"大男子主义"倾向，因此，人力资源部门的主要功能就是处理人事行政事务，而不是进行规划管理和组织发展。

最后是总监。投资银行的总监通常比较年轻，严格、果敢而强硬，非常成功，异常富有。他们具有委任和提拔的权力，同时也有快速解雇的权力。因此，每个人都希望取悦于总监。

2.2 环境

在投资银行里，那些进行交易、能带来收入的"外勤人员"，通常拥有更大的权力和更高的地位，而内勤系统的职员由于对收入没有直接贡献，却直接产生成本，所以在多数情况下被视为"二等公民"。整个内勤系统在公司内部也处于被动防御的地位。考虑到证券市场不景气，投资银行开始考虑从整体上削减成本，尤其是削减那些对年收入没有直接贡献的部门。内勤部门因此总是处于持续的削减成本的压力之下,而这种压力通常会被具体化为指定员工总人数编制。

"你们部门是多少职员的编制?"一位参观者可能会这样问一名内勤经理。

"23 名。"

"哦。但是你们现在肯定远远超出了 23 个人的编制。"

"哦,是的。实际上我们部门现在大概一共有 60 人。"

"60 人?你刚才不是说你们部门的编制是 23 个人吗?"

"对,我确实这样说了,而且也确实是 23 个人的编制。其他人都是临时雇用的。"

"临时工?"

"是的,临时工。当交易量飙升时,我们需要更多的人手,由于人头费用上限的存在,我们惟一的办法就是雇用临时工。当然,当交易量下降时,我们可以在很短的时间里裁掉这些人……"

"我知道了。那么,你们雇用这么多临时工已经有多长时间了?"

"嗯,市场最近持续繁荣了不短时间了。我想想……大概有 40 多个临时工,他们的雇用期到现在为止大概有 3 年了吧。"

2.3 问题

这个故事一点都不夸张。我认为你肯定也碰到过类似的情况。将成本控制按人头分摊的做法有时候会带来奇怪的后果:不仅仅是临时工、外包公司以及顾问的工资可能会远高于相同数目全职雇员的成本,而且有可能影响到员工对组织的忠诚度以及组织知识的流失。

因此,一个重要的问题就是:"我们怎样才能确定合适的部门编制?"然而,对于我来说,这并不是问题的重点。问题的重点是一个更为基础性的问题,这是充斥着"大男子主义"色彩的投资银行所未能意识到的问题,更不要说对其进行讨论了。这就是我称之为内勤系统"处理能力"的问题。

"处理能力"这个概念准确地抓住了我眼中的内勤系统功能的本质。为了完成自身的功能,内勤系统必须能够处理任何针对他们的需求:处理交易、查询、提供有用的管理信息、总结出改善过程的思路。处理能力越高,为外勤人员提供的服务就越好,对整个业务的帮助也就越大。反之,如果处理能力下滑,所有事情都会变得一团糟:交易日益积压,各种查询堆积如山,人们承受着越来越大的压力,不断增加工作时间,而病假率也可能会上升。最重要的是,人们开始出现越来越多的错误。

2.4 图表表示

上面这段话是描述该种形势的一种方法,但是稍显冗长。一种简明扼要的表示方式就是采用图形来描述,如图 2-1 所示。⊖

图 2-1 中所表示的中心概念——"处理能力"——和另外两个概念发生关联:"服务质量"和"错误发生频率"。箭头的方向非常重要,因为每个箭头都代表着一个因果关系:"处理能力"推动着"服务质量"和"错误发生频率"。同时,你会注意到图中有两个符号,S 和 O。这两个符号也很重要,它们指明了因果关系的作用方式。

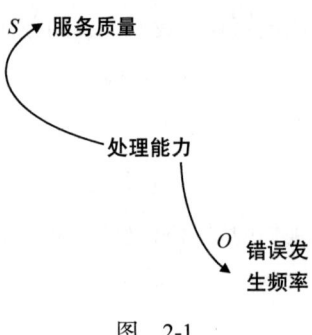

图 2-1

想象一下因为某种原因而导致处理能力提高的情况。"处理能力"提高后,会对"服务质量"和"错误发生频率"产生什么影响呢?根据我对这个世界的了解,我相信在通常情况下"服务质量"会得到改善,而"错误发生频率"则会降低。为了表明两个变量向同一个方向变动的因果关系,我们在连接这两个变量的箭头头部标注一个 S。而联系"处理能力"和"错误发生频率"的因果关系则是另外一种形式:随着"处理能力"的提高,"错误发生频率"则在下降,二者朝相反方向变动,我们则在连接这两个变量的箭头头部标注"O"。

如果因为某种原因,"处理能力"下降了,这时会发生什么事情呢?我们可以从图中进行推断,并用我们的常识对结果进行检验。图 2-1 告诉我们,"处理能

⊖ 在表述系统循环图时,也有人用"+"与"-"或"同"与"反"来表示因果关系的作用方式。我们认为这三种表述方法是可以相互替代的,即"S"="+"="同","O"="-"="反"。为尊重原文,下文均以"S/O"方式表述。——译者注

力"和"服务质量"之间的 S 型连接指出这两者向同一个方向变动,即如果"处理能力"下降了,"服务质量"也会下降。这符合常识。"处理能力"与"错误发生频率"之间的 O 型连接表明它们将向相反方向变动,也就是说,随着"处理能力"的下降,"错误发生频率"将会升高。这同样符合常识:随着"处理能力"的下降,我们将承受越来越大的压力,从而更有可能失误。

无论"处理能力"上升还是下降,这幅图都能表示出相关的后果,因此只用一张图就表示出了这两种可能的情形。

系统循环图

Seeing the Forest for the Trees

图 2-1 就叫作系统循环图,或者叫作影响图。这种图在本书中随处可见。你要对画这种图以及读这种图充满信心,因为它们构成了本书的灵魂。不过,你不必担心,我将逐步帮助你建立这种信心。现在是一个适合短暂休息的好机会,你不妨趁机核实一下自己是否很欣赏这些箭头、它们的方向、S 型连接和 O 型连接;并试着理解一下随着"处理能力"的上升和下降,这张图所表示出来的含义。顺便说一句,有些人习惯用"+"号表示 S 型连接,用"−"号表示 O 型连接。事实上,采用什么符号并不是问题,关键在于必须清晰地理解和明确辨认出每个因果联系的作用形式。

你可能需要考虑一会儿的问题是从"处理能力"到"服务质量"的箭头方向,它意味着无论在什么时候,"服务质量"都由当时的"处理能力"决定。你可能会这样想:"啊哈!这个箭头的方向错了!肯定的,如果我确定了我所希望的'服务质量',那么我就可以用它来确定我的'处理能力'应该如何。如果是这样的话,难道箭头不应该是从'服务质量'指向'处理能力'吗?只不过仍然是个 S 型连接罢了。"

这是一个很好的问题。然而,事实上箭头的方向并没有错——让我来解释一下。在绘制系统循环图时,所使用的词组应该尽量精简,它们的含义应该绝对的清晰。在图 2-1 里,"服务质量"的意思是当前正在提供的服务的质量。这和我们设立的目标是两个不同的概念。关于我们所设立的服务质量目标会影响我们如何规划自己的处理能力这一点,我非常赞同,但是这并不是图 2-1 所想强调的内容

(至少现在还不是)。绘制这幅图是为了描述当前的现实，而不是服务于我们的志向：我们当前的"处理能力"决定了我们当前所提供的"服务质量"，因此箭头的方向恰恰如图所示。

目标、预算对于经营而言非常重要，因此我们将使用大量时间来学习如何用系统循环图来描述它们，这在第 6 章和第 8 章中将有详尽的介绍。现在，让我们继续原来的问题。

2.5 让图表充实起来

现在，我们可以通过检查"处理能力"的关键驱动因素来充实图 2-1 的内容。这一驱动因素是内勤部门的"工作负荷"，而"工作负荷"又由该部门所需处理的"交易数量和种类"所决定。至于箭头的方向，我们可以看到，随着"交易数量和种类"的增加，"工作负荷"也在上升（意味着是一个 S 型连接）；而随着"工作负荷"的上升，我们的"处理能力"会同期下降（O 型连接）。这些内容在图 2-2 中得到了表述。

在这幅图中，图 2-1 中表示过的内容全都以灰色调表示，而新的内容则采用黑色表示。整本书中都将采用这一规则，从而使你在建立系统循环图

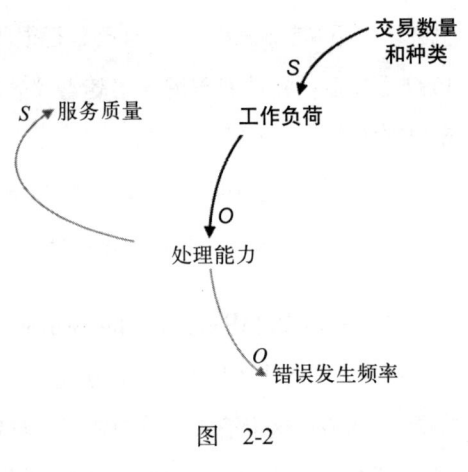

图 2-2

的过程中，可以轻松地看清楚各项新加入的内容。

2.6 错误带来的恶果

当错误发生的时候，通常会要求所有的职员（尤其是总监和经理）将错误找出来，这无形之中加大了他们的工作压力。比如，由于经验少的职员可能缺乏解决问题所需的经验和知识，或者由于他们已经犯过错误而失去了领导的信任，总

监和部门经理经常会被卷入错误排查过程之中。这些资深的管理人员不仅中止了他们自己手头上的工作，还中断了他们下属的工作。这增加了管理的压力，而这种压力又加重了工作负担（见图 2-3）。

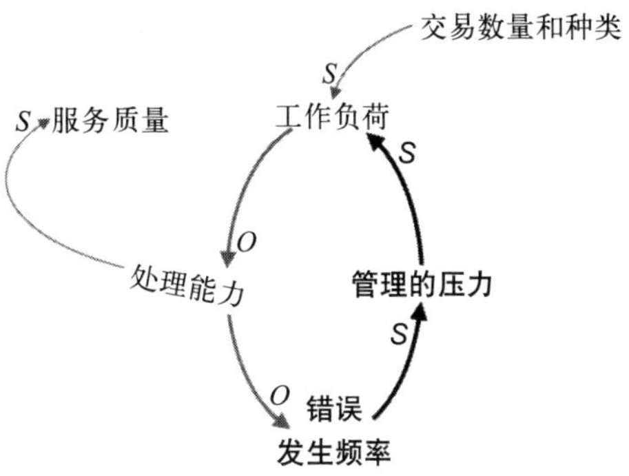

2.7 恶性循环

图 2-3 中用粗箭头标出来的中间部分有一个非常特殊的地方：一个异乎寻常的恶性循环。随着"工作负担"的加重，"处理能力"就开始下降，而"错误发生频率"开始升高。而这又带动了"管理的压力"的加重，从而进一步加重了"工作负担"，进而推动"错误发生频率"再创新高……

图 2-3

如果你曾经在繁忙的内勤系统中工作过，或者曾经见识过这种繁忙的内勤系统，你会认可这确实是内勤经理生活的世界。这就是他们为什么会那么紧张——他们随时需要扛起更重的石头。

2.8 还有哪些处理能力的驱动力

我认为对内勤系统处理能力贡献最大的因素，就是能否获得合适数量的、训练有素的职员。图 2-4 中"有效员工能力"这一概念代表了"员工总数"和"培训"两个因素的结合。单单依靠"员工总数"是不够的，因为如果员工没有经过培训，他们可能一点儿忙都帮不上。

"但是，优秀的 IT 系统有什么用

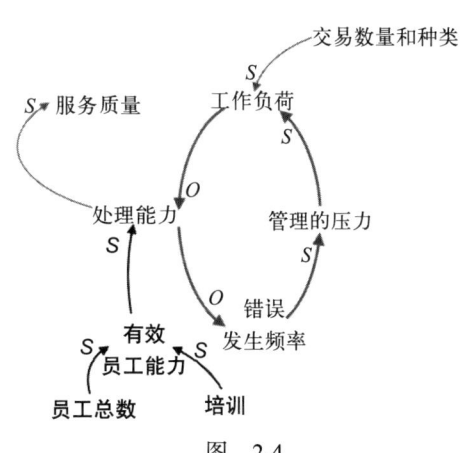

图 2-4

呢？"你可能会这样问，"难道它们对处理能力没有什么帮助吗？"

当然，它们是有帮助的。但是，这种帮助是直接的吗？在我看来，优秀的 IT 系统当然有助于提高"处理能力"，但这主要是通过降低"工作负荷"而形成的。由于优秀的 IT 系统不需人工干预就可以自动处理大量交易，因此，对高质量、"有效的 IT 系统"应用得越多，"工作负担"就越轻（见图 2-5）。

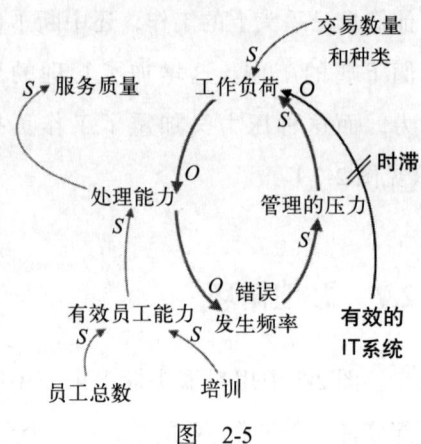

图 2-5

这幅图引入了一道新标记：由优秀 IT 系统的开发和交付使用所带来的时滞。

时滞

很多因果关系都和时滞有关，这是由于很多行为都不具有立竿见影的效果。你可能会想培训员工需要时间（也就是说，在"培训"和"有效员工能力"之间也存在着一个时滞），甚至招募到优秀的职员会花费更多的时间（也就是说，在"员工总数"和"有效员工能力"之间存在着另外一个时滞）。这种理解并没有错，但我为什么仅仅在"有效的 IT 系统"和"工作负荷"之间明确加上了一个时滞环节呢？答案是：这只是一个强调——时滞处处存在，不过这一个特别重要。

2.9 成本如何

这幅图还没有完成，因为还有一项很重要的东西没有表示出来，那就是"成本"。"员工总数"、良好的"培训"、"有效的 IT 系统"都需要金钱，因此我们在图 2-5 中引入"成本"，如图 2-6 所示。

现在，这幅图已经表现出了这种两难的管理困境。中间的那个恶性循环倾向于不断旋转，每转一圈就让内勤系统的日子更加难过一点儿。这可以通过两种方式缓和：引入更加"有效的 IT 系统"（尽管需要一定的时滞），或者通过创建一种训练有素、人手适当的内勤编制来提高"有效员工能力"。然而问题是，无论是招聘人手、培训，还是 IT 系统，都需要钱。很显然，优化"处理能力"所得到的好处直接与削减"成本"带来的好处相冲突。

如何走出这一两难境地呢？大多数情况下需要权力的干预。在投资银行里，拥有这种权力的人就是总监，由于他们的主要出发点是削减成本，因而他们会强力推行定员限制，减少培训，并将系统资源尽量配给外勤系统，因为外勤系统是可以直

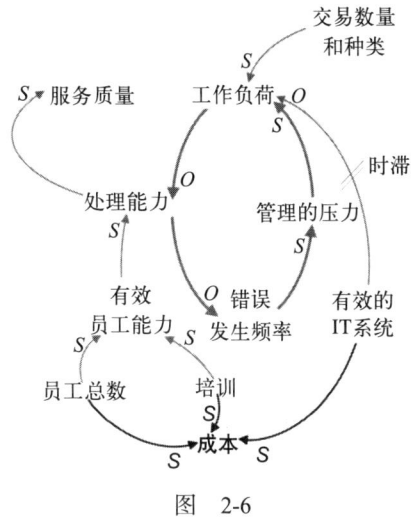

图 2-6

接获得收入的地方，而内勤系统只会增加成本。因此，游戏的结尾就是对内勤经理的痛苦考验：在他们崩溃之前，他们能够扛住多大的石头？一旦他扛不住了，他就会被解雇，另外一个人就会被指派接替这个空缺，接着扛起沉重的石头。

2.10 仍然遗漏了一个东西

这幅图仍然不够完整。还有一项非常重要的因素没有画出来，而这项因素正是人们经常会忽视的东西。

图 2-6 中到底遗漏了什么呢？答案见图 2-7。

这里遗漏的东西是一个箭头：一个连接"错误发生频率"和"成本"的箭头。这是一个 S 型箭头。错误并不是免费的，它们从如下两方面增加了成本，第一种是纠正错误的成本，表现为额外的工作负荷和激烈的争论；第二种成本是错误自身固有的成本，其表现形式可能是对客户的赔偿，也可能是进入市场买进或卖出一些证券——这种方式在证券市场更为常见。这种做法有时会花掉大量的金钱。

图 2-7 中最后这个联系具有非常重要的影响。如果没有这个联系，成本的驱动因素就只有员工总数、培训和 IT 系统，这些都在增加成本。因此，无论是激

进地削减成本,还是温和地控制成本,员工总数、培训和 IT 系统就成为了必须仔细审查、质疑和削减的对象。这样做的结果,就是将负担扔给了一直承受重负的内勤经理,让他们扛上了更大的石头。

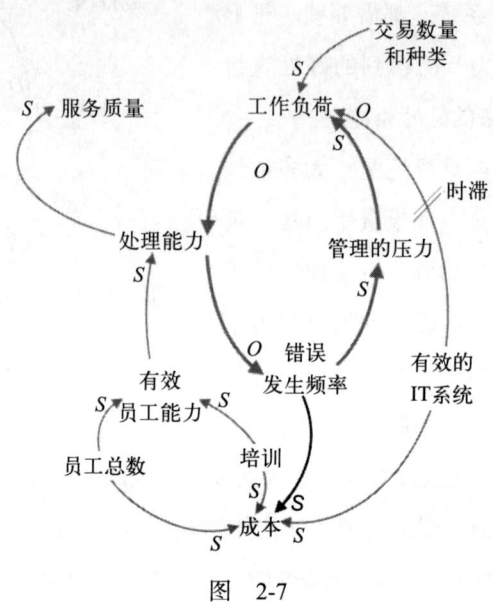

图 2-7

然而,随着我们认识到从"错误发生频率"出发的这个联系,另一个成本驱动因素也就摆上了桌面:错误的成本。正是这个因素的存在,才解决了提高处理能力的益处和控制成本的益处之间的冲突。如果"处理能力"下降,则"错误发生频率"上升,但与此同时,"成本"也在上升。如果内勤系统不能得到经过良好培训的员工和高质量的 IT 系统,可能会导致"成本"的上升,而不是下降。因此,总会存在一个平衡点,使得对人员、培训和 IT 系统的投资能够将错误的百分比控制在一个适当的低水平,与此同时,整体成本也处于可接受的水平。由于错误的成本是可以量化的,尤其是在投资银行,因此,通过对未来交易量涨落的合理预测,必然可以确定应该在人力、培训和 IT 系统上投资的规模,从而保证在不被内勤之石压垮的情况下提供高质量的服务。

这个故事完全是真实的。当我在一个由总监、内勤经理、内勤职员、人力资源经理和 IT 经理参加的一个讨论会上介绍图 2-7 的时候,仿佛为每个人都点上了一盏导航灯。可能人们会想："这是很显然的——事情就是这个样子。图看上去很漂亮，但是没有给我们带来任何新东西。"确实，这张图的内容非常"显然"，这一事实非常重要，因为图必须反映现实，而且必须得到认可。正由于此，图中就不可能包含能够令人惊讶的东西。然而，这并不等于说它没有带来任何新东西。

这张图在我的讨论会上取得的真正效果是，它让参与者认识到没有一个人——确实是没有一个人——在主动地从整体上去关注整个系统。内勤系统的人员都被束缚在那些单调的工作上，由于受投资银行文化的约束，他们根本就不可能了解到"处理能力"这个概念；IT系统的人员整天都在争取更好的系统，但却总是在获得资源之后，就将它们投入到外勤系统，而不是内勤系统；人力资源部门和临时雇用代理机构不停地电话交涉，却在政策制定上影响寥寥；而总监的视线总是狭窄地聚集于成本控制。惟一了解那些错误的出现的人就是内部的审计员，但他们却"各人自扫门前雪"，直接将这一堆麻烦推向了下一环节！

即使在一个非常复杂的组织中，也可能没有一个人在关注全局。每位经理都在尽职尽责地管理着自己分内的"一亩三分地"，然而，所有人都成功管理好自己分内的事情的结果，却通常是局部最优化。当然，在大多数组织中，这通常都是组织结构和局部绩效评价措施的必然结果。对于每一位经理来说，尽力管理好自己的领地，超越自己的历史成绩，都是非常合理的想法和做法。问题在于，使得整个系统相互联系起来的那个关键点仅摆在老板一个人的桌子上——而老板通常都很忙，忙得顾不上详细了解这一切！

所以，讨论会上的那盏导航灯实际上就是指出了管理整体和管理局部一样重要，指出了决策之间相互关联的重要性，指出了采用综合的、没有山头主义的视角的重要性。那次讨论会的结果是，那家投资银行引入了一系列的新程序和新政策，使得经理仍然可以尽他们的最大能力去管理自己的部门，同时，他们还一致同意实施一个新流程，以共同明智地讨论和解决跨部门问题。

2.11 重归睿智

回过头来再看一看图2-7，你会发现它有几个比较明显的特征。在图的中间有一个恶性循环：从"工作负荷"起始的单调工作，经过"处理能力"、"错误发生频率"、"管理的压力"，最后回到"工作负荷"。内勤经理竭尽全力试图停止这个环的转动，以免失控。然而，如果生意突然上升（从而导致"交易数量和种类"上升），或者突然出现一种奇特（可能很复杂）的金融新产品，而现有的信息系统尚无法支撑它（也会导致"交易数量和种类"上升），或者出现一次系统故障（从而导致"工作负荷"的突然激增），再或者，一个关键人物辞职或者生病了（从而降低了"处理能力"），石头就会变得更大、更沉一些。

显然可以从更极端的情况来理解这幅图。你可以想象这样一种情况："员工总数"是如此之多，以至于对于"处理能力"而言，任何"工作负荷"都是不足为虑的；"服务质量"已经长期处于稳定状态，而在你能够期望的范围内，错误发生频率已经可以视作零了；然而，此时"成本"已经突破了你的天花板——这种任意挥霍的情况同样也不够明智。但是，另一种相反的倾向也同样不可行：控制成本的压力是如此之大，以至于"处理能力"和"错误发生频率"都成了问题。我们所寻求的是明智的商业平衡的区间，即在"交易数量和种类"的环境下，"有效员工能力"和"有效的IT系统"之间的相互作用都可以得到确定，从而保证内勤系统的"处理能力"不会受到过度的危害，与此同时，"错误发生频率"较低，处于可控的范围，而且整个系统的"成本"也得到了优化。这就是睿智的表现。

图2-7的另一个特征就是每个因素都和其他因素联系在一起，这就意味着，如果你意图在某个环节采取行动，那么，有些事情就会或早或迟地在其他环节发生。所以，如果开始另一轮削减成本措施，或早或晚地，削减成本所带来的好处就会招致错误发生频率提高带来的害处——在证券业，即使是一个小小的失误，所花费的代价都可能足以抵消六个月辛辛苦苦削减下来的成本。

这种相互连接，以及不可避免的时滞，正是组织管理如此复杂而艰难的根本原因。尽我们的所能修补好局部的某些问题，或早或迟地会在其他地方引起反弹。有些人或许认为只要自己的部门一切正常就好，别的地方出事根本不用关心，所以工厂的经理受提高生产效率的激励，把车间填满成品，从而使之变成"市场销售的问题"。还有的人可能认为，只要时滞足够长，弊端不在自己任期内暴露，就能获得提升，所以谁会在乎给继任者留下什么样的烂摊子呢？

但那些明智的管理者不会持这些世俗的观点。明智的管理者想要理解实际商业问题中复杂的相互连接，并考虑自己可能的举动将会产生怎样的系列反应；他们并不会简单地希望把责任躲过，或推给下一任；他们认识到组织边界在导致"近视"和"山头主义"中的重要性；他们希望完整而全面地理解问题；他们希望能够预测时滞的影响。如果能够做到这一点，他们在制定决策的时候，就能处于更有利的地位，其决策也就更能经受住时间的考验。这样的决策才是真正睿智的决策。

第 3 章

SEEING THE FOREST FOR THE TREES

质量、创造力和削减成本

3.1 故事

"你知道会发生什么事情，不是吗？"乔纳森挑衅地问道。

"我认为，很多事情都会发生。不知道你说的是哪一件？"托尼在回答的时候，尽量保持着冷静的声音。

"关键问题是质量，"乔纳森继续道，"作为制片人，我们所做的任何事情都是围绕着质量进行的，而且这也正是观众收看我们节目的原因。如果你坚持继续强力推行这些削减成本措施，我们的质量就会下降，观众将会开始收看别的节目，我们的收视率也会下降，那时，我们的末日就到了。"

"在这一点上，我同意乔纳森的意见，"克莱尔插了进来，"一旦我们败于收视率之战，我们将永远都无法恢复元气。"

"而且，一旦收视率开始下降，广告商也会将我们一脚踢开……"安妮补充道。

"打击我们的收入线……"

"从而导致我们削减更多的成本。简直是一团糟！"

"我认为情况可能会更差,"人力资源总监保罗说,"我担心的问题是,这次削减成本对我们的关键职员所产生的破坏性影响。我们的一些制片人现在非常火,更不要说知名演员了。如果他们厌倦了,他们的动力就会下降,并将最终走人。如果他们离开了,我们的情况只会变得更糟!"

"我们那些创意横溢的天才又怎么样呢?这些有创意的人是我们整个业务的核心。难道我们还要定量配给他们铅笔吗?"

"你们的意见我都听到了,而且我也理解,"试图重新将会议引回轨道的总经理托尼说,"但这并没有改变现实,我们仍然不得不削减一些成本。我们怎样才能在不引发你们所提到的所有问题的情况下,用最好的方式实现这一点呢?"

3.2 环境

这段对话是对我曾参与过的一家电视制片公司所面临的困境的真实写照(当然经过了高度的提炼)。无论你身处何种行业,你对它们所陷入的困境都不会太陌生:如何在不损害业务的情况下削减成本。

制片人乔纳森的第一反应就是削减成本将导致质量降低("是的,我们可以继续拍摄节目,但是我们将不得不从演员的前方摄制所有镜头,因为我们会付不起演员后背的服装费!");而保罗则从人力资源的角度出发,强调了削减成本对员工士气的可能影响;克莱尔和安妮则清楚地指出了最终的威胁:观众将会流失,广告商将不再购买他们节目中的广告时间。就像乔纳森所说的那样(很可能是以胜利的口气):简直是一团糟。然而这一切并没有解决问题,因此总经理托尼试图将会议拉回现实。

画一张系统循环图 / Seeing the Forest for the Trees

如果你手边有纸和铅笔,就尝试着画一张你认为能够反映上述对话本质的系统循环图。

图中的关键因素是什么?它们之间的顺序和联系又如何?箭头的方向怎么指?还有没有一些其他的、不明显的因素,尽管故事中没有涉及,但是你认为很重要，值得加到图中去的？哪些是 S 型联系？哪些是 O 型联系？整个图是怎样组织起来的？

如果你手边没有纸和笔，你也可以停下来在你脑海里试着描绘这幅图。

3.3 图片

图 3-1 是我预先准备的系统循环图，内容就是围绕他们就厨艺节目所进行的讨论。

3.4 另一个恶性循环

下面是对我所画的系统循环图的解释。

图的起始点是被我称为"成本压力"的地方，正如乔纳森所言，它导致了"质量压力"（从而是个 S）。这很自然地导致了两个问题：首先，可能导致电视节目质量降低，从而对这些节目的观众产生直接影响，造成"收视率压力"（另一个 S）；与此同时，保罗的意见也非常

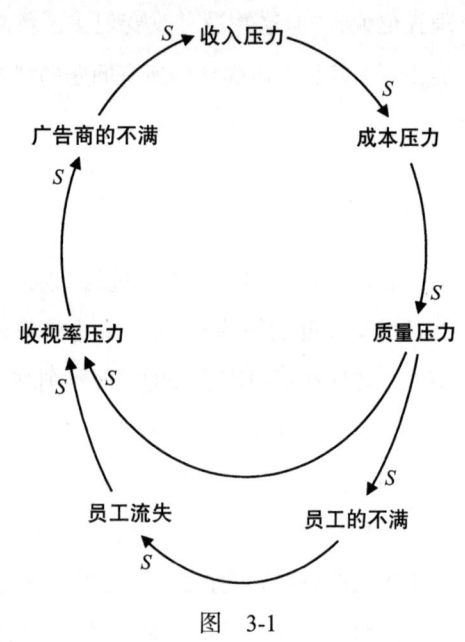

图 3-1

中肯，持续的"质量压力"也将导致"员工的不满"（再来一个 S），从而导致"员工流失"（S）；一旦员工流失了，同样也会加重"收视率压力"（还是一个 S）。随着"收视率压力"的累积，将加深"广告商的不满"（S），带来"收入压力"（S），从而进一步加重了早已存在的"成本压力"（还是 S）。

这是另外一个恶性循环（或者说，是一对恶性循环），而且这种循环你可能更熟悉。

把图 3-1 和你所画的或者你所构思的那幅图相比，这幅图怎么样？如果它们有所不同，也不必担心——绘制这种图需要一定程度的练习，我将在第 7 章就如

何画图提供一些指导。现在最重要的事情是，你要对我所画的图没有意见，尤其是那些因素之间的顺序以及所有的 S 型联系。你是否已经信服这幅图抓住了故事的本质？我确信你肯定已经注意到了，这幅图并不是对故事内容的简单转录，比如，没有一个人明确使用了"成本压力"或者"广告商的不满"等字眼，而且图中的不同部分也不是在同一次对话中都有所涉及，更不要说是以正确的顺序涉及了。

当然，人们在讨论问题时，会采用能够反映他们思维的词来进行叙述，字里行间都会体现出他们认为重要的东西，与此同时，他们也会强调他们希望争论或者辩护的观点。绘制系统循环图的好处之一就是可以避开各种狭隘、短视的"山头主义"的影响，反映出完整的故事。

你该做些什么

Seeing the Forest for the Trees

假设你是总经理托尼，你应该采取什么措施来阻止这个恶性循环的失控？

你认为什么样的措施会得到其他人的支持：乔纳森、克莱尔、安妮和保罗？

你认为他们会赞成什么样的措施？

3.5 我们应该做些什么

下面，让我们来偷听一下他们的谈话。

"昨天我和我们的一个演员进行了一场机智的较量，"保罗说，"她从别的地方得到了一份很有吸引力的合同，于是她直接向我要求涨工资。尽管她并不想勒索我们，但实际上也已经非常接近了。我真的认为，作为一项紧急事务，我们确实需要拨一些钱为演员实实在在地涨一些工资。我知道这样做不会省钱，但是肯定可以阻止观众流失。"

"我不那样认为，"乔纳森说，"那样做不仅非常短视，而且非常愚蠢，这只是为其他人发放了一张勒索我们的许可证而已。一旦你沿着这条路走下去，你就永远也无法停止了。在我看来，问题全都在于质量。我觉得我们应该就我们期望达到的质量制定一项质量标准，并承诺永不妥协。一旦我们制定了，就一直遵守它。"

克莱尔和安妮交换了一个眼色，然后克莱尔开口说道："恐怕我不能赞成你们两个中的任何一个。我觉得我们都找错了地方：我们应该削减一般管理费用，而不是制作节目过程中的那些核心活动的成本。难道我们就不能从IT、财务或者其他什么地方省省钱吗？难道这些日子以来，人们不都是一直在谈论外包吗？"

"真令人惊讶！"安妮大声说道，"克莱尔，你恰恰使用了我正准备要用的词。但是你的结论却差之千里。我想说的是，和你一样，我也不同意任何人的意见。你们都找错了地方。现在我已经听过你的建议了，克莱尔，我认为你说得很对。这是一场错误的争论。我们根本就不应该讨论削减成本。我们应该考虑的是如何创造新的收入。难道我们不应该充分利用我们的最佳节目来树立一个品牌，然后从商业中牟利吗？投资一家网站怎么样？或者投资一系列和我们有联系的网站？这些关于削减成本的讨论让我觉得沮丧。有什么业务是在一直削减成本的过程中取得成功的？"

托尼大摇其头："好了，伙计们，感谢你们的意见。现在我已经听到了四种完全不同甚至相互抵触的思路：收买我们的职员、定义质量标准、裁掉我们所有的会计、开始销售T恤衫。难道我们就不能就任何事情达成一致吗？难道我们不是以同样的方式观察这个世界吗？我们到底应该做些什么？"

3.6 谁是正确的

那么，如果你是托尼，你该做些什么？谁是正确的？哪个决策比较明智？

在我看来，他们都是正确的。从处理问题的角度看，所有这些建议都是很好的方法，因此这不是一个"正确"或者"错误"的问题，而是一个"不同"的问题。这里的问题在于在形成政策上，大家都是真心的互不赞成，而且不同的人都清晰地解释了各自的选择。这些不同的选择对企业具有不同的影响，会产生不同的后果。加薪可能会带来普遍的"勒索"，但它确实是一种可以很快落实下去的措施；从其他渠道获取收入确实可以最终解决成本的压力，然而从短期来看，由于市场运作等方面的花费，成本反而可能会上升。所有这些建议都各有优点，也都将带来不同的后果，产生不同的行动计划。我们又回到了选择和睿智这一话题。

这四个建议并不是我们仅有的选择。图 3-2 展示了其他一些选择。

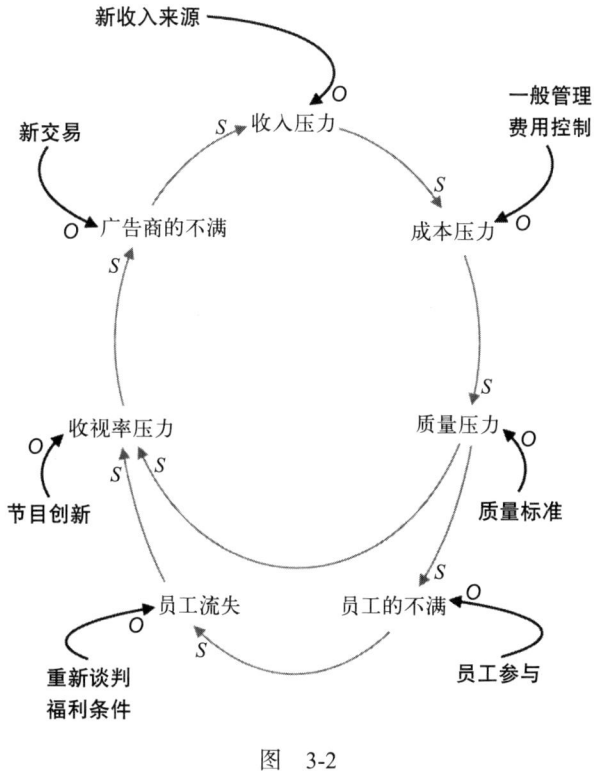

图 3-2

这是对图 3-1 的扩展。围绕着中间两个恶性循环，添加了几种可能的选择，每一个都主要影响中间环上的一个因素。你同样可以看到，新添的每个因素都通过一个 O 型联系和中间回路联系在一起。比如，对"新收入来源"的开发程度越高，对来自节目摄制的"收入压力"就越低；类似地，"一般管理费用控制"越严，业务活动的"成本压力"就越低。

因此，每项新因素都对这个恶性循环起到了刹车的作用，它们阻止了这个环的无情旋转，将业务重新纳入可控的范围。图中还同时展示了一些故事中没有涉及的建议："员工的不满"可以通过"员工参与"得到缓和，这是对变革管理最佳实践的总结（"伙计们，我们现在都在一条船上，那么我们就一起干吧！"）；"节目创新"指的是摄制新类型的电视节目，这是一种可能的新成本结构，还有可能在降低对明星的依赖的同时，仍然保持住观众；可能还存在着与广告商进行"新交易"的可能性，从而缓和"广告商的不满"。

3.7 制定政策

我经常在讨论会上用这个例子做练习。在画出那个恶性循环之后，我要求参与者开始思考他们会采取什么措施，并在不相互讨论的情况下写下这些措施，并按照影响的大小依序排列。我在小组里走动，要求每个人都说出如果只能采取一个措施时他们的选择，他们认为选择哪一个措施能够收到最好的效果。通常在我没有走完一圈之前，就已经在活页夹上记下了至少半打的不同措施。

然后我就会问："那么，综合一下，我们会采取什么措施？"

通常这总是会引发一场生动的辩论。那些相信"质量为王"的人强烈要求制定质量标准；来自人力资源领域的人则强烈支持员工参与；创业家则开始构思新的市场运作；每个人都同意应该削减一般管理费用。

在这些政策中，没有一个是本质上"错误"的，但也没有一个是本质上"正确"的——它们只是不同而已。不同来自于希望采用的具体措施，来自于不同措施开始生效所需要的时间，来自于落实所需要的成本费用，也来自于各自的后果。实际上，图3-2仍然不够完整，因为它缺少各种政策对其他因素的影响，尤其是对"成本压力"的影响。尽管情况如此复杂，人们仍然能够而且确实对这些因素都做出了个人的评估，并在自己的心中已经做出了抉择。不同的人得到了不同的结论。

在这场辩论中所发生的一切，都只不过是对自己真心赞成的观点的清晰阐述，每个人都阐述了在自己看来最好的措施。有时候这些信念有理有据，有时候也会被短视或本位主义的观念所影响，但是他们热情地坚持自己的观点。如果有人真的相信在这种环境下，最好的处理方式就是定义质量标准，他们就会充满激情地辩驳其他观点。

那么，这些顽强的个人信念要怎样才能得到调解呢？我们怎样才能综合起来，制定一项共享的、得到大家公认的政策呢？我们怎样才能变得睿智？

这是一个与权力相关的问题吗？是不是应该由权力最大的那个人，或者"嗓门"最大的那个人决定如何抉择呢？或者这是不是一个"武装停战协议"，最终大家对每件事情都一定程度的赞成吗？或者这是一个更有思想性的过程？

在我看来，制定睿智的决策是经营决策的核心，并且这不是一件进行"正误"选择的事情，而是在各种受到人们诚心信仰、激情争论的信念之间进行抉择的问题。

我所诚心信仰、激情辩护的一个信念是，我们在这一章里面所使用的这种图，在协助进行这种辩论时，具有不可估量的巨大帮助。使用系统循环图可以帮助整个团队就所有潜在政策所覆盖的范围，以及各个可能选择的后果进行思考。这不仅可以开拓人们的思路（"节目创新？我怎么从来没想起来呢！"），而且可以预防"坐井观天"式的危险（"解决这一问题的惟一方法就是……"），因为任何事情都不是"自古华山一条路"。睿智就体现在辨别出所有的可能路径，并且选择最好的那条路。

在我看来，激发睿智的最有力方法就是从整体上观察复杂问题，梳理出所有相互连接的组件，然后使用精心构造的系统循环图，将这种复杂性以一种言简意赅而又揭示本质意义的方式表现出来。因此，在下一章，我们将开始更加详细地学习所有系统循环图都需要的基础构件：反馈回路（feedback loop）。

所有的事情都发生了

Seeing the Forest for the Trees

在这个电视公司的例子中，所有涉及的政策都在过去的几年里付诸实施了。比如：

- 很多电视公司已经削减了成本和一般管理费用。
- 在英国，英国广播公司（British Broadcasting Corporation，BBC）推行"文化变革"已经几年了，这一项目致力于吸引所有员工参与到削减成本项目中来。
- 报纸经常报道一些影视名人或者在协商剧增福利的要求，或者从一家公司跳槽到另一家公司。
- 很多电视公司都高度涉猎了能够增加额外收入的所有活动，包括销售录像带、DVD、流行音乐、书籍和杂志，以及从节目到网站的链接。
- 有大量关于节目创新的例子，比较著名的类型如"偷拍"，这种节目对真实的生活进行直播（比如在繁忙的机场或酒店里的活动）。而"真人秀"则对演员在各种环境下的生活进行播报，比如在《老大哥》节目中，一群人在一个房子里共同生活了几个星期，并逐步投票淘汰，直到剩下最后一个人去独占大笔金额的巨奖。这种节目的成本大都远低于摄影棚作品，更重要的是，它们不依赖于大牌明星，从而既降低了成本，又避免了对明星的依赖。那么，这种节目的质量状况怎么样呢？

第二部分

工具和技术

在这一部分，我们将详细学习系统思考工具箱中的一个主要工具：系统循环图。

第 4 章探查了系统循环图的通用结构，并指出因果回路有且仅有两种基本类型：增强回路和调节回路。

增强回路在作为良性循环的时候，可以用来表示任何业务的成长发动机。然而，就像我们将在第 5 章看到的那样，同样的结构也可以成为恶性循环，因此，也可能很快从业务繁荣走向业务衰败。我们也将看到，通过两个增强回路的共同作用，形成对共享资源的竞争——这是一个能揭示很多冲突的系统思考结构，也可以用于寻找解决冲突的最佳方法。

调节回路可以导致系统向某一目标靠近，第 6 章将展示这些系统思考结构如何支撑对预算、目标和计划的管理。

最后，第 7 章提出了 12 条黄金法则，它们将帮助你绘制自己的系统循环图。

SEEING THE FOREST
FOR THE TREES

第 4 章

反馈回路

4.1 反馈回路的重要角色

前两章讨论了如何管理繁忙的内勤系统以及电视制作公司所面临的两难问题，证实了在面临复杂问题必须做出艰难抉择时，采用开阔视野的价值。在面临这种复杂问题时，人们很容易就会在外界的诱惑下，以短视而狭隘的目光匆忙做出选择。这种诱惑来自于组织结构、绩效标准、我们逃避复杂的天性，以及试图得到"有决断力"这一评价的动机。也许有人会问，迅速决策难道不是一位睿智经理人所必不可少的能力吗？

当然，决断力是一项很重要的能力，因为高层管理者时刻要面临艰难选择，如果像哈姆雷特般优柔寡断，就要忍受无尽的痛苦，这样没有任何一项业务能够支撑下来。然而，决断并不意味着轻率或者鲁莽。要想建立起"有决断力"的形象，并不需要过快地决策，因为那样可能没来得及仔细考虑各种合理的替代方案，并考察各自可能的后果，从而会做出不明智的判断。可以确信的是，深思熟虑地制定决策，才是真正的睿智。

促成这一点的方法就是保证以开阔的视野去探查决策的环境：不仅仅是决策的范围（例如，关于内勤系统员工人数的决策，不仅引发出错误的成本，还引发出雇佣成本），还包括时间因素（长期以来，对员工总人数的不明智决策导致大量临时工的存在，很多组织经验和知识因此而流失）。

正如在第一部分所粗略介绍的那样，系统思考提供了一种很合适的开阔视角，而系统循环图正是捕获复杂系统本质的有力工具。通过这些图，我们可以仔细考察我们所感兴趣的系统，并对其内部高度联系的本质进行全面分析，把握每项事物和其他事物的连接，从而反映复杂事物之间的因果关系。

另外，它们还抓住了我们在第1章中所提及的复杂系统的本质特征，即反馈（见1.3节）。通过因果回路中一个又一个闭环，反馈充分展示了自己：代表因果链的回路最终连接到自己身上，整个回路没有起点，没有终点，每项事物都最终和其他事物产生联系，这样的回路就称为反馈回路。

以内勤问题那一章的图2-7为例，其最重要的特征就是图4-1所示的单调回路。

由于回路中的所有组件都和其他组件相互联系，因此这个回路没有起点，没有终点。这些联系不一定都必须直接连接到其他组件，可能存在一些中间过渡。甚至在不同因素之间还可能存在时滞。这是我们关于系统循环图的重要特征——反馈回路——的第一个例子。

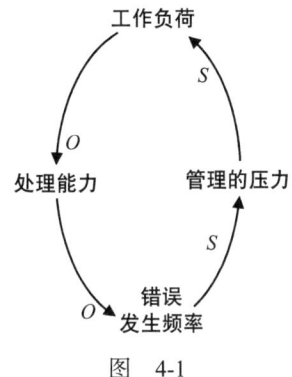

图 4-1

稍作思考即可发现，反馈回路具有这样一个性质：一旦回路中出现断点——无论多小，无论在何处，都会破坏反馈回路本身。这和"盲人摸象"的故事（见1.1节）有所相似，即一旦将它分成两半，就会破坏我们所感兴趣的系统。我们要研究的系统行为就是那头大象，它们因各个组件之间的相互连接而存在，在图中它们的主要特征就表现为一个连续的闭环，其中的每个因素都和其他因素有着直接或间接的联系。

另一个类似的闭环结构就是电视制作公司例子中的反馈回路，如图4-2所示。

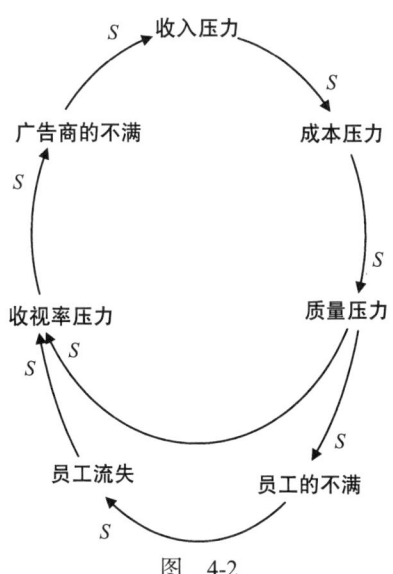

图 4-2

事实上，图 4-2 展示了两个嵌套的反馈回路，每一个都对另外一个起到增强的作用。我们再一次看到每个因素都和其他因素联系在一起，整个回路没有开始，也没有结束。

反馈回路无处不在

Seeing the Forest for the Trees

确切地说，反馈回路无处不在。比如像倒杯咖啡或茶这种看起来似乎非常简单、我们每天都不假思索地做了无数次的工作，也和反馈回路有关系。

事实上，如果离开了反馈回路，即使是这种简单的工作都无法完成。不信的话，你可以试着蒙上眼睛倒杯茶看看。在这个例子中，反馈回路的关键点就在于，在你向杯中倒水的同时，你通过观察杯中的水位而获取反馈信息。当你看着水位上升的时候，反馈通过你的大脑和眼睛发挥作用，让你在杯子将满时停止倒水。

这个系统由你手所处的位置、你倒水的速率、咖啡杯中的水位、你的眼睛对杯中水位的观察，以及从你的大脑到你的手的信号构成，共同组成一个反馈回路。如果你破坏了这个回路——比如蒙住眼睛，从而无法观察杯中水位是如何上升的，你就会不断地加水，直到杯中水溢出，系统产生了故障。

系统思考的基本原则是，对于现实、复杂的问题，最好用相互连接的反馈回路所形成的网络来描述。至今为止，我们所遇到的例子相对而言比较简单，但随着本书的进展，反映真实系统的系统循环图很快会变得非常复杂，通常由很多相互联系的反馈回路构成。这些图非常复杂，这一事实一点都不令人惊讶，因为它们所表示的系统本身就非常复杂。但是，无论最终的图有多么复杂，实际上其背后的基础结构只不过是些简单的反馈回路而已。于是，读这种复杂的系统循环图的过程，就变成逐个辨别出其中的每一个反馈回路，以及它们之间的联系的过程。这是我们能够处理真实世界中复杂问题的主要方式之一。

是的，反馈回路无处不在

这里是另一个反馈回路的例子。

真是漫长的一天，火车已经晚点了，交通异常拥挤，而天上正下着倾盆大雨。我终于回到了家中，感到非常烦躁，非常希望妻子能为我操操心。我妻子也同样度过了辛苦的一天，也同样希望我能够关心关心她。然而，我却在等着她来关心我，由于她非常疲倦，没有力气和心情来关心我，这让我更加烦躁。天哪！

反映我的状况的回路如图所示：

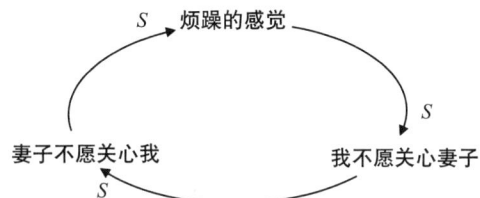

反馈回路是所有系统循环图的重要特征。是否存在反馈回路可以被视为判断系统循环图是否完整的一种方法：如果你发现你所绘制的系统循环图中没有包括任何反馈回路，那么可以肯定地说，你还没有将你试图描述的真实系统描述完整。当然，这一论断反过来并不成立。即使在你的图中存在着不止一条反馈回路，也不意味着你绘制的图已经很完整了，因为很可能还有一些附加的、没有明确记载的回路与待研究的系统有关联。无论如何，完成第一个反馈回路总是意味着你已经向着正确的方向前进了一步。随着你对真实系统的了解逐渐深入，你就可以不断添加更多的连接，直到你最终确信已经将整个系统精简而完整地绘制完毕。至此，真实世界就不是那么的复杂了。

本书的很大部分都是在帮你树立起这样的信心。所以，现在让我介绍两种重要的反馈回路，它们叫做增强回路和调节回路。

4.2 增强回路

再看一下电视制作公司那个例子中的主环（见图4-3）。这个环就是一个恶性循环:"成本压力"越强,"质量压力"就越大,继而加重"收视率压力",加剧"广告商不满",影响"收入压力",更加重了"成本压力"……情况变得越来越糟。

在这个例子里,最初的那个事件——"成本压力",随着环的每次旋转而不断得到加强,这种情况被称为正反馈,与此相应的系统循环图就被称为正反馈回路或增强回路。正如图4-3所示,这个回路起到了恶性循环的作用,这个环每旋转一次,都会进一步加重成本压力的困境。增强回路确实有这种作用,但正如我们将在下一章中所见,增强回路未必都是恶性循环,它也可以是一个良性循环:通常在业务增长和成功的时候,作为良性循环的增强回路都扮演了"成长引擎"的角色。

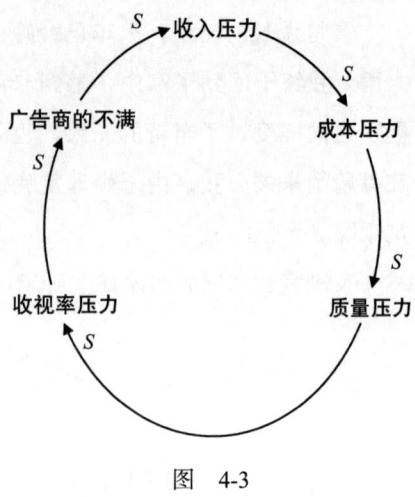

图 4-3

增强回路是一种非常重要的构造块,我们将在下一章中花费更多的篇幅来研究它的行为。但是,现在我们开始介绍另一种非常重要的构造块——调节回路。

4.3 调节回路

图4-4展示了另外一个系统循环图,表示的正是倒一杯咖啡的过程。

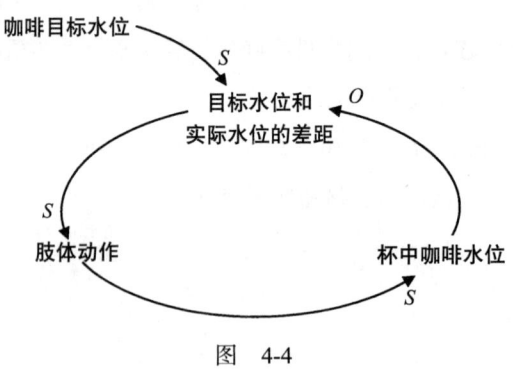

图 4-4

正如4.1节的"反馈回路无处不在"中所述,倒一杯咖啡是反馈回路的一个真实例子，图 4-4 展示了需要研究的回路。

当我们向杯中倒咖啡的时候，我们心中有一个目标，就是"咖啡目标水位"。这个目标通常是"接近满"，但是也未必：也可能是半杯，或者其他任何水位。为了阐述方便，在本例中，我们假定目标是半杯。

在我们向杯子中倒咖啡的时候，我们的眼睛一直在关注杯中水位的上升，无论何时，我们都在评价"目标水位和实际水位的差距"。正是我们心中的这种评价促使我们对我们的"肢体动作"进行控制（在本例中就是手的位置），进而决定了我们将咖啡倒入杯中的速率。起初的时候，目标水位和实际水位之间的差距相对很大（当杯子中只有一点点咖啡的时候），我们的肢体动作就是相对较快地倒水，就是说，这是一个 S 型连接。

当然，我们的肢体动作会影响到"杯中咖啡水位"，就像我们的"肢体动作"越大，"杯中咖啡水位"就越高，因此这也应该是一个 S 型连接。但是，随着"杯中咖啡水位"逐渐上升，"目标水位和实际水位的差距"逐渐下降，因此这是一个 O 型连接。随着杯中目标水位和实际水位的差距逐渐变小，我们的"肢体动作"就变得越来越柔和，"杯中咖啡水位"就上升得越慢，直到"目标水位和实际水位的差距"变为零，到了这个时候，我们就会停止我们的"肢体动作"，而杯中咖啡也在我们目标的导引下达到了半满的水位。

总的来说，这个环的作用就是控制"杯中咖啡水位"使其逐渐达到"咖啡目标水位"，当目标达到时，我们就会停止"肢体动作"。因此，最后那个联系"咖啡目标水位"和"目标水位和实际水位的差距"的 S 型连接，就意味着对于任意给定的"杯中咖啡水位"，"咖啡目标水位"越高，"目标水位和实际水位的差距"就越大，这确实符合常识。

以上系统的特性是它总在寻求达到某个特定的目标。这种形式的反馈被称为负反馈回路，也叫做调节回路。实际上调节回路也非常常见，给杯子里加满咖啡；使用空调装置来将室温控制在一个恒定的温度；使你的业务能够符合预算等，这些都是生活中调节回路的例子。

你可能认为，给杯子加满咖啡实际上并没有那么复杂！但是，我们都知道，在倒咖啡的时候，其实很容易受到干扰——比如说电话铃响了，孩子问了一个问题，或者其他类似的情况，随着我们的注意力从目标水位与实际水位之间的差距转移到其他问题上，这个环路就很容易被阻断，此时肢体动作可能仍然停留在倒水的位置。一会儿工夫，事情就可能变得一团糟。是的，这个反馈回路是真实存在的。

4.4 悬摆、边界和真实系统

尽管所有的反馈回路都代表着闭合、连续的回路，没有起点，没有结束，有些系统循环图还包括虽然在闭环之外但却连接在闭环之上的因素，比如前面那个调节回路中的"咖啡目标水位"。这类因素被称为悬摆（dangles）。

悬摆可以分为两类：

- 输入悬摆，一般用来表示期望达到的目标、隐含的标准、政策；或者是系统外部的驱动或限制因素，以及用以确定外部变量数值的参数。
- 输出悬摆，表示整个系统运作的结果。

上述调节回路中"咖啡目标水位"就是一个输入悬摆，因为它代表了我们将杯子倒到半满的期望目标。我们也曾见过其他例子。如果你回头去看看2.10节描述内勤系统的图2-7，你会看到三个悬摆："服务质量"和"成本"是代表内勤系统整体表现的输出悬摆，而"交易数量和种类"则是输入驱动因素。

悬摆定义了我们所感兴趣的系统的边界。系统边界的概念看起来可能和系统思考对整体观点的强调有所冲突：如果我们希望采用整体视角，就应该是超越边界的（也就是说没有边界）。

实际上，采用整体视角的目标和边界的存在并没有本质冲突。问题在于应该在正确的位置划定边界，这样它们就可以将我们所感兴趣的系统作为一个整体包含进来，并且撇开那些没必要甚至是多余的东西。

比如，在倒咖啡这个调节回路中，我们感兴趣的系统就只是倒一杯咖啡，而悬摆就是"咖啡目标水位"。从理解调节回路的运作以达到目标这一点来看，目标的存在就是我们主要关注的对象。如果我们愿意，我们可以问"为什么目标是咖啡半满？"从而在图中引入类似"希望止渴"或者"对咖啡因的依赖"这样的概念，或者其他类似概念。在某些情况下，这些因素可能确实非常有用。但就本例而言，我们关注的就是水位如何达到目标，因此这些因素是多余的，所以"咖啡目标水位"就理所当然地成为了悬摆。

什么时候标明悬摆就够了，什么时候需要追究悬摆背后的因果关系，这一选择依赖于人们的判断，依赖于人们究竟对哪一部分系统的行为感兴趣。当然，我们追求的是在不必要的复杂和误入"半只大象陷阱"之间进行平衡。尽管在某些特定问题里，可能在你找到那个确切的边界之前，已经扔掉了无数张撕碎的图，占满了几个垃圾桶，但在实际工作中，这一点通常都能实现。

在很少的情况下，你可能也会碰到不包括任何悬摆的系统循环图，其中的所有元素都是某个完整回路的一部分。然而，更多的情况下，你会找出一系列相互嵌套的反馈回路，它们通常都被一些（通常很少）代表政策和目标的输入悬摆所驱动，产生一些（同样也是很少的）代表着系统活动结果的输出悬摆。这一点在商业系统中更为普遍。你可以从你已经见过的图中总结出这种通用结构，同样，在你将要见到的图中，也可以归纳出这一特点。

4.5　只存在两种连接：S 型连接和 O 型连接

至今为止，我们所见到的系统循环图都具有如下基本形式：

图中"原因"处于连接箭头的起点，而"结果"处在箭头的尾部。更进一步地，所有由原因的增长而导致结果也增长的连接（比如随着内勤系统"处理能力"的增长，而导致"服务质量"提高），都被划归为 S 型连接；相反，如果原因的增长导致了结果的下降（比如随着"处理能力"的增长，"错误发生频率"将会下降），这样的连接就被称为 O 型连接。那么，任何一个连接是否非 S 型连接即 O 型连接呢？换句话说，还有没有其他的连接类型？

实际上，稍微思考一下就会发现，S 型连接和 O 型连接是两种相互对立的连接，因此，除此之外，不会有其他连接方式了。也可能存在这种情况："原因"方面的增长既没有导致"结果"的增长，也没有导致"结果"的下降。对于这种情况，更确切的表述应该是：二者之间根本不存在什么因果关系。

因此，系统循环图中的每个连接都必须是 S 型连接或 O 型连接两者中的一种——不会有其他可能性。这一事实只不过是系统思考框架中众多令人惊讶的概念中的第一个，它只不过是为其他更重要的原则作铺垫。下一个这样的原则就是，根据单个回路上 S 型连接和 O 型连接的数目，就可以判断出这个回路是增强回路还是调节回路。

4.6 分辨调节回路和增强回路

调节回路向目标汇聚的行为和增强回路相去甚远，后者每运行一次都会将自己放大。为什么这两种回路的表现相差这么大呢？答案就在于两种回路的结构（构成回路的 S 型连接和 O 型连接的模式）不同。实际上，如果你注意观察 4.2 节的图 4-3，你会发现这幅图完全由 S 型连接构成，整个回路中根本就没有 O 型连接。

然而，4.3 节中的图 4-4 中却包含了一个 O 型连接，就是这个 O 型连接让整个回路的性质与前者截然相反。当回路运行到包含 O 型连接的那个位置时，某些正在变大的东西（上例中就是"杯中咖啡水位"）就转变成某种变小的东西（在那里就是"目标水位和实际水位的差距"），这就起到了抑制的作用。在增强回路中没有这种抑制机制，因而随着环的运转，增强回路就不断增强自己。

什么类型的回路

这个回路的行为怎么样？S 型连接和 O 型连接组成了什么样的结构？

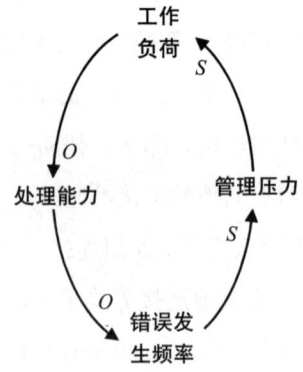

我们首先来回顾一下这个回路的行为。首先，随着"工作负荷"的上升，我们的"处理能力"随之下降（这是一个O型连接）；而随着"处理能力"的逐渐降低，"错误发生频率"进一步上升（这又是一个O型连接）；"错误发生频率"的上升进而加重了"管理压力"（从而是一个S型连接），然后这又会进一步加重"工作负荷"（第二个S型连接）。

作为对最初工作负荷上升的回应，整个环运转一次后的结果就是进一步加重了工作负荷，证明这个环的行为也是起到增强作用。因此，这是一个增强回路。然而，正如我们所见，这个增强回路并不是由一系列不间断的S型连接构成的。恰恰相反，这里面有两个S型连接，还有两个O型连接。

从这里面你能否归纳出什么模式？我们现在已经见过两种增强回路（电视制作公司那一个和本节的一个）以及一个调节回路（倒咖啡那个）。注意观察这些回路中的O型连接，可以发现，那个调节回路中只有一个O型连接，而增强回路中要么根本没有O型连接，要么就是有两个O型连接。从数学的观点来看，零也是一个偶数。因此，如果回路中有偶数个O型连接，它们的作用就可以相互"抵消"，从而使得整个回路发挥一种增强的效果，就像整个回路完全由S型连接构成的那样。是不是这样呢？

这和算术有点相像。如果我们令S等于+1，而O等于–1，那么，我们可以通过将回路中的+1和–1累乘起来，用以确定整个回路的性质吗？仅包括S型连接的回路的乘积是+1，因此是一个增强回路；由于–1×(–1=)+1，因此，一个由两个O型连接和任意个S型连接构成的回路乘起来都等于+1，从而也是一个增强回路。任何包含偶数个O型连接的回路都会表现出这一性质，这就是"正反馈"。另一方面，包含奇数个O型连接的回路乘起来总是等于–1，它们总是表现出调节回路的性质，这就是"负反馈"。

辨认增强回路和调节回路

/ Seeing the Forest
/ for the Trees

对于任何连续的闭合回路，沿着环完整地走一圈，数数一共有多少个O型连接。

- 如果有偶数个O型连接，那么这个回路就是一个增强回路，每运转一周就增强自己。记住，零也是一个偶数。
- 如果是奇数个 O 型连接，那么这个回路就是一个调节回路，整个回路似乎在寻找或力求实现某一目标。

在应用这一规则时，你需要确认如下几点：
- 你已经走完了某一个回路，没有漏下任何连接。
- 你所数的 S 型连接和 O 型连接都位于这个回路之内。
- 你要肯定所有的 S 型连接和 O 型连接都已经被正确地辨识出来了。
- 你当然也要检验图形中的逻辑！

无论回路多么复杂，由多少因素构成，这些原则都适用。这些原则之所以一直都适用，是因为正如我们所见，所有连接要么是 S 型连接，要么是 O 型连接。这个可以帮助我们分辨增强回路和调节回路的简单规则，就是在本书中我们将会见到的诸多系统思考所辨识出来的、放之四海而皆准的第二条基本原则。

4.7 两种基本构造块

所有连续的闭合回路要么是增强回路，要么是调节回路。

这是我们刚才所确认的原则的直接推论，也是第三条放之四海而皆准的系统思考基本原则。刚才的原则指出，可以通过 O 型连接数目的奇偶性分辨出一个回路是增强回路还是调节回路。事实上，如果你数一数回路上 O 型连接的个数，结果肯定不是奇数就是偶数，没有其他的可能性。因此，我们可以得到：

只有两种基本构造块

/ Seeing the Forest
for the Trees

由于任何连续的闭合回路中的 O 型连接数目不是奇数就是偶数，因此，一个回路要么是增强回路，要么是调节回路，不会有其他可能。

这也是一个非常有力的、放之四海而皆准的原则。它指出，无论一个系统有多么复杂，组成它的基本构造块都只能有两种：增强回路或者调节回路。在现实生活中，真实系统通常由很多相互作用的环共同构成，且其边上还有一定数目的代表着目标、结果或者外部驱动因素的悬摆。但是，无论有多少个回路，无论它们是怎么相互作用的，最基本的结构都只有两种：任何连续的闭合回路要么是增强回路，要么是调节回路。

考虑到这两种基本构造块的重要性，下面两章将详尽地考察它们作为一个孤立个体的行为。这将为我们继而考察增强回路和调节回路共同作用的复杂系统打下基础。但是，在我们更详细地了解增强回路和调节回路之前，我需要对 S 型连接和 O 型连接做出三点补充。

4.8 语言的重要性

看一看图 4-5。

这幅图和我们前面所见到的内勤系统的那幅图非常相像，不过二者之间存在着两点差异：首先，我将"处理能力"这一概念变成了"部门压力"；其次，作为第一点的结果，原来那幅图中的两个 O 型连接也相应地变成了 S 型连接。现在，图 4-5 中没有一个 O 型连接，因此这是一个增强回路：随着"工作负荷"的上升，"部门压力"也随之上升，继而增加了"错误发生频率"，这又会加重"管理压力"，并最终加重"工作负荷"。这是一个多么熟悉的逻辑啊！这幅图所描述的情形当然和前面那幅图一样——我仅仅

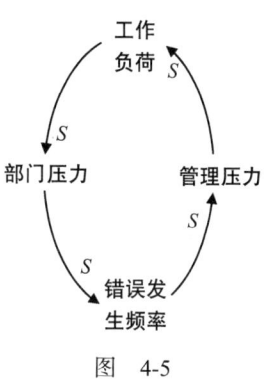

图 4-5

是使用了一个不同的字眼而已。选择不同词语的结果，就是相关概念的相应连接在 O 型和 S 型之间变动（这是第二点不同），但是，它们所描述的情形以及回路的行为却保持不变。

这同样是一个重要原则。系统的真实行为必须和我们所选择的描述语言无关。系统思考的奇迹之一就是，无论我们使用什么词语，最终的结果都是鲁棒的，都能对系统的行为做出正确的描述。

当然，这并不意味着我们在绘制系统循环图时，就可以随随便便地使用短

语。词语的选择非常重要，因为我们必须使用简明扼要而且适当的词语，才可以确保任何浏览这些图的人都能迅速而准确地理解其中的含义。无论如何，一旦我们选择了我们的语言，并且确保所有的 S 型连接和 O 型连接都得到正确标注，那么，每个因果回路都会准确地描述出真实系统的实际行为。

4.9　是否所有的连接都是非 S 即 O

我相信你现在已经清楚地知道，绘制及使用系统循环图的关键就是辨识出各个连接的类型，并清晰地为各个连接标注上 S 或者 O。更进一步地，增强回路（它每旋转一次就会将自身增强一次，从而扮演良性循环或恶性循环的角色）和调节回路（它表现出一种完全不同的特征，总是在寻求达到一定的目标）的本质区别，不仅取决于每个连接是 S 型连接还是 O 型连接，同样还依赖于每个连接性质的稳定性，即在任何情况下，连接的类型都保持不变。如果某个连接一会儿表现为 S 型，一会儿表现为 O 型，那么，即使结构没有变化，整个环会一会儿成为增强回路，一会儿成为调节回路。

这种情况有可能发生吗？是不是所有的连接都是非 S 即 O？或者说有没有一种可能，使得同一个连接有时候表现出 S 型连接的特性，另外一些时候却表现出 O 型连接的特性？

这个问题似乎过于技术性，但它背后隐含着一个更加本质的问题：真实世界中，是否存在着有时候显示出 S 型特性，而另外一些时候显示出 O 型特性的情形？

事实上是存在的。考虑这样一个例子：我们可以看一看善心的老板"对员工的慷慨"和"员工生产率"之间的关系。在人性本善的环境中，这个连接一般会是个 S 型连接：

上述连接显示，随着老板"对员工的慷慨"度逐渐上升，"员工生产率"也

会随之上升。

然而，有时候你想得太天真了，世界并不是完全由善良构成的："既然你慷慨过了头，那么员工干吗不偷偷懒呢？"这个问题的答案通常是肯定的。在这种情况下，这个连接似乎开始从 S 向 O 转变。随着我们"对员工的慷慨"的增加，起初"员工生产率"会有所上升，但是如果"对员工的慷慨"过了头，"员工生产率"反而会下降。现在我们就面临着这样的问题：这个连接有时候是个 S 型连接，另外一些时候却是个 O 型连接。

处理这种问题的办法有很多种。其中之一就是画出多幅系统循环图，并清楚地指出每幅图各自适用的环境。但是，按照我的看法，我更愿意在一幅图中直接指出两种情况，如图 4-6 所示。

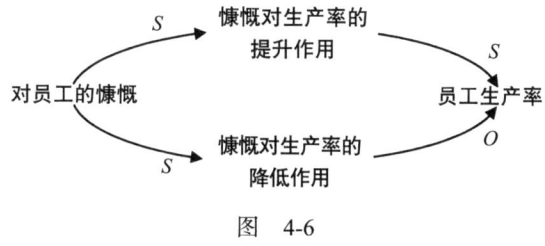

图 4-6

这幅图清楚地指出，"对员工的慷慨"可能会产生两种结果，一种是导致"员工生产率"上升，而另外一种恰恰相反。现在每个连接都没有歧义，而且稳定。但是它们可能在不同的时间发挥作用，或者在不同情况下发挥作用。你可以根据需要来决定是否将这些时间和因素包括在图中。因此，如果你碰到这种类型的连接，你总会找出办法来将这些可能的行为清楚明确地表达出来。

4.10 模糊变量

在图 4-6 中，我又引入了两个概念，分别是"慷慨对生产率的提升作用"和"慷慨对生产率的降低作用"，它们都和"对员工的慷慨"以 S 型连接方式连接在一起，表示对员工越慷慨，其相应的作用就越大。这些"作用"的概念确实存在，但却很少被提及，更别提去度量它们了。在系统思考中，它们代表了一类被称为

"模糊变量"（fuzzy variables）的概念。这类概念非常重要，但又非常模糊：我们都理解这些概念，但我们不能使用具体的数值来刻画它们，我们通常只能定性地指出它们是"强"还是"弱"。

由于模糊变量经常在我们的业务中起到支撑作用，因此，系统思考会主动地促使你去辨识这些变量的本质。我们已经见过了几个模糊变量的例子，比如"处理能力"（在内勤系统那个例子中，这是非常重要的因素）以及"削减成本的压力"（在电视制作公司那个例子中，也是一项主要驱动因素）。下面的章节中我们还会继续详细讨论一些其他的模糊变量，比如拥有优秀员工对吸引和保留客户的作用，广告对销售的作用，并将介绍如何量化它们。现在，我只想指出模糊变量在很多情况下都非常有用，包括可以用来解决有些连接有时候表现出 S 型特性、另外一些时候却表现出 O 型特性这样的麻烦。

4.11　单方向起作用的 S/O 型连接

关于 S/O 型连接，我还想再指出一个值得注意的地方。不过，这一点属于很细节的内容，你也可以略过不看。这个问题就是有些连接只在单方向上发挥作用。为了方便理解，我们再来考察一下内勤系统案例中的那个图的两个连接（见图 4-7）。

我们知道，对于这个例子，判断与"处理能力"相关的一个连接究竟是 S 型连接还是 O 型连接的关键在于：随着"处理能力"的提高，"服务质量"（"错误发生频率"）究竟是上升，还是下降？

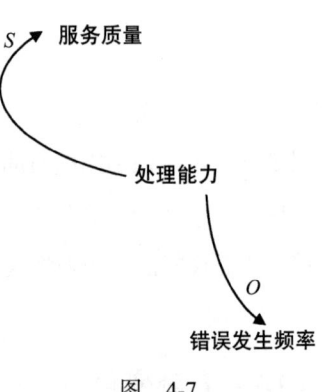

图　4-7

由于"服务质量"也在提高，和"处理能力"的变化方向相同，因此，我们认为这个连接是 S 型连接。相反，由于"错误发生频率"在下降，因此这个连接是 O 型连接。

我在 2.4 节已经指出，这两个连接在相反的方向上也可以发挥同样的作用。

也就是说，如果"处理能力"下降了，"服务质量"就会下降，仍然保证了该连接是 S 型连接；类似地，"错误发生频率"也会提高，仍然能够保证该连接的 O 型特性。像这样在两个方向上都能够保持连接的 S 型或 O 型特性的事实，正是系统循环图的一个优点。

但在一些特殊的情况下，有些 S/O 型连接确实只能在一个方向上起作用，而在另一个方向上就没有效果。其实我们已经遇到过这样的例子了。让我们回想一下倒咖啡的例子，不过，让我用一个意义更明确的词组（"向杯中倒咖啡的动作"）来替代原来的"肢体动作"那个词组。这个元素和"杯中咖啡水位"的连接如图 4-8 所示。

在我加大"向杯中倒咖啡的动作"力度的时候，毫无疑问，"杯中咖啡水位"将会上升，这个连接肯定是个 S 型连接。但是，

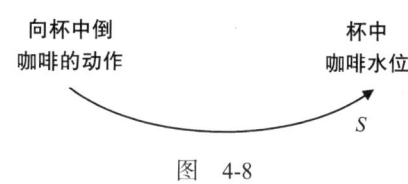

图 4-8

在我减缓"向杯中倒咖啡的动作"力度的时候，会发生什么呢？实际上，"杯中咖啡水位"仍会继续上升，只不过上升速度变慢了。我们发现，在这个例子中，减慢"向杯中倒咖啡的动作"仍然会导致"杯中咖啡水位"的上升——原来的 S 型连接突然之间变成了 O 型连接。

方向上的变化导致了这个行为上的明显变化：随着"向杯中倒咖啡的动作"力度的加大，"杯中咖啡水位"也在上升，S 型连接的特性非常明显；问题出现在我们打算减缓"向杯中倒咖啡的动作"力度时，因为这并不会降低"杯中咖啡水位"。

稍加思索就会明白，这根本不可能发生。很显然，无论怎样缓慢，向杯中倒入咖啡的动作永远都不可能导致杯中水位的下降——倒咖啡这一动作的结果无疑是单向的。物理上只能单方向发生的事情，就这样以一种明显不当的方式体现在系统循环图上。这种情况表明，这样的系统循环图只能在单方向上起作用。

这再一次涉及语言选择的问题，而这也是为什么我最初选择"肢体动作"而不是"向杯中倒咖啡的动作"的原因。在第 5 章我们将会看到，"肢体动作"不仅仅可以指向杯中倒入咖啡，还可以指从杯中倒出咖啡——而后者确实可以降低杯中咖啡的水位！

因此，请对所选择的词语保持警惕。有些系统循环图（或者更准确地说，一些系统循环图中所使用的某些短语）描述了现实中只能单方向发生的事情。在这种情况下，如果我们有意去检查一下在另外一个方向上会发生什么事情，我们会发现有些 S 型连接突然之间就变成了 O 型连接，或者相反。这种单向连接经常出现，另一个例子如图 8-13 所示。可以采用"逆向测试"来检验你原来设定的 S/O 型连接类型是否正确，以避免反常连接带来的混乱。

就像这段讨论所指出的，逆向测试并不是万无一失的。在 12.6 节将介绍一系列逆向思维无法发挥作用的场合。因此，逆向测试不能作为确定一个连接的 S/O 型属性的最终试金石。更好的方法就是心中永远存着这样一个简单问题：随着"处理能力"（或者其他任何东西）的上升，"服务质量"（或者其他任何东西）是上升还是下降？如果上升，这个连接就是 S 型连接，如果下降，就是 O 型连接。这种方法总是屡试不爽的。

是 S 型还是 O 型？终极测试

正确判断 S 型连接和 O 型连接非常重要。通常所说的"如果'原因'方面的上升导致'结果'方面的下降，则这个连接是一个 O 型连接，否则就是一个 S 型连接"的简单法则，只是约翰·斯特曼在其著作《商业动力学》中所给出的终极测试的简化版本，然而也是一个非常有用的简化版本。这一法则听起来有些费解，具体如下：

- 如果"原因"方面有所上升，导致"结果"方面的上升超出了在"原因"不变的情形下自然变动的增幅；或者如果"原因"方面有所下降，导致"结果"方面的下降超出了在"原因"不变的情形下自然变动的降幅，则该连接是 S 型连接。

- 如果"原因"方面有所上升，导致"结果"方面的下降超出了在"原因"不变的情形下自然变动的降幅；或者如果"原因"方面有所下降，导致"结果"方面的上升超出了在"原因"不变的情形下自然变动的增幅，则该连接是 O 型连接。

4.12 最后一点思考

绘制和使用系统循环图是系统思考的核心。一张清晰、简洁的系统循环图在帮助你"见树又见林"的过程中可以起到巨大的作用,它有助于抓住复杂系统的本质,明确地解析事物运转的情形。同时,它还可以支持高效的团队工作,促进团队有效而清晰地交流,帮助形成鲁棒的政策、睿智的决策。

就像我们已经看到的,这并不是简简单单地随便画一些符号就能够解决的问题。一幅好的系统循环图需要在整理材料方面具有深刻的洞察力,并需要清晰而精确的思考。在我看来,确实有一些"美妙的图表",而且我非常欣赏为了得到这些完美的图表所付出的辛勤劳动。可能最具有挑战性的工作就是分辨出各种 S 型连接和 O 型连接,我相信这一章已经帮助你树立了完成这一切的信心。

但是,如果你仍然对这一点有所不安,请不要在意。我希望下面的总结框能对你有所帮助,而且随着你对本书的继续阅读,你会发现越来越多的实际生活中的系统循环图,每幅图都伴随着针对该图所描述的真实环境的清晰而有益的描述,所有这些内容必将能够雄辩地证明系统循环图是如何确确实实地帮助你处理复杂问题的。

我将在第 7 章中介绍 12 条"黄金法则"来帮助你完成这一任务。与此同时,第 5 章将进一步探讨系统思考的第一个基本构建块"增强回路",即增长的引擎。

系统思考—网打尽　　*Seeing the Forest for the Trees*

系统随着时间的演变通常复杂得令人迷惑。系统思考为我们提供了处理这种复杂性的可能,向我们解释了为什么系统会表现出当前的性状,并帮助我们加强了预测系统未来行为的洞察力。

其中的关键就在于要理解这种因果链,即构成我们所感兴趣的系统的不计其数的因果关系之间的顺序和相互作用。通常使用系统循环图来捕获这种因果链,并将每个因果关系表示成弧形箭头的方式:

只有两种形式的连接:S 型连接和 O 型连接。如果"原因"方面的上升

导致"结果"方面的上升（比如需要我处理的"交易数量和种类"上升了，我的"工作负荷"也将上升），这个连接就是一个 S 型连接；如果"原因"方面的上升导致"结果"方面的下降（比如我的"工作负荷"上升，我的"处理能力"就很可能下降），这个连接就是一个 O 型连接。

真实系统的系统循环图通常主要由连续的闭合因果链构成，我们通常将这种结构称为反馈回路。只有两类基本的反馈回路：增强回路和调节回路。增强回路的特征是整个环路上的 O 型连接数是偶数（没有 O 型连接，即 O 型连接的数量为零，同样是个偶数）；而调节回路上的 O 型连接数则为奇数。

正如其名字所暗示的那样，增强回路的作用就是每运转一圈都将最初的效果放大一次。因此，增强回路的行为就是良性循环或者恶性循环，具体情形依环境而定。调节回路的行为就迥然不同：系统在试图达到或者维持某个目标状态。比如供暖系统中自动调温器的作用就是将室内环境温度维持在一个恒定的水平；与此相似，预算系统的目标就是力图使整个公司达到一组预先确定的目标。

所有的真实系统都是由众多增强回路和调节回路相互联系组成的网络而构成，而且通常都还包括一些（通常数量很少）悬摆。这些悬摆决定着我们所感兴趣系统的边界，比如系统的输出结果，或者驱动系统运转的目标。

为真实系统绘制一幅完美的系统循环图需要对系统的深刻了解，同时也需要那种"见树又见林"的深刻洞察力。绘制系统循环图的过程可以促使我们清晰地阐述出那些我们耳熟能详但却很少提及的关系（比如"工作负荷"和"处理能力"之间的关系），并促使我们认识到周围的"模糊变量"：这些变量非常重要，但很难量化，比如"慷慨对生产率的提升作用"。

系统思考和系统循环图可以带来很多好处：

- 通过采纳整体视角，延长了时间因素，扩大了思考范围，系统思考有助于避免短视和本位主义。
- 通过使用系统循环图描述因果关系，系统思考使我们的心智模式浮现出来，让我们可以清晰地审视我们对周围世界如何运转的信念等诸多构成我们决策和行为基础的深层次理念。
- 通过将自己的心智模式与同事进行比较，系统思考为构建高绩效团队提供了基础。系统循环图为我们提供了一种有力的交流方式。
- 系统循环图同样也是一种探索所有备选政策和决策的工具，它可以帮助我们预先估计各项决策的后果和影响。这使得我们可以避免采取一些会为未来埋下隐患的速效疗法，避免做出事后后悔的决策。
- 总之，系统思考可以帮助你在决策时处于最有利的位置，让你的决策经受住最严格的考验——时间的考验。

第 5 章

SEEING THE FOREST FOR THE TREES

增长引擎，也是衰退引擎

5.1 恶性循环和良性循环

再看一下内勤系统那张图的中间部分（见图 5-1）。

假设证券市场发生了变动，并导致了相关交易活动的减少，这将减少"交易数量和种类"，从而降低"工作负荷"，其结果就是"处理能力"得以提高，而"错误发生频率"则降了下来。这进一步减轻"管理的压力"，从而更进一步地降低了"工作负荷"，然后继续提高"处理能力"……

每次运转都得到了逐步的提高，这当然是增强回路的行为。但这是好消息，而不是坏消息：系统开始良性循环，而不是像上面

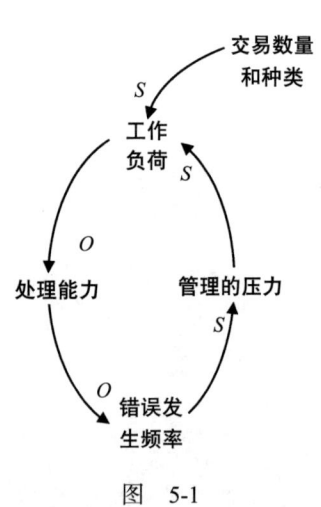

图 5-1

我们描述的那样陷入恶性循环。然而，图本身和我们原来的那一张完全相同——包括各项描述、图的结构，以及各个 S 型连接和 O 型连接。为什么同样一张图既可以表示恶性循环，又可以表示良性循环呢？

恶性循环和良性循环具有相同的结构

从结构上看，增强回路的特征是具有偶数个 O 型连接。从行为上看，这些回路只能有两种行为方式：要么是恶性循环，要么是良性循环。在实际中，一个增强回路具体表现为恶性循环还是良性循环，取决于回路的触发方式。

这就是系统思考所指出的另外一个放之四海而皆准的美妙见地：恶性循环和良性循环从本质上讲是相同的，问题就在于怎样被触发。在内勤系统的案例中，由于"交易的数量和种类"的降低，或者通过引进功能更强大的"有效的 IT 系统"（见图 2-5），导致"工作负担"下降，都可能引发一个良性循环。然而，如果因为某种原因，导致"工作负担"突然增加，就会触发一个恶性循环，"服务质量"很快就会下降。

根据外界触发因素的不同，同一个系统会有恶性循环和良性循环两种截然不同的表现，这确实是一个值得警惕的问题。我们怎样才能让它稳定呢？怎样才能避免一个起初是良性循环的系统突然变成恶性循环呢？这一点和很多业务的快速兴衰周期非常类似。

5.2 它们具有相同的结构

再看一下电视制作公司的例子。不过，在这里我将选用一种不同的语言来凸现这个明显是恶性循环的回路为什么同样也是一个良性循环。假如公司突然摄制了一部畅销电视剧，并带来了显著的收入增长，会发生什么事情呢？

收入压力突然之间就减轻了，这也将减轻成本方面的压力。关于质量的争论自然烟消云散，而这一切不仅会提高我们的节目质量，也会提高观众收视率，而且员工的不满也将减轻，他们乐于留下来工作；广告商们心情愉快，营业收入持续增长……

图 5-2 成了一个对我非常有吸引力的良性循环！

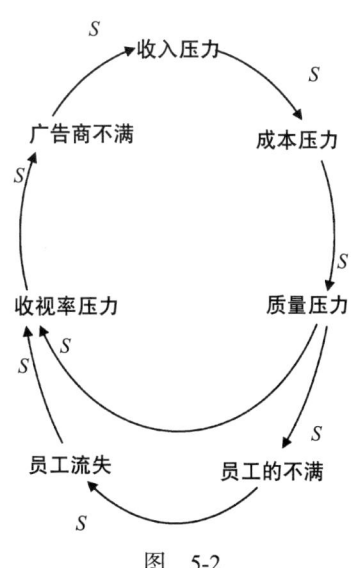

图 5-2

5.3 增长引擎

以上例子展现了一项业务增长的驱动因素。事实上，任何一项业务的核心都是这种类型的增长引擎，我们可以将其图示为图 5-3。

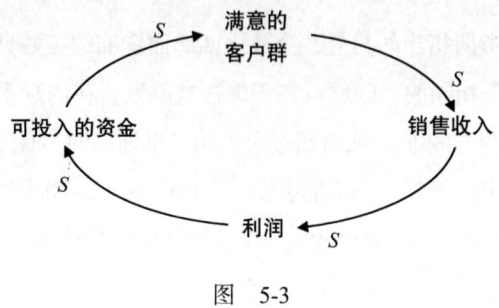

图 5-3

显然，实际上所有业务都远比这幅图复杂，我们将在本书余下的部分仔细探索这种复杂性。然而，从跨国公司到街边商铺，无论什么业务，最终都在试图尽量加快这个良性循环的运转，从而让自己的业务不断增长。

满意的客户群越大，销售收入就越多，从中可赚取的利润就越多。利润提供了可供投入的资金，可以用来进行产品开发、市场营销、广告、渠道扩展或其他经营性活动，通过让现有客户更满意，或者吸引新的客户，从而扩大满意的客户群。这将进一步增加利润，从而提供更多的可投入资金……良性循环周而复始，我们的业务也就蒸蒸日上。一旦我们用一些初始投资启动了这个良性循环，怎样才能保证它永远都这样运转下去呢？

测试：你的业务如何增长

根据图 5-3 的业务增长通用模型，并且假设这幅图是对真实世界完整而准确的描述，那么，销售收入是怎样增长的？

下面四种增长曲线中，你会选择哪一种？

如果这四种你都不选择，那么你的销售收入增长曲线又是什么样子的呢？

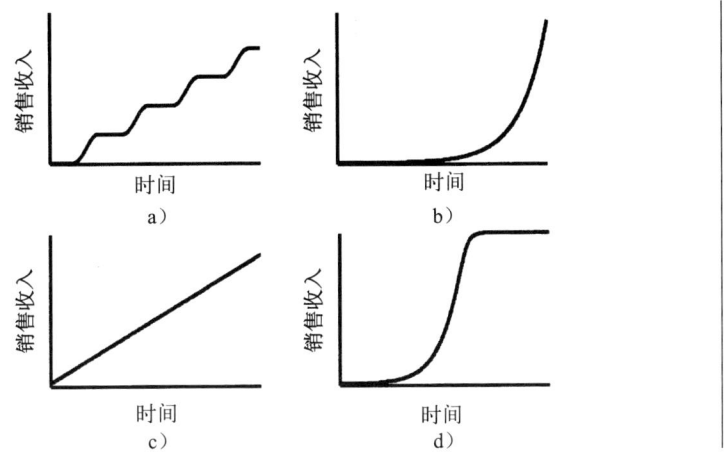

事实上，对于图 5-3 所示的系统循环图而言，销售收入随时间而变的曲线应该类似于图 b 的样子。我来解释一下为什么会是图 b，而不是其他图形。

我们首先可以排除图 a 和图 d。这两个图都是先增长，然后慢慢停止。图 d 一直保持着增长的态势，直至达到一个稳定的状态；图 a 则是一种阶梯式的增长，总是在一段时期的增长之后被一段时期的稳定所打断。尽管在实际中我们见到过很多这样的例子，但对于图 5-3 所示的系统循环图而言，这样的增长曲线是不可能的：一旦采用投资的方式触发了这个回路，那么，每运转一次，它都会带来更多的收入，永无止境。由于图中并没有任何限制因素能够阻止它旋转，因此，它就会永无停歇地旋转下去。所以，图 a 和图 d 都无法表示图 5-3 所示因果回路的行为。

"这是个难题，"你也许会说，"没有任何业务能够无限制地增长下去！如果满意的客户群的规模超过了世界总人口，怎么办？它肯定会在什么时候停下来的！"

你的观点是正确的：确实没有任何业务能够永远增长，没有极限。但我们的问题不是"真实环境中的业务行为怎样"，而是"根据图 5-3 的业务增长通用模型，并且假设这幅图是对真实世界完整而准确的描述，那么，销售收入是怎样增长的？"

由于该图描绘的是业务没有限制地不停运转，因此销售收入必然是没有限制地不断增长，图 b 和图 c 都包含这层意思。在这些图中，无论哪一幅都不能正确反映真实系统的行为，这一事实表明我们所绘制的图 5-3 不够完整。为了反映所有市场最终都会饱和这一现实，我们需要改进这幅图，并增添一些新内容。我们将在 8.1 和 8.2 详细介绍这些内容。现在,让我们再回到图 5-3。

5.4 增长的模式

由于图 5-3 所示的回路不包含任何能够阻止它不断旋转的因素,因此它肯定呈现出无限制增长的特征,这种特征可能如图 b 所示,也可能如图 c 所示。那么,到底是哪一个呢?这两幅图有着本质区别,二者的增长模式截然不同。图 c 展示的是一种稳定的直线增长,而图 b 则迥然相异:它以缓慢的速度起步,但一段时间之后突然激增,远远超出了现在的增长速度。

当对一个事件(这里是年收入)连续的测量表明它在逐渐变大时,我们才会谈到增长。理论上有很多种增长模式,但都表现为每一个后继的数字都比前面的要大,或者随着你移向图的右边,标志线不断稳定地上升。

在所有这些可能的模式中,有两种模式非常特别。下面就是其中一种:

连续 10 年的销售收入									(单位:千美元)
1	2	3	4	5	6	7	8	9	10
500	850	1 200	1 550	1 900	2 250	2 600	2 950	3 300	3 650

这种模式的特征就是每年收入的增长额是一个常数。在这个例子中,就是每年持续地比前一年多出 35 万美元。因为以时间和销售收入为轴做出来的图呈现为一条直线(图 C),所以这种模式被称为线性增长。

另外一种模式如下:

连续 10 年的销售收入									(单位:千美元)
1	2	3	4	5	6	7	8	9	10
500	630	794	1 000	1 260	1 587	2 000	2 520	3 175	4 000

这个模式并不很明显,但是仍然有两条线索。第一条线索就是在第 1、4、7、10 年的销售收入分别为 50 万美元、100 万美元、200 万美元和 400 万美元,显示出每过三年销售收入就翻一番。第二条线索更为细微,需要考虑每年销售收入增长额与上一年销售收入的比例。比如,第四年的销售收入比第三年增长了 20.6 万美元(等于 100 万美元 −79.4 万美元),则第四年销售收入增长额与第

三年销售收入的比例为 0.26（等于 20.6/79.4 万美元）；第六年的销售收入增长了 32.7 万美元（等于 158.7 万美元 –126 万美元），相应的增长比例也是 0.26（等于 32.7/126 万美元）！实际上，用计算器稍稍一算就会发现，对于这 10 个数据，这个比例是恒定的。

这一恒定的比例意味着，如果你知道了这个比例和初始值，就可以依次推算以后每年的销售收入。在本例中，第二年的销售收入增长额为 13 万美元（等于 0.26×50 万美元），所以，第二年的销售收入总额为 63 万美元（等于 50 万美元 +13 万美元）；第三年的销售增长额为 16.4 万美元（等于 0.26×63 万美元），所以，第三年的销售收入总额为 79.4 万美元（等于 63 万美元 +16.4 万美元）；其他各年，依此类推。

这是一个递归的过程。给定一个初始年收入值和一个恒定的增长速率，这种模式下的年收入增长可以采用如下方法计算：

1. 设定初始值；
2. 用初始值乘以增长速率求得该时期年收入的增长额；
3. 将年收入增长额与初始值相加得到该年总收入；
4. 将该年总收入作为计算下一年年收入的初始值，返回步骤 1。

看起来很复杂。图 5-4 采用反馈回路的方式简洁地表述了这一过程。

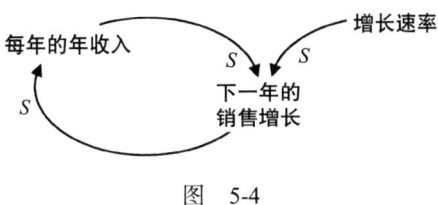

图　5-4

这是一个增强回路，"每年的年收入"都会依序增长。但是，由于"下一年的销售增长"依赖于每年的年收入，而后者本身也在增长，因此"下一年的销售增长"也会随着回路的运转而增长。由于这种依赖关系，"下一年的销售增长"并不是一个定值，而是每年都有所增加。这种增长类型的结果就是图 B 所显示的那样逐渐上升，见图 5-5。

这种类型的增长有一个特定的名字：指数增长。虽然起始点和增长速率会各不相同，但所有的增强回路都会表现出这种非常特别的增长模式。

当然，这种模式大家都很熟悉。比如复利投资就表现出同样的模式，见图5-6。

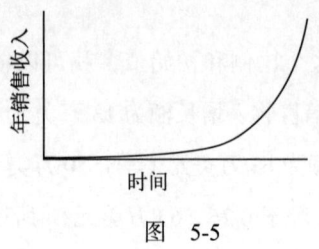

图 5-5

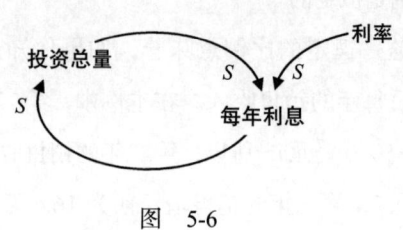

图 5-6

图5-7也表现出同样的模式，不过这次的背景是任何物种的数量增长。

你肯定已经注意到，这些回路中都包含了一个悬摆，用以表示某种形式的增长速率。这些悬摆扮演了系统驱动力的角色，决定了增强回路旋转的速率。我们将这样的悬摆称为速率悬摆。

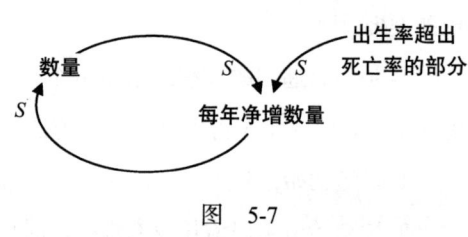

图 5-7

速率悬摆解释了为什么增强回路既能用于表示增长，也能用于表示衰退：这完全依赖于增长速率的正负号。考虑前面业务的例子，观察一下图5-8。

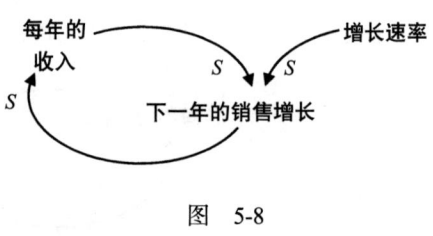

图 5-8

如果"增长速率"是正数，则"下一年的销售增长"也是正数，从而"每年的年收入"就会增长；然而，如果"增长速率"是个负数，则"下一年的销售增长"也是负数，"每年的年收入"就会衰退，从而形成一个恶性循环，见图5-9。

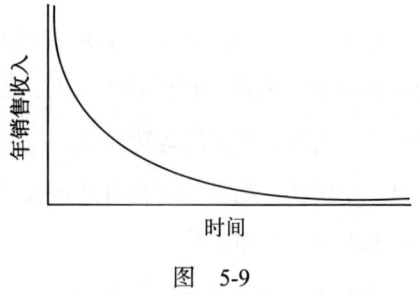

图 5-9

所有增强回路的行为

根据回路触发情况的不同，所有的增强回路要么表现为指数增长，要么表现为指数衰退。

这是另一个令人惊讶不已，却又放之四海而皆准的原则：根据回路触发情况的不同，所有的增强回路要么表现为指数增长，要么表现为指数衰退。无论回路的真实背景如何，采用什么概念来描述，它们都表现出同样的本质行为。无论是投资基金因复利而增长，或者因通货膨胀而缩水，还是细菌在实验室环境下因细胞分裂而增多，或因试验药剂而减少，都不会改变其本质。只要是一个可以用增强回路来描述的系统，其结果必然是指数增长或指数衰退。有些系统可能增长或衰退得非常迅速，有些则相对缓慢，但其本质行为仍然是一样的。

对于分辨指数增长和时间序列数据以及相关的图，这里还需要补充一点。以图 5-10 为例，它表示了一个小社区在 19 世纪中的人口增长。

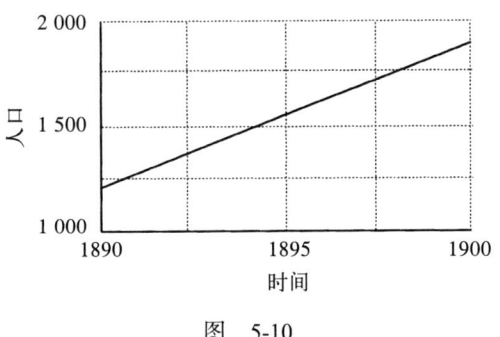

图　5-10

这幅图看起来是在线性增长，但事实并不是这样，如图 5-11 所示。你会发现实际图 5-10 所示的内容只是它的一部分。

这当然是一个指数曲线。然而，如果你从这条曲线上截取的线段足够小，那么它的形状很可能看起来就是一条直线了。因此，当你根据小样本来解释其背后的行为时——尤其是被研究系统的时间观察尺度非常大的时候，需要警惕如下问题：你的第一印象有可能会对你产生误导。同样，指数增长的初期通常非常缓慢，而且在它迅速增长之前可能会需要非常长的时间，这一点在下一个故事中将会得到体现。

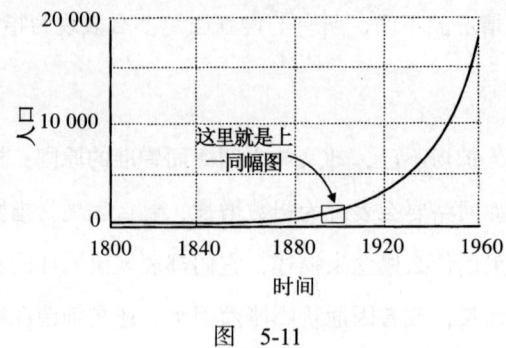

图 5-11

5.5 指数增长非常快

测验：青蛙与睡莲

Seeing the Forest for the Trees

有一群青蛙幸福地生活在一个大池塘的一角。池塘的另一边有一片睡莲。一天，池塘里面流进来了一些具有刺激睡莲生长的化学污染物，它们可以让睡莲每 24 小时增长一倍。这对青蛙而言是个问题，因为如果睡莲覆盖了整个池塘，青蛙就将被赶出池塘。

- 你如何描述睡莲的增长？
- 如果睡莲可以在 50 天内覆盖整个池塘，那么什么时候池塘会被覆盖一半？
- 如果青蛙有一种阻止睡莲生长的方法，但是需要花 10 天时间来将这个方法付诸实施。请问池塘被睡莲覆盖的面积最大可以达到多少百分比时，青蛙仍然还有可能采取行动挽救自己？

这个故事的增长模式就是每经过一定的时间（这里是 24 小时），睡莲就会增长一倍。就像我们所见到的那样，这正是指数增长的特征之一。事实上，所有生物种群都将不可避免地指数增长，只不过每一时刻的增长速率都由当时的出生速率和死亡速率之差确定而已，这一点可以见图 5-7。

如果睡莲需要 50 天才能覆盖池塘,而且它们每天增长一倍,那么第 49 天结束的时候,池塘就将被遮盖掉一半——而不是在第 25 天。如果增长是线性的,那么池塘确实会在第 25 天结束时被睡莲覆盖一半。很多人对第二个问题的回答是 25 天,这在很大程度上可能是因为对于大多数人来说,想象线性增长的情形要比想象指数增长的情形来得容易。

一旦指数增长开始表现出要快速增长的迹象,它的增长速度就确实非常快。因此,从另一个角度看,结论就是指数增长开始的时候非常慢。第三个问题就特别强调了这一点。

这个问题指出,青蛙可以阻止睡莲的增长,但是一共需要 10 天时间才能完成这项工作。因此,如果它们希望自己的工作能够收到效果,则它们最迟也要在第 40 天结束之前开始行动;否则,它们就必然会落后于睡莲——睡莲们将会赢得这场竞争。一旦时间走过了第 40 天,青蛙就只能束手就擒了——它们的末日到了。

40 天的时候池塘会被睡莲覆盖多少?解决这个问题的最简单方法就是倒推。我们已经知道,到第 50 天结束的时候池塘会被睡莲完全覆盖;第 49 天结束的时候被覆盖 1/2;第 48 天结束的时候被覆盖 1/2 × 1/2=1/4;第 47 天结束的时候被覆盖 1/2 × 1/2 × 1/2=(1/2)^3……依此类推。这意味着在第 40 天结束的时候,也就是青蛙能够采取行动的最晚时间,此时池塘已经被睡莲覆盖了 (1/2)^{10}。

(1/2)^{10} 是一个非常非常小的数字——只是 0.000 98,比 1/1 000 还要小。就这样,在必然灭亡的 10 天之前,睡莲所覆盖的面积尚不到整个池塘的 1/1 000!

从池塘这边青蛙的观点来看,它们必须对很远很远地方发生的、非常非常小的事情保持警惕,并及时采取行动。如果它们在危险真正降临之前没有采取行动,比如它们突然发现睡莲已经覆盖了池塘的 1/4 甚至是 1/2,那么,一切都晚了。

所有增强回路的自然行为——指数增长,可能会将你引入歧途。在初期,它增长得如此缓慢,以至于你很难注意到它的增长。但突然之间,它就变成了一个庞然大物。

因此,当你下次在报纸或电视上看到关于全球变暖、化石燃料耗尽、臭氧层漏洞，或者是鸟类昆虫种类下降等类似消息时，希望你会想起这些青蛙——这一主题我们将在第 11 章进行更加详细的探讨。

蕨藻薄层

Seeing the Forest for the Trees

2001 年 2 月 9 日，BBC 播放了一段 50 分钟的电视节目《地平线》。下面是电视节目预报杂志《无线时报》从该节目大纲中摘录的一部分：

巨大的克隆怪物在美国水域中自由飘荡

不，这并不是一部科幻小说的宣传片，本星期的《地平线》将向你讲述一场极度可怕的海面现象：杀人藻非常厉害，而且没有天敌，它们对海洋生物和人类都有高度的毒性。

20 世纪 80 年代，水族馆使用一种顽强而美丽的绿色藻类——蕨藻薄层（caulerpa taxifolia）来装饰水箱。到了 1984 年，这种藻类从摩纳哥的海洋博物馆中溜了出来，并在博物馆窗外的地中海占据了一小块地盘。现在，不到二十年时间，这种藻类已经从一种被隔离的观赏生物变成了引发一场全球生态灾难的危险物。

蕨藻先是在大部分地中海海面上形成了一层绿地毯。英国的海水对它们而言温度太低，无法立足，但去年它们抵达了太平洋，出现在加利福尼亚海岸和澳大利亚海岸。

法国生态学家亚历山大·梅因兹最早于 1989 年敲响了蕨藻警报，但是在他最近出版的《杀人藻》（*Killer Algae*）一书中，他总结道，经过这么多年的否认、搪塞和无动于衷，"尽管在这场入侵刚开始的时候，我们就认识到必须彻底消灭杀人藻，但是现在看来，我们只能将它和美梦归为一类。"

觉得这像不像青蛙与睡莲？

5.6 明确的悬摆和隐含的悬摆

由于包含一个明确指出增长速率的悬摆，图 5-12 是一个完整的图。

与之相对应的是，图 5-13 中没有明确包括任何悬摆。实际上，与这张图相关的悬摆是一个隐含的悬摆——即使没有悬摆，我们仍然可以看出这幅图是一个增强回路，它会引起指数增长或者指数衰退。

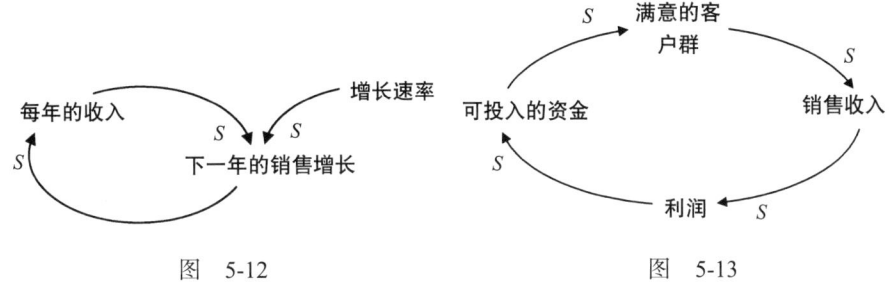

图 5-12　　　　　　　　　　　图 5-13

当然，如果愿意，我们也可以在图中添上悬摆，如图 5-14 所示。

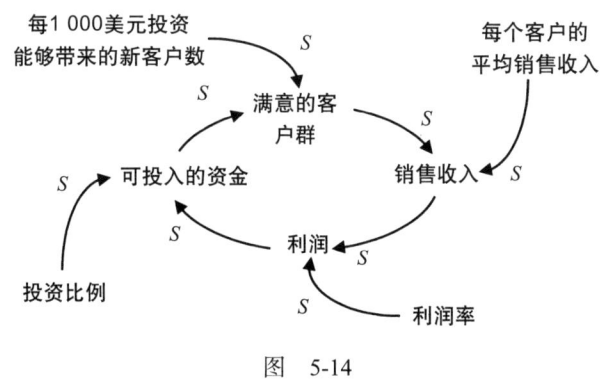

图 5-14

在这幅图中，对于给定的"满意的客户群"，"每个客户的平均销售收入"决定了"销售收入"；对于给定的"销售收入"，"（销售）利润率"决定了"利润"；"投资比例"代表了公司将多少利润用于再投资的政策，这决定了"可投入的资金"数量；"每 1 000 美元投资能够带来的新客户数"描述了公司直接销售（或者其他方式）的有效性。最终的效果就是决定了任意时刻业务的增长速率。如果假设最初的"满意的客户群"是 5 000，"每个客户的平均销售收入"是 100 美元，"利润率"是 20%，"投资比例"是 65%，"每 1 000 美元投资能够带来的新客户数"是 20，你就可以根据这个环运转的次数来计算各项因素的增长情况，参见 5.4 节的第二张表。不同的数据会带来不同的增长速率，但是，无论数字怎样变化，反馈回路的总体结构是不会变动的——它永远都是一个增强回路。如果驱动回路前进的变量保持恒定,它就会永无停歇地以指数级增长下去。

有时候,在图中明确表示出悬摆,不仅不会增加图的可读性和清晰性,反而会让图中的内容过于烦琐。因此,很多时候都会故意省略掉大多数悬摆,只画出那些能够为理解图提供有效信息的悬摆。就像我们已经看到的那样,明确表示出来的悬摆通常都代表关键的外部政策、目标或者驱动因素。通常被忽略掉的悬摆大都和辅助参数相关,就像图 5-14 所示的那样,它们通常都可以从整幅图的语义中推测出来。

5.7 繁荣和衰退

让我们重新回到业务增长的话题上来。在 2000 年 10 月 17 日下午 12 点 25 分,在英国一个叫做哈特菲尔德的小镇边上,一辆从伦敦开往利兹、以 185 公里时速行驶的列车发生了撞车事故。4 名乘客当场死亡,33 名乘客受伤。事故的直接原因是一根坏了的铁轨,但是更深层的原因却在于负责英国铁路、车站和信号灯维护和检修的铁路轨道公司,这家公司没能进行有效的检查、保养和修理。然而,很多人相信根本原因仍然隐藏在更深的层次下面。他们认为,根本原因在于继 1994 ~ 1997 年将覆盖全英国铁路行业的国有企业——英国铁路公司私有化之后,英国铁路行业被分裂了。

在英国铁路公司仍存在的时候,所有的轨道、信号、车站和火车都按照统一的方式运行,整个系统的责任都由一家公司承担。但在私有化的时候,共有 25 家公司获得了铁路经营特许权,而新成立的铁路轨道公司则负责铁轨和信号——后者于 1996 年 5 月 20 日在英国股市以每股 390 便士的价格上市。没有一家完整的公司对整个高度联系的系统负责任,因此很多人都说,发生一些可怕的事故一点都不足为奇。发生在哈特菲尔德的事故已经是私有化之后的第三起:1997 年 9 月 19 日发生在伦敦西区绍索尔的事故死亡了 7 个人;1999 年 10 月 5 日发生在伦敦帕丁顿车站的事故死亡了 31 个人。

在哈特菲尔德车祸之后的几个月里,铁路轨道公司针对紧急情况开展了一个范围很广的项目,但实施这个项目需要关闭一些线路;与此同时,很多没有关闭的线路也将限速。这一项目的影响是巨大的；原来需要 1 个小时的旅程现在大概需要花费 4 个小时——如果火车还能开的话；由于铁路运营公司无法正常运营，其因自己的无过错行为而流失了大量的旅客和收入，因此，铁路轨道公司被迫向他们提供数以百万计的赔偿；旅客非常愤怒，而英国国内的航空航线则捡到了天上掉下来的大馅饼。

测试：回路在哪里

这是英国报坛领袖《泰晤士报》(*The Times*) 发表于 2000 年 11 月 24 日的一篇文章的节选：

……原来的英国铁路公司所拥有的一项经营成果就是旅客数量稳步增长，而现在这一切已荡然无存。但是，铁路公司很快就将面临一个恶性循环——其中的一部分已经离破产不远了。他们需要投资以吸引旅客回到铁路，但是，如果他们的收入缩水，他们就缺乏能够实现这一点的资源。

你现在是否已经意识到这确实是一个系统问题，而且非常典型？其背后的系统循环图是什么？它的行为如何？

事实上，这个故事背后的系统循环图我们在前文已经见过了，如图 5-15。

就像《泰晤士报》里描述的那样，私有化之后不久，随着越来越多的人开始乘坐火车旅行，"满意的客户群"开始增长，因此铁路运营公司的"销售收入"和"利润"也在增长。这种增长带来了更多的"可投入的资金"，进一步扩大了"满意的客户群"，铁路行业就这样制造了威力无比的指数增长引擎。

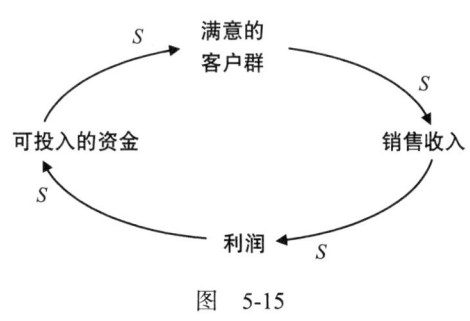

图 5-15

然后就是一系列的撞车事故。由于公众接受了事故总会不时发生的观念，1997 年发生于绍索尔的第一起事故并没有引起很大的影响；1999 年发生在帕丁顿车站的第二起事故则激起了很大的民愤；而一年后发生在哈特菲尔德的事故点燃了"导火索"。这对客户产生了巨大的心理冲击——铁路旅行者通常对安全性都期待甚高，但是突然之间，铁路服务的安全性荡然无存——"满意的客户群"急剧减少。几乎一夜之间，"销售收入"暴跌，"利润"烟消云散，如果没有政府的帮助，几乎看不到任何吸引"可投入的资金"的希望……

《泰晤士报》的文章明确指出，铁路公司"面临着一个可怕的恶性循环"。这个恶性循环造成了一次巨大的冲击，简直就是所有恶性循环中情形最糟糕的那种。繁荣之后紧接着就是衰退——指数增长突然之间变成了指数衰退，如图5-16所示。

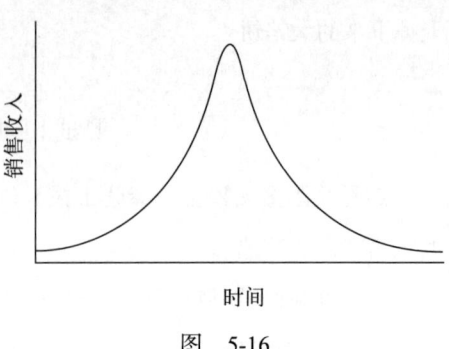

图 5-16

繁荣和衰退周期在商业世界中极为普遍，这就引发了两个问题：

- 为什么衰退发生得如此迅速，如此剧烈？
- 为什么一旦开始衰退，想阻止它就那么困难？

系统思考以及我们刚刚讨论过的简化系统循环图，为这些问题提供了一点希望。

衰退发生得如此迅速的原因就在于，系统的基本结构没有发生变化。通常都是一个外部事件（可能仅仅是一件）的发生启动了衰退的进程，将增强回路从指数增长推向了指数衰退。在英国铁路的例子里，正是哈特菲尔德的事故将客户群体的态度从一直都很满意突然变成了非常不满。在商业世界中，这样的例子还有很多。

拉特纳的首饰连锁店

/ Seeing the Forest
for the Trees

20世纪80年代，英国商业社会中的一位金童就是杰拉尔德·拉特纳（Gerald Ratner），他建立了一个覆盖全英国的首饰经营网络，销售黄金项链、手表、家居礼品以及其他东西。拉特纳得到了人们的高度赞扬和崇拜，被称为一位神奇的商人，他的公司很快攀升到成功的顶点。然而，拉特纳的一句话毁掉了这一切。1991年4月24日，拉特纳被邀请到英国总经理协会去做演讲。在演讲中，他将成功归结为他的首饰店只是在销售"垃圾"（原话如此）。

不出人所料，这次演讲在报纸和电视上得到了广泛的报道，同样不出人所料的是，他一直以来的忠诚客户群（包括一些十来岁的少女，她们通常定期来购买一件新首饰以度过周末），突然决定以后到别的地方去采购。

这是一个业务所不能承受的冲击，因此，衰退接踵而至。

衰退之所以很难抗拒，主要原因有三个。首先是出人意料：衰退开始得如此之快，以至于每个人都是在没有觉察的情况下被卷进去的。其次是因为系统的结构没有发生变化，管理层根本不知道自己悉心构建的增长引擎为何突然变得如此恶化，他们不知道该采取哪些与以往不同的行动。尤其是在遭受到来自于系统之外的冲击时，这种情况表现得更加明显。在铁路这个例子中，事故发生在哈特菲尔德，伦敦北边的一个小城镇，而其后果却波及了整个国家。最后是指数衰退无情的动态特性——一旦启动，就如同一个指数级恶化的飞轮，显示出无穷的威力。还记得那些青蛙吗？

铁路事件的结局

/ Seeing the Forest for the Trees

2001年10月7日，一个周日的清晨，英国各大报纸的头条等刊出了英国政府的一项声明。声明指出，英国政府将任命一位大臣来接管铁路轨道公司的事务。简而言之，将结束已经私有化的铁路轨道公司的业务，由政府接管。下面来看看《星期日泰晤士报》(*Sunday Times*)是怎样报道这一头条新闻的：

破产的铁路轨道公司乞求政府的拯救

拥有英国铁路网的铁路轨道公司，正在破产的边缘步履蹒跚，并正在与政府协商拯救事宜。在铁路轨道公司的管理者采取种种措施，试图将公司从危急的财务状况中拯救出来的努力未果之后，安永会计师事务所可能将于明天接管这家公司的日常运作……明天，铁路轨道公司就会宣布停止他们在伦敦股票交易所的股票交易，股票名称将被从交易所上市股票名单中除去。

下图就是至2001年10月7日铁路轨道公司的股票价格变动情况。

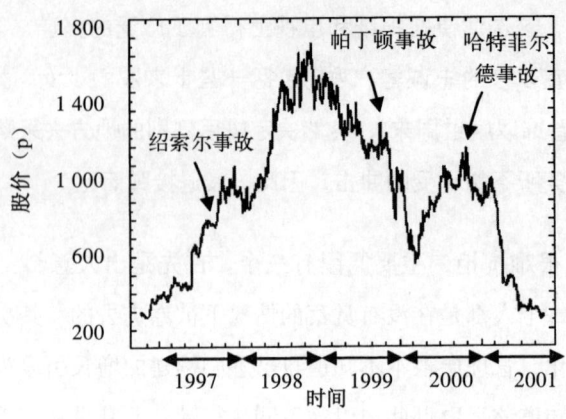

注：p—便士。

如果一项业务具有足够的幸运、恢复力、惯性以及资金，能够使其挣扎过这段下降期而没有遭到清算或破产，它就可能会坚持到再次增长的那一天，就像铁路轨道公司在帕丁顿车站的事故后开始恢复那样，就像 IBM 在意识到 PC 市场的重要性之后卷土重来那样。然而，铁路轨道公司没有能够从哈特菲尔德事故的余波中挺过来，从而只能在一年内关门大吉了。

测试：网络公司

Seeing the Forest for the Trees

下面是一张亚马逊网络书店在纳斯达克的股价图，从 1997~2001 年，这家公司一直都是电子商务方面最成功的公司。

它再次显示了繁荣和衰退。你认为其背后的系统循环图是什么样子？

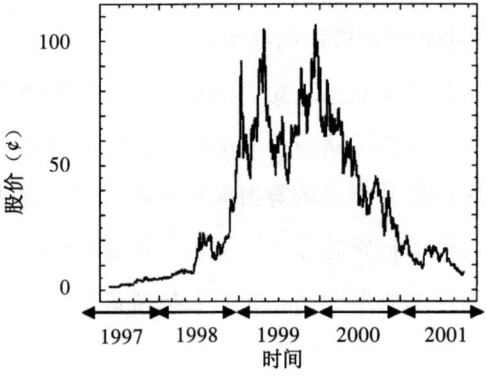

注：¢：cent，美分。

我认为其背后的系统循环图应该是类似于图 5-17 这样。

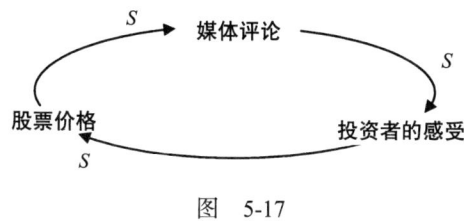

图 5-17

报纸、广播和电视中有利的媒体评价开始影响"投资者的感受":这个世界已经用网络联系起来了,我轻点鼠标就能完成购物,为什么还要驱车去商场呢?随着越来越多的投资者认为在网络公司投资是个不错的主意,"股票价格"自然就上升了,然后,媒体理所当然地强调网络公司是如何成功了……指数增长就这样启动了。

然后就发生了一些事情——可能是某一两个颇具影响力的新闻记者冒险站了出来,也可能是某家银行开始收回对某些过于烧钱的网络公司的贷款。于是,突然之间,"投资者的感受"发生了变化——这些新出现的网络公司可能有点危险,也许将我的积蓄投入到那些传统行业中拥有优良记录的公司会更好一些。因此,"股票价格"开始回落,如果这一切发生得非常迅速,就很有可能导致一场看起来不可阻挡的指数衰退。

这张系统循环图并不仅仅适用于网络公司。这种投资的繁荣和衰退周期已经出现几个世纪了——从 17 世纪 30 年代中期荷兰的"郁金香热"到英国的"南海泡沫"。后者在 1720 年 9 月 10 日开始繁荣,一直持续增长,直到 20 世纪 20 年代晚期才衰落。尽管环境有所不同,但背后的系统循环图仍然是一样的。

现在,我们已经很多次见到了这样的情况:系统思考为复杂系统的真实行为提供了一些美妙的、放之四海而皆准的真知灼见。

5.8 增强回路可以相互连接

图 5-18 是电视制作公司那个例子中的系统循环图。正如我们所见,这由两

条增强回路构成，而且两条回路相互增强。当双环都处于良性循环而不是恶性循环时，它们之间的相互作用能够成为非常强力的增长引擎。

这只是相互连接的增强回路的一个例子。图 5-19 是另外一个例子，这无论是在商业世界，还是在其他领域，都很常见。

我有一个需要达到的目标，我希望达成"我的目标"的意愿非常强烈。你也有一个需要达到的目标，同样，你希望达到"你的目标"的意愿和我一样强烈。但是，为了达到你我的目标，我们都需要使用资源——可能是资金，也可能是人力资源或设备。"我的资源需求"越大，"我的资源消耗"也越大，你那边的情形也一样。然而，这些资源是共享的，都来自于同一个资源池，而且受到"资源总量"的限制，是一个有限的数字。"我的资源消耗"越大，"剩余资源"就越少——无论对于你现在（因为我已经将它们全取走了）而言，还是对你我的未来资源需求而言，都是如此——因此，这是一个 O 型连接。同样地，"你的资源消耗"越大，"剩余资源"就越少，这也是一个 O 型连接。

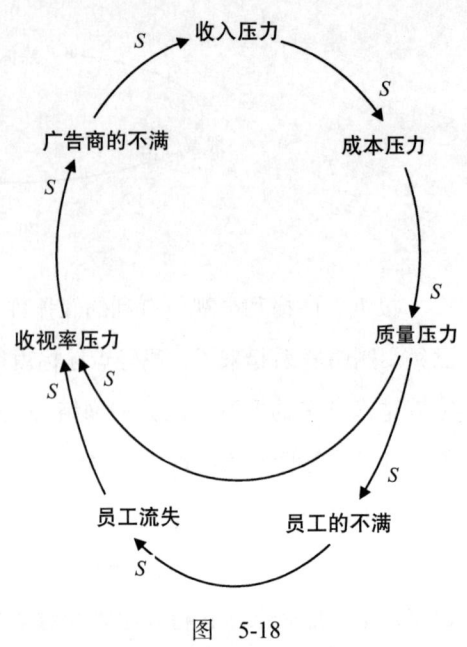

图 5-18

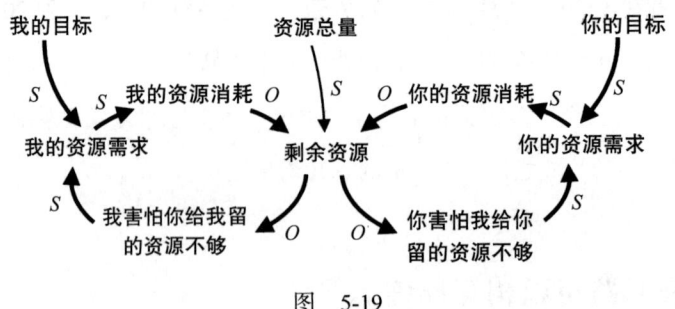

图 5-19

对于给定的资源消耗水平而言，"资源总量"越多，"剩余资源"就越多，因此这是 S 型连接。如果有足够的资源，可以轻易满足你我的资源总需求，就不会有问题。但随着"剩余资源"越来越稀缺，"我害怕你给我留的资源不够"这一担心积累到一定地步后，我就可能采取其他的行动（从而这个连接应该是一个 O 型连接）：可能我会秘密地储藏一些资源让你拿不到；或许我会高价求购一些资源，以应对意外事件。无论采取什么方法，造成的后果都是"我的资源需求"更加膨胀。与此同时，你也在进行着类似的活动。

图 5-19 由两幅相互连接的增强回路组成，分别有两个政策输入悬摆（我们各自希望实现自己目标的意愿）所驱动，而第三个悬摆标明了资源总量限制。这个系统的行为就是随着你我的行动，不断将稀缺资源变得更加稀缺。

在商业世界中，这是如何发生的

/ Seeing the Forest for the Trees

这种情形在商业世界中出现过吗？如果出现过，是在怎样的环境下？发生了什么事情？商业之外的环境又如何？

根据我的经验，这幅图存在于很多业务中。可能出现在对预算的争论中，在这种情况下，我们都在为了从有限的资金中获取更大的份额而争论不休；也可能是关于项目团队成员的争吵，我希望艾莉森成为我的团队中的一员，而你却希望她加入你的团队；可能是关于对 IT 开发团队的控制权的争夺；也可能是为了争取更多的客户而你争我夺。这些情况在商业世界之外也有发生，比如从邻里之间关于噪音的争论（这里的"有限资源"就是宁静与噪音），到邻国之间关于河流供水的争斗。

这种情形可能会出现一系列的结果，其中最常见的就如图 5-20 所示。

我们可能会发生一场争吵，或者发动一场战争。"冲突"持续加深，最终会减少"竞争者的数量"，这样，"剩余资源"就全归我了。问题似乎就这样解决了——但是，真的解决了吗？

"冲突"的存在会进一步引入两条回路：随着"冲突"的加剧，"竞争者的数量"会不断减少（从而是个 O 型连接）；随着竞争者数量的减少，获胜者可支配的"剩余资源"越来越多（另一个 O 型连接）。因此，如果我是获胜者，这将降低"我害怕你给我留的资源不够"的担心，从而缓和了进一步"冲突"的可能性——至少暂时如此。

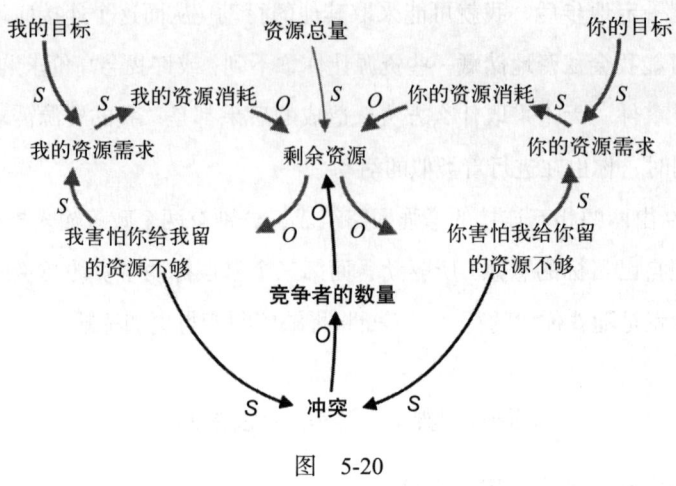

图　5-20

观察整条回路，可以发现一共有三个 O 型连接，因此这是一条调节回路。至此，整幅图的结构就是两条相互连接的增强回路和两条相互连接的调节回路相互作用，整体作用就是引入一定程度的稳定——即使是以消灭一些最初的竞争者为代价。然而，如果确实是真正有限的资源，比如肥沃的农田、水或者石油，即使只剩下一个人，没有其他的竞争者，也无法排除这位参与者会将所有资源消耗殆尽的可能性。

踩下刹车

/ Seeing the Forest
/ for the Trees

这个例子是一条非常重要的一般规则的一个实例。这条一般规则是：当和增强回路相互作用时，调节回路的作用就是减缓增强回路的增长速度（无论正负）。当然，减缓是相对于没有调节回路时增强回路所表现出来的增长速度而言的。

为了证实这一点，再看一看图5-20，并考虑一下只有增强回路时系统的行为。随着"我的资源需求"的增长，"我的资源消耗"也在增长，消耗掉更多"剩余资源"，这将加重"我害怕你给我留的资源不够"的担心，从而再度刺激了"我的资源需求"，于是增强回路每转一圈，空气就紧张了几分。

现在加入调节回路。同样地,我对"剩余资源"的过度消费再次刺激了"我害怕你给我留的资源不够"的担心,但是现在同时触发了两个动作。"我的资源需求"和以往一样再次上升,但与此同时,"冲突"发生了。如果这导致了纠纷,就会减少"竞争者的数量","剩余资源"就越多。

引入调节回路的结果就是"剩余资源"受到两方面的影响:一方面,是你和我的资源消耗还在继续;另一方面,"竞争者的数量"的减少在一定程度上起到了缓和作用(可能会有一定时滞)。最终的效果就是"剩余资源"要比没有调节回路时剩下的资源多一些,这意味着增强回路的行为得到了减缓——如果没有完全停止的话。

这一解释非常通用,并且适用于一切调节回路和增强回路相互作用的场合:调节回路的作用就是为增强回路提供"刹车"功能。这种功能的效果如何视具体背景和情况而定,但是,调节回路可以减缓增强回路的作用这一一般规则,却是普遍适用的。我们还可以参阅 8.1 中"成长上限"那一段文字框。那种结构就是增强回路和调节回路的组合,被称为"成长上限"。

幸运的是,不折不扣的冲突并不是这两个增强回路惟一可能的结果。在吵架或者战争之前,图 5-21 所示的情形可能会先发生,"求助于更高权威"这一行为限制了我们两个人的资源消耗。

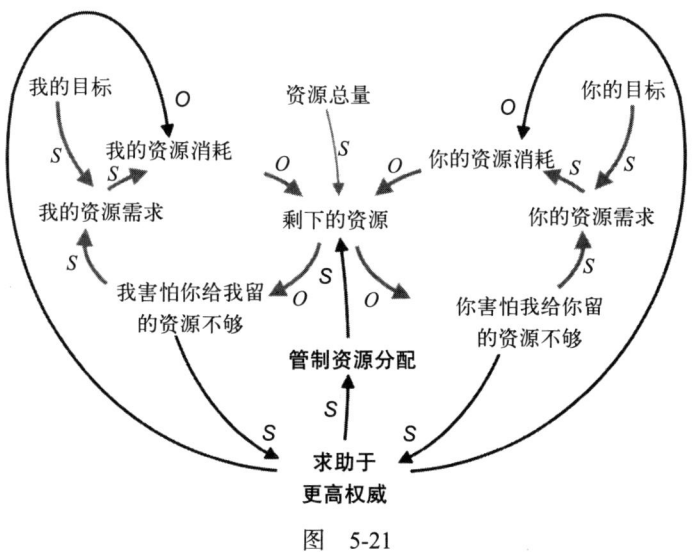

图 5-21

每个父母都知道，是母亲（或者父亲）最终决定让争夺不休的孩子看哪个电视频道——而且，睿智的父母还会不时地检查一下，以确定占优势的孩子没有将频道转回去。图中没有标示出另一种解决方案——再买一台电视，从而增加"资源总量"。

每个中层经理都知道，是老板对员工分配做出最终的裁决；每个总监都知道，是总经理在投资决策上拥有最终发言权；每个总经理都知道，是政府制定反垄断或者反托拉斯方案，阻止了一家公司垄断一个行业；每位公民都希望，大英联邦能够让那些"战争狂"政客恢复理智。但正如国际联盟惨淡的命运所表明的那样，只有和有效的"管制资源分配"相结合，"求助于更高权威"才能发挥作用。

然而，我们不必如此沮丧，因为还有第三种可能，如图5-22所示。这幅图大为不同，因为它描述了一个迥然不同的理念。这幅图不再强调我们对稀缺资源的竞争，取而代之的是参与者看到了合作的意义，从而试图就如何最佳共享资源达成一致。我对"需要合作的认识"越强，"我参与共同设定目标的意愿"就越强，其结果就是影响了"我的目标"，使其更符合我俩"剩余资源"的实际情况。抛开如何分割"剩余资源"这一争吵，我们会就我们的目标达成共识，并各自相应限制自己的资源消耗。这种方法同样引入了两个调节回路，但它们和增强回路相互作用的方式与前面的方法有所不同，如图5-22所示。

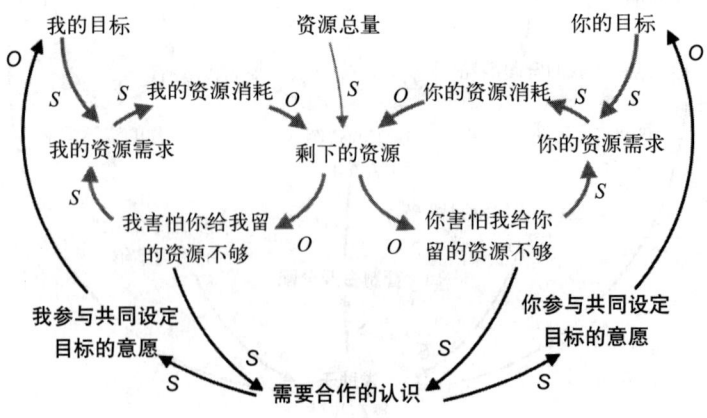

图 5-22

哪种方法是更为鲁棒的长期解决方案呢？这要取决于你的世界观。如果你是一个达尔文主义者，相信"物竞天择、适者生存"，在第一种情形下，你会选择警察；在第二种情形下，你会选择动用军队。如果你拥有其他的世界观，你可能会祈求神赐予智慧。然而，智慧本身就依赖于一种稀缺的东西（如图 5-23 所示）。

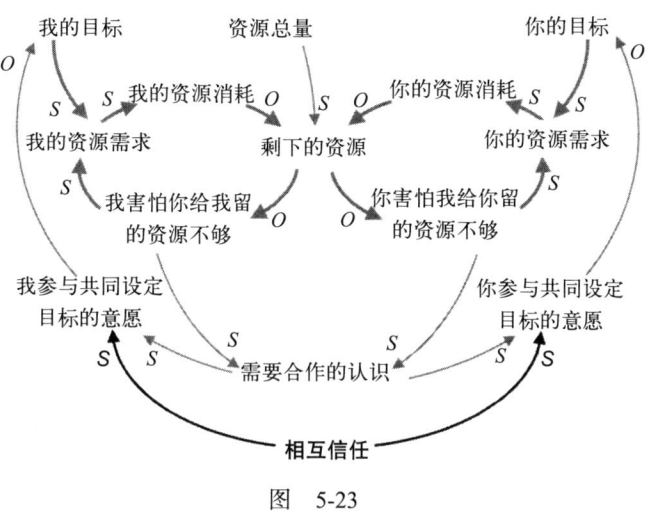

图　5-23

如果我不相信你，我会微笑着坐在谈判桌旁，背地里却做出各种花招。你可能会为了加强你的承诺的可信性，而率先降低了你的目标；但是为什么你相信我也会这样做呢？但如果我们彼此信任，这种方法就肯定更为持久，尤其是假如我们都认为共同合作寻找新的方法，以增加资源总量，是个不错的主意时，效果就更为明显。也许我会将原来打算使用掉的资源投入到"寻找新资源或可回收资源"上去，因为这样做不仅仅意味着我认识到了一个更为远大的目标，而且还意味着"你的目标"和"我的目标"达成了部分一致，如图 5-24 所示。

最终这个系统循环图变得非常复杂（尽管如此，我相信你还是能够完全理解的），它包含六个相互连接的反馈回路：最初两个增强回路，以及四个额外的调节回路。除了一个例外，图中的每一个项目都至少位于一条回路上。这惟一的一个例外，就是"相互信任"。这是惟一的悬摆，它的存在或消失驱动了整个系统。对于我来说，它的含义是完全真实的。

这个故事展示了基于对某种公共资源的分享而连接起来的两个增强回路，它们相互作用，可以产生冲突。同时，我们也探讨了三种不同的解决方法。每一种方法都是引入两个额外的调节回路，这些调节回路会根据人们采取的政策不同，以不同的方式起作用。有两种方法是试图通过改变稀缺资源的分配规则来减少冲突；另外一种方法是改变了双方产生对稀缺资源需求的规则。然而，这三种方法是以相同的内在机制起作用：两个调节回路起到了"刹车"的作用，限制了两个增强回路失去控制的指数增长。

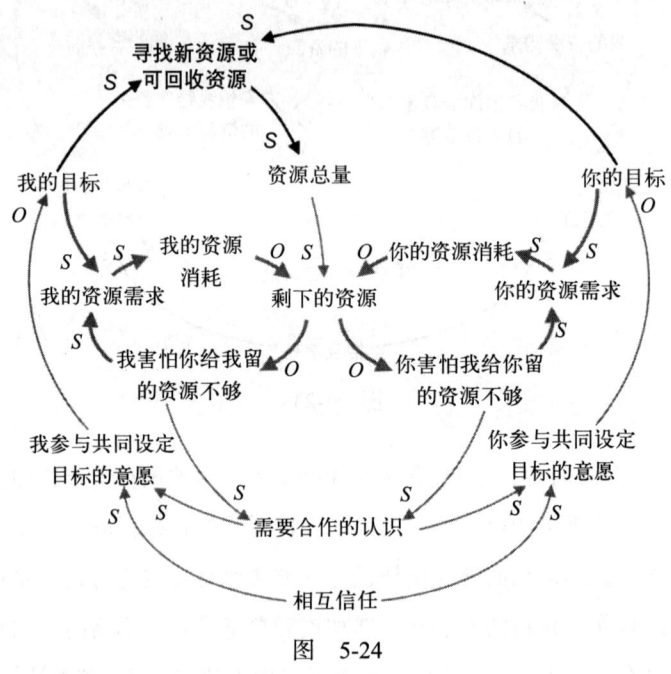

图 5-24

我们将在第 8 章进一步深入探索增强回路和调节回路之间的相互作用，而在第 6 章，我们将探讨系统思考第二个基本构成模块——调节回路的作用机制。

第6章

制定目标，寻找目标

6.1 关于调节回路的更多内容

图 6-1 是我们前面已经讨论过的向杯中倒咖啡的调节回路。

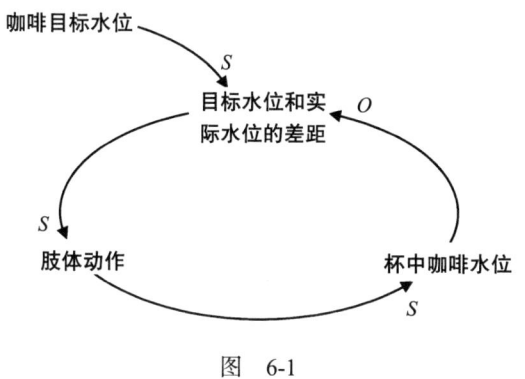

图 6-1

这个回路如何

稍微花点儿时间回想一下这幅图，并确信你理解它，尤其是那些 S 型连接和 O 型连接。假设我正在向杯中倒咖啡，试着画一幅"杯中咖啡水位"随着时间变化的图。

这个回路中包含奇数个 O 型连接，因此是一个调节回路，其中"杯中咖啡水位"最终会和"咖啡目标水位"相一致。如果我小心地向杯中倒咖啡，"杯中咖啡水位"随时间变化的情形应该如图 6-2 所示。

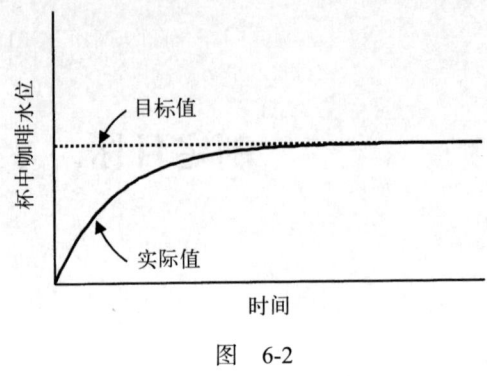

图　6-2

如图 6-2 所示，"杯中咖啡水位"稳步到达"咖啡目标水位"。一旦达到了目标，系统就静止下来，直到永远。

如果我并不是特别小心，那又会发生什么呢

Seeing the Forest for the Trees

考虑一下，假如我在倒咖啡的时候突然走了一下神，会发生什么呢？我会采取什么行动呢？这和系统循环图有什么联系？此时，"杯中咖啡水位"随时间变化的曲线又该如何呢？

这项练习并不是微不足道的，尤其是和系统循环图相关的第三个问题，因此，花一些时间多考虑一会儿是值得的。

你应该能想起来，杯中的目标咖啡水位被设成了半杯，因此，如果我仅仅是走神了一下，我会倒的比半杯多一点，但是我很可能在咖啡溢出之前发现问题，从而避免弄得一团糟。那时候又会发生什么呢？我会小心地倾斜杯子倒出一些多余的咖啡，但是如果我又不小心走了一下神，我就可能倒多了，这样我就不得不再向里面倒一些。最终，经过一些反复，达到期望的水位。

这和系统循环图有什么联系呢？让我来解释一下，由于需要仔细的思考，因此我将尽量解释得详细一些。我将从我注意到杯中咖啡超过半杯位置并刚刚停止

倒咖啡的时候开始解释。此时,"杯中咖啡水位"已经高于"咖啡目标水位"了。如果我定义"目标水位和实际水位的差距"等于目标水位减去实际水位,那么此时这一差距是个负数。我倒的咖啡超出半杯越多,这个负数就变得越大。

在回路方向上,连接"目标水位和实际水位的差距"和"肢体动作"的 S 型连接告诉我们,这两者的变动方向相同。随着"目标水位和实际水位的差距"向负方向变得越来越大,"肢体动作"也变得越来越大。但是"负的"肢体动作意味着什么呢?如果"正的"肢体动作是向杯中倒入咖啡,那么"负的"肢体动作就只有一种选择:向杯中倒出咖啡。当然,这正是所发生的事实。我们所发现的就是系统循环图预测到了这一点,并告诉了我们该怎样去做——负的"目标水位和实际水位的差距"指导我们将咖啡倒出来。

从"肢体动作"到"杯中咖啡水位"同样是一个 S 型连接,因此,如果"肢体动作"是"负的",就意味着实际水位在下降——当我们将咖啡倒出来的时候,事实的确如此。

警告:下面这部分是很多人都感到头疼的。系统循环图中"杯中咖啡水位"和"目标水位和实际水位的差距"之间存在着一个 O 型连接。这意味着它们的行为方向是相反的。因此,如果"杯中咖啡水位"在下降,则"目标水位和实际水位的差距"肯定要增加——增加的意思就是说在向正的方向移动,你应该还记得,在我们开始讨论这幅图的时候,我们是从"目标水位和实际水位的差距"为负的时候开始的。因此,如果这个数字在向正向移动,那么这个差距就逐渐向零靠近。

系统再一次寻找杯子半满这一目标。

再看一看前面这几段

Seeing the Forest for the Trees

很少有人能在第一遍完全理解上面的内容。因此,花点时间再读一遍以确认你确实理解了这一段。关键问题在于,为了严格地描述回路的行为,所有的因素都是带有符号的数字,就是说,它们前面都带有一个正号或负号。通常当它们带着正号时,我们不会想起它,甚至都没有这个意识。事实上,迄今为止,除了这个例子之外,本书中所提到的各个例子中每个数字前面都隐含着一个正号。这是第一个涉及负号的例子。这里的关键在于,当你增大一个负数（比如 –3）时，它会向正的方向变动（比如 –2），而不是向负的方向变动（它不会变成 –4）。

现在假设我将咖啡倒出杯子的时候一不小心倒多了，这样"杯中咖啡水位"就低于"咖啡目标水位"了。因此，此时"目标水位和实际水位的差距"就成了一个正数，因此我就得采取正的"肢体动作"，也就是向杯中倒入咖啡。之所以这样做，就是因为两者间的 S 型连接。这一动作对"杯中咖啡水位"具有正面影响（又是一个 S 型连接），因此"杯中咖啡水位"又开始上升，这完全符合常识。"杯中咖啡水位"的上升导致"目标水位和实际水位的差距"的减少（因为 O 型连接），这一事实表明，系统再一次接近了它的目标。

这一过程可以使用一幅很容易理解的图来表示，图 6-3 就表示了杯中咖啡水位随着时间演变的过程，不过稍有点夸张。

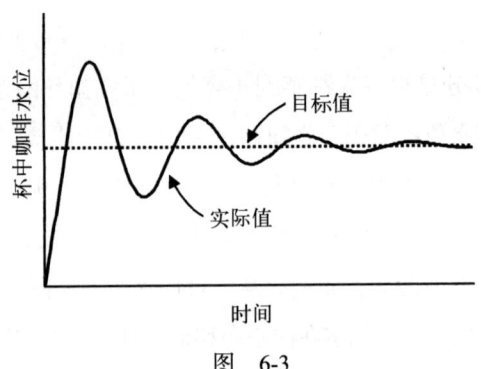

图 6-3

这幅图生动地表现了咖啡水位在半满附近振荡并最终达到目标的情形。这一目标由悬摆"咖啡目标水位"给出，我们知道这种悬摆被称为目标悬摆，它和我们在图 5-6 和图 5-7 中遇到的"增长速率"悬摆具有明显的差异。

所有调节回路共有的行为

调节回路汇聚于设定的目标。有时候这一目标采用目标悬摆的形式明确给出，有时候没有任何明显的标记。但无论何时，只要你看到一个调节回路，它对应的行为都是在试图实现一个目标。有时候可以平滑地达到目标，但如果系统中存在时滞，系统达到目标就要经历一段时间的振荡。

我们再一次得到了一个美妙的、放之四海而皆准的原则。所有调节回路都在试图实现一个目标，而同样的因果回路可能平滑渐进地实现目标，也可能出现振荡。这两种行为之间的差异就在于系统对实际与目标差异的响应速度。如果系统响应迅速，那么系统行为通常会很平滑；如果系统存在时滞（比如刚才倒咖啡的例子中关于"走神"的假设），通常就会出现振荡。

陌生的淋浴器

就平滑实现目标而言，倒咖啡是一个很合理的例子，但作为振荡的例子就有些勉强：我们很少有人会那么笨拙。然而，日常生活中还是有不少很常见的振荡的例子。

最普遍的一个例子就是在一家不熟悉的旅馆里使用淋浴器。你将调温器设到"温"，并让淋浴器运行一会儿，觉得水太冷了。你就将调温器设到了"热"，然后让水再接着流了一阵子，你开始不耐烦地又试了试水温——水仍然太冷。于是，你将调温器转到了"非常热"，这时水温正合适。你跳进淋浴喷头下面，几秒钟后，你又跳了出来——水太烫了。你现在遇上麻烦了，调温器被淋浴器喷出的热水挡在了后面，而水热得能烫掉皮。因此，你找了一块毛巾包在手上，将调温器砸到"冷"。经过几次反复，温度终于合适了。

这个系统循环图如下所示：

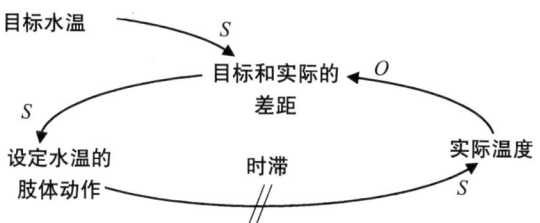

其中的两道斜线表示设定调温器和淋浴器喷头中出来的真实水温之间的时滞。如果这个时滞比较长，我们会变得非常不耐烦！因此，我们会再次调整调温器，导致系统开始振荡。

6.2 商业中的调节回路

商业生活中调节回路随处可见，它们中的大多数看起来如图 6-4 所示：

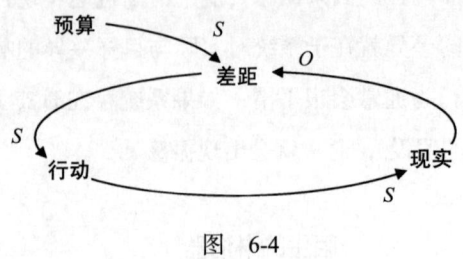

图 6-4

在制定决策的过程中，首先设定一个"预算"，并成为需要实现的目标。在随后的一年中，管理会计不断跟踪"预算"和"现实"之间的"差距"。这种比较促使我们采取各种行动，以使现实情况与预算相符。这也正是我们在实际工作中所采用的方式。从系统思考的观点来看，预算系统包含一个调节回路，起到了调整符合预算这一目标的作用。

举一个具体的例子，图 6-5 是一个关于定价政策的系统循环图。

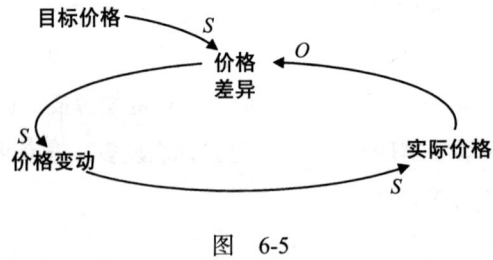

图 6-5

在本例中，相关的行动就是价格变动，这种变动可能是涨价（如果"实际价格"低于"目标价格"），也可能是降价（如果"实际价格"高于"目标价格"）。这一幅图同时涵盖了这两种情况，而且无论哪种情况，S 型连接和 O 型连接都能自主地发挥作用。因此，我们可以将"价格差异"定义为

$$价格差异 = 目标价格 - 实际价格$$

如果"目标价格"高于"实际价格"，则"价格差异"是一个正数。连接"价格差异"和"价格变动"的 S 型连接意味着"价格差异"越大，"价格变动"的

幅度就越大；继而连接"价格变动"和"实际价格"的S型连接导致涨价，从而使得"实际价格"和"目标价格"保持一致。类似地，如果"实际价格"高于"目标价格"，则"价格差异"是一个负数，导致"价格变动"向负的方向进行，"实际价格"下降，再次满足了预定的目标。

图 6-6 是同一幅图的另外一种表现形式，这里的行动被描述成"涨价或降价"，这种方式明确指出了所采取的行动可以根据实际情况而定。

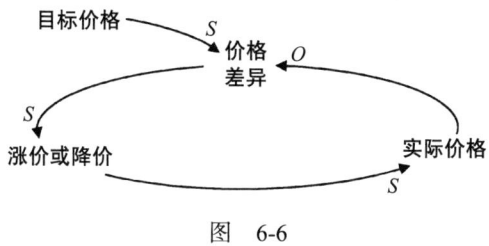

图 6-6

有时候，我们还会采用另外的词语来表示"上升"或"下降"的行动，图 6-7 是一个关于员工人数管理的调节回路，图 6-8 是一个关于资产的调节回路。

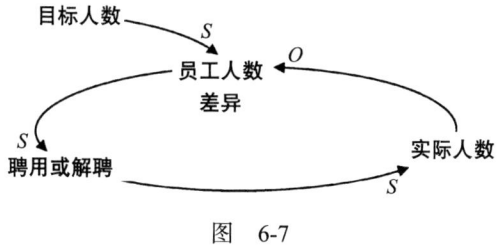

图 6-7

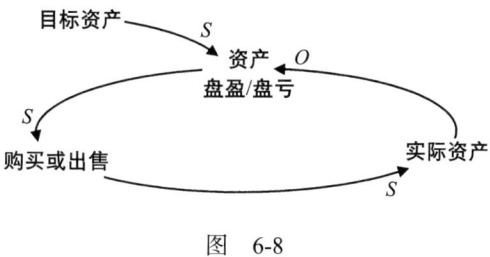

图 6-8

绘制调节回路的最佳实践指出，描述调节回路时应该使用能够同时包括正向动作和反向动作的词语。尽管我们倾向于考虑招聘而不是解聘，但是原则上这两种行动都有存在的可能，究竟哪个行动会发生，完全依赖于待处理的问题本身。

再举两个例子。图 6-9 是关于奖励和报酬政策的一幅图，它描述了通过"薪酬结构变动"这一行为，使得"实际薪酬结构"与"目标薪酬结构"相一致的行为，其中，"薪酬结构变动"可能是加薪或减薪，也可能是对分红做出修订，还可能是放假，或者其他福利。

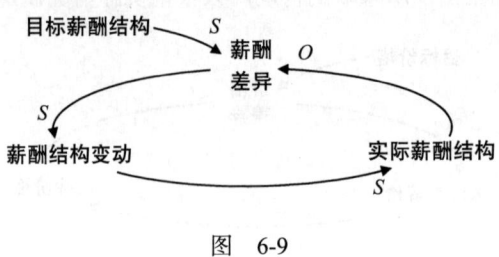

图　6-9

图 6-10 是最后一个例子，它引入了两项新特征。

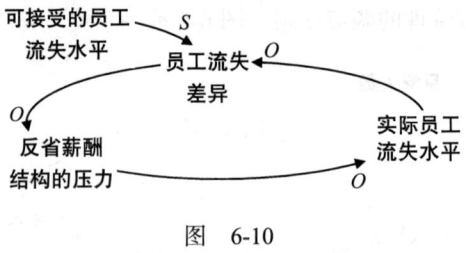

图　6-10

这幅图是关于实际员工流失水平的，在所有企业中都会碰到。雇员们不是奴隶，并不受奴隶主的束缚，而是基于合同契约接受雇佣，该合同同时赋予了他们辞职的权利——无论他们什么时候想辞职，只要满足合同规定的提前期，他们就可以辞职。很多企业也认为适当的员工流动是正常而自然的，甚至是健康的，因为它能为组织带来"新鲜血液"。因此，尽管很多组织并没有为员工流失率设定一个明确的目标，但他们仍然会有一个"可接受的员工流失水平"，一个提醒他们开始注意员工流失问题的极限。因此，这幅图的第一个新特点就是辨识出这个隐含目标。

"实际员工流失水平"超过"可接受的员工流失水平"后会发生什么？我们应该采取什么措施？让我们从"员工流失差异"相对很小时开始。起初，我们可能不会采取什么行动；但随着这个差异越来越大，已经被看作是一种趋势而不再是统计上的涨落时，它就逐渐引发了"反省薪酬结构的压力"，其目的是降低"实际员工流失水平"。当然，这一措施的假设是，薪酬结构是实际员工流失的主要驱动力。在现实生活中，可能薪酬结构仅仅是众多原因中的一个，因此更接近现实的说法应该是"调查并解决员工士气问题"。

这就涉及了这幅图的第二项新特点：这个闭环并不是我们所熟悉的两个 S 型连接和一个 O 型连接的结构，实际上，它是三个 O 型连接，一种我们至今为止还没有见过的结构。O 型连接的总数是奇数个，因此这仍然是一个调节回路。但是，为什么会有三个 O 型连接呢？

这需要进一步的思考。记住，在 6.1 节中我们曾指出，系统循环图中的元素都和一个正号或负号相关。通常"员工流失差异"会被定义成：

$$员工流失差异 = 可接受的员工流失水平 - 实际员工流失水平$$

问题通常发生在"实际员工流失水平"一段时期内持续高于"可接受的员工流失水平"时（反过来有时也会成为一个问题），此时"员工流失差异"是一个负数。直观上，这个负数越大，"反省薪酬结构的压力"就越大，员工会得到的综合奖励就越多。负的偏差驱动着正向的行动，从而是一个 O 型连接。类似地，员工对增加综合奖励的期待将有助于降低"实际员工流失水平"，从而也是一个 O 型连接。三个 O 型连接一起构成了我们所需要的调节回路。尽管相反的情况发生的可能性比较小，但是也同样起作用：如果"实际员工流失水平"过低，"员工流失差异"就是一个正数，导致"反省薪酬结构的压力"日渐走低，从而使员工们选择离开，最终提高了"员工流失水平"。

总的来说，闭环上有三个 O 型连接的回路是调节回路，而且只要闭环上 O 型连接的总数是奇数，这个闭环就是调节回路。这意味着可以有一个 O 型连接，也可以有三个 O 型连接；零个和两个 O 型连接就形成了增强回路。如果只有一个 O 型连接，最常见的位置就是从"实际"到"差异"的那个连接，因为差异的定义是：

$$差异 = 目标 - 实际$$

这个定义决定了这一点。只要"实际"是一个正数（它在商业世界中几乎总是正的），那么，对于任意给定的"目标"，"实际"越大，"差异"就越小，从而使得从"实际"到"差异"的连接是一个 O 型连接。通常另外两个连接都是 S 型连接，但这并不是金科玉律，我们刚刚就遇到了一个有两个 O 型连接的例子。为什么呢？

答案再一次与语言的应用有关：是我们对语言的选择使我们的最后一幅图中包含了三个 O 型连接。如果我们不选用员工流失，而是选择另外一种等价的说法——员工维持率，尽管这种说法不常用，但是却能更清楚地解释这一切，如图 6-11 所示。

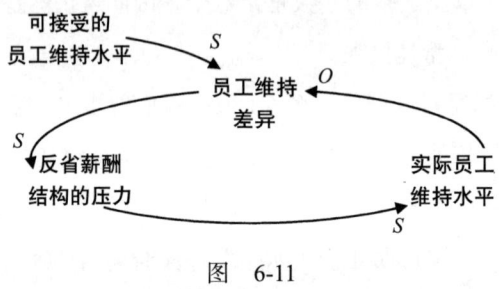

图　6-11

这种围绕着回路的 S 型连接和 O 型连接的结构看起来更为熟悉，但是这种用词方式却未必熟悉。假设你所在单位有 100 个人，而你希望每年能够流动 10 个人，因此"可接受的员工维持水平"为 90。假设因为某种原因离开了 20 个人，则"实际员工维持水平"为 80。"员工维持差异"为 90-80=10 人，是一个正数。这就正向增强了"反省薪酬结构的压力"，从而提高了员工的总体待遇，最终提高了"实际员工维持水平"，所以这里是两个 S 型连接。

就像我们已经看到（见 4.8 节）的那样，回路上究竟是 S 型连接还是 O 型连接完全取决于我们对语言的选择。在我看来，在这个例子中，使用员工流失率远比使用员工维持率来得自然，而这样使用语言的结果就是导致产生了包含三个 O 型连接的调节回路。无论如何，语言和回路一样有意义。

6.3　调节回路通常相互关联

在商业世界中，调节回路都是用来达到经营目标的。所有的业务都有多重目标，因此，管理一项业务实质上就是同时管理多条调节回路。

图 6-12 是对员工人数管理的图 6-7 的进一步发挥，它引入了"实际员工流失水平"，其效果就是可以降低"实际人数"。

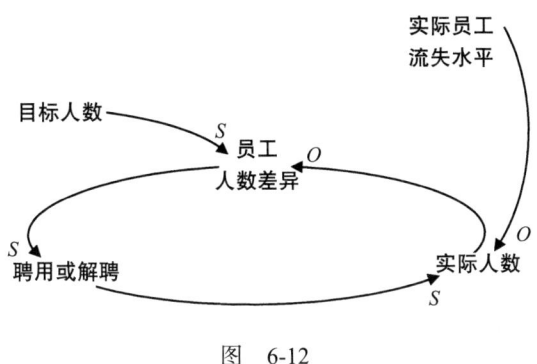

图 6-12

然而，"实际员工流失水平"本身也只是我们前面所熟悉的三个 O 型连接调节回路的一部分，如图 6-13 所示。

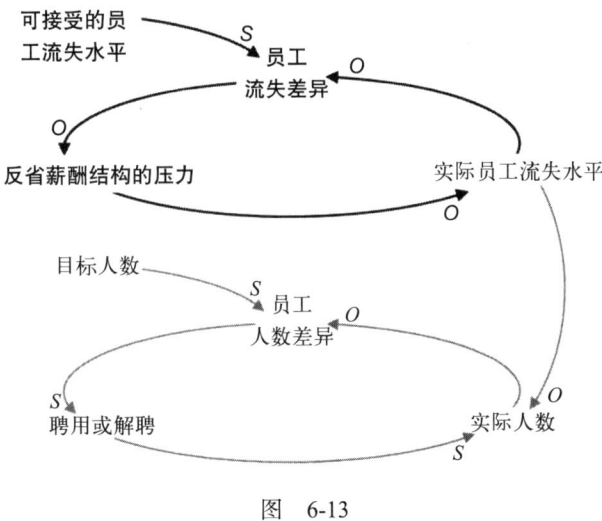

图 6-13

这两个回路关联在一起，反映了现实的情况——我们同时管理着员工人数和员工流失两项任务。

实际上，至少还应该有第三个环参与其中。如果我们假设薪酬结构是"实际员工流失水平"的惟一驱动因素，则在调整奖励政策时，"反省薪酬结构的压力"

将导致我们对目标成本结构做出调整，如图6-14所示。

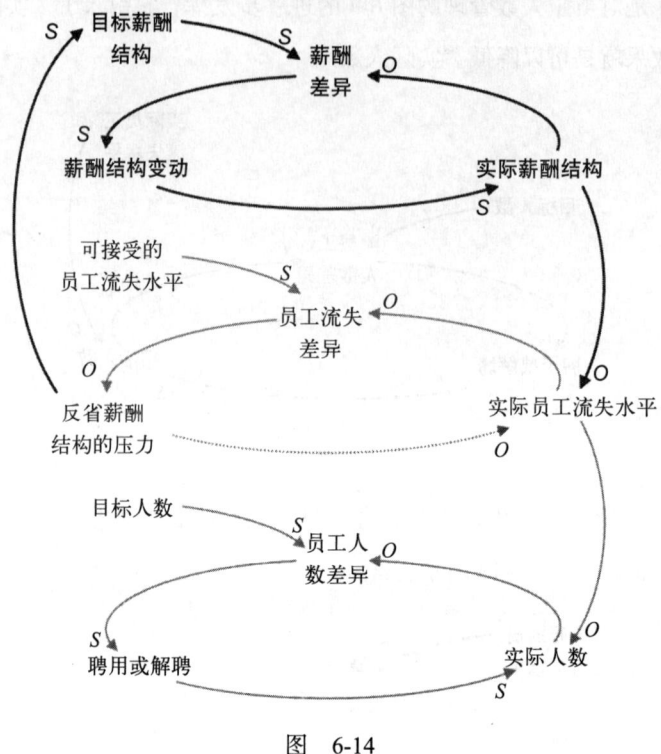

图 6-14

在这幅图中，我特意使用虚线来表示从"反省薪酬结构的压力"到"实际员工流失水平"的连接，是因为它已经被进入薪酬结构回路的连接所取代，而薪酬结构回路才是我们试图控制"实际员工流失水平"时所真正采取的行动。

这是一个由三个相互关联的调节回路所构成的结构，每一个调节回路都抓住了员工管理的某一侧面。在众多因素中，我们通过政策设定了"目标人数"和"目标薪酬结构"。作为结果，业务中出现了各种不同的后果。后果之一就是"实际员工流失水平"，这是我们可以监测并与"可接受的员工流失水平"相比较的因素。如果最终的"员工流失差异"可以接受，那么就很好；但如果不能接受，就会触发重新设定"目标薪酬结构"这一行动，或其他类似的行动。对实际结果的持续监测（在这里是"实际员工流失水平"）以及与希望获得的结果（在这里是隐含着的"可接受的员工流失水平"）相对照，触发了政策的变动（在这里是"目标薪酬结构")。换句话说，如果这里所说的"政策"的含义更宽泛一些，这种比较可能会触发某种管理措施的实施。

从以上论述可以看出，管理工作就像是管理者坐在某种特别复杂的控制仪表台前，仪表台上有各种各样的按钮、旋钮和控制杆，每个东西都有自己的名字，比如目标人数、目标成本结构、目标资产，或者一些更操作层面的东西，如聘用、解聘、加薪、资产购置等。管理者不时地动一动各种控制杆，精细地调控着"公司机器"的业务及其运作，并采取适当的管理措施，引导业务去实现我们所希望的目标，比如销售、利润、声望或者股价。在我们监测现实并与目标状态相对照之后，我们按按这个按钮，转转那个旋钮，或者拉拉另外的控制杆。就像这个例子所展示的那样，大多数的按钮、旋钮和控制杆是相互关联的调节回路的一部分，这一主题我将在第10章中更为详细地介绍。

6.4 调节回路和时滞

理论上，任何调节回路都会如图6-15所示，完美而平滑地汇聚到目标上。

但在实际工作中，这条汇聚之路有时也会崎岖不平。很多实际系统的表现更像6.1节中提到的"陌生的淋浴器"，而不像倒咖啡，因为在实际系统中充满了时滞：测量实际情况以及计算偏差所耗费的时间、制定管理政策所耗费的时间、解释管理政策所耗费的时间、决定采取何种措施所耗费的时间、将这些措施

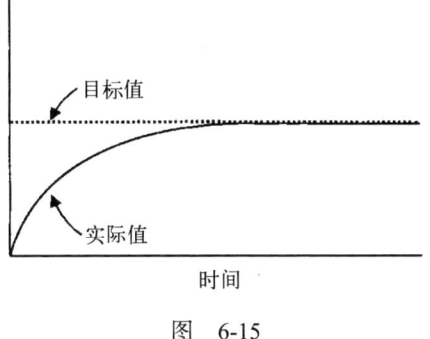

图 6-15

付诸实施所耗费的时间、这些措施取得成效所耗费的时间，等等。这些时滞就导致了我们在6.1节中所见到的振荡曲线。我们的"不耐烦"不仅会恶化这种振荡，而且会让我们对所试图管理的系统中的时滞所影响的深度和广度降低警惕。考虑一下我们都曾经历过的、将陌生的淋浴器调到合适的温度那个例子（那里只有一个时滞环节在发挥作用），你就不会奇怪为什么管理一项业务是那么不容易了。

另外一个我们熟悉、并很容易发生振荡的情形，就是库存控制和供应链管理。这些系统通常和对某个预先设定的库存水平相关，这一数值扮演了目标的角色，这里的行动通常是向供应商发出订单，要求他们补充某种已经售罄或正热销的商品的库存。由于补充订货过程中固有的各种形式的时滞，这个系统以其极易振荡且容易失控而臭名昭著。

改变目标

Seeing the Forest for the Trees

下面这幅图描述了一个库存控制系统的行为，它具有一个目标库存水平。不幸的是，由于系统中的时滞，系统的自然行为就是振荡——不过这个振荡最终能够稳定到目标库存水平上。

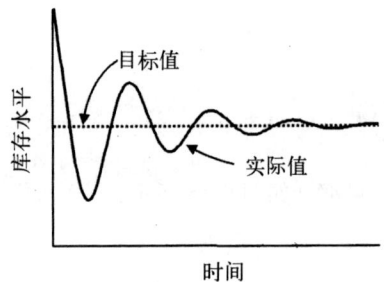

如果库存控制经理没有经过系统思考的训练，那么库存最初的迅猛下降会让他非常担心库存会被很快清空，这对于工厂和他个人而言都是一个坏消息。因此他想，"由于库存垂直下跌，我最好还是提高一下目标水平——只提高一点儿，比没提之前稍微多订一点货。"

下面这幅图就是在这种情况下的一种可能情形：

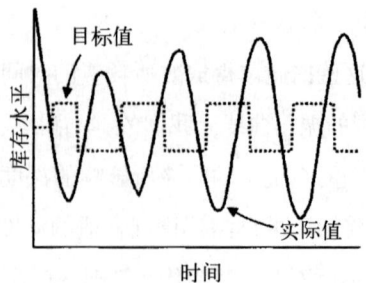

经理的担心引发了库存目标的变动，而这实际上让事情变得更糟。系统现在真的失控了，而且越来越失控。天哪！

顺便说一句，这幅图和本书中其他的图一样，都是由一个计算机仿真工具画出来的，它可以帮助你对系统循环图的行为进行仿真，我会在第12章和第13章中进行更详细的介绍。

正如这个例子所展示的那样，很多系统随着时间演变的动态行为可能非常复杂，而且难以理解。因此，可怜的库存控制经理希望将系统纳入控制之中的善良愿望非常可以理解，但在实际中却带来了一场灾难。对他来说，最好的政策就是不要干涉，他只要袖手旁观，静待系统按照自己的节奏逐渐稳定下来就可以了。但是，你必须是一位充满睿智的人，而且你的老板也必须是一位充满睿智的人，才能做出正确的决策，并静待事情演变。有时候，着急做出看似充满魄力和决断力的决策，并干预其中，反而是最错误的行为。

尽管这个系统的动态行为看起来非常复杂，但是其潜在的逻辑却一点都不复杂：这只是一个我们现在已经非常熟悉的调节回路，其中包括目标、实际、差异和行动，以及一些时滞。

动态复杂性

Seeing the Forest for the Trees

这个例子同时也是关于系统思考的另一个放之四海而皆准的原则的有力体现。随着时间的演变，很多系统的行为表现出一种令人困惑的复杂方式。这种现象被称之为动态复杂性（dynamic complexity）。但如同我们刚刚看到的那样，其背后隐含的系统循环图通常非常简单。因此，系统思考帮助你理解复杂动态系统的一种方式，就是为你提供一种方法，让你能够看到复杂现象背后的简单因果回路。

很多人发现，理解动态复杂性，并清楚地认识到其背后的模式及因果关系非常困难。从某种意义上讲，人的思想确实更适合处理细节复杂性，即对处于某一时间某一地点的系统进行理解，尽管这时的系统由很多元素组成。

在重新设定目标库存水平的时候，对于困惑的库存控制经理来说，与其玩猜谜游戏，不如去探究一下为什么库存控制系统会面临着这么大的延迟，并采取措施降低时滞。但是，有时候"治标"确实比"治本"更有诱惑力。

从更大的尺度上来看，政府的很多政策都是在管理调节回路。比如，以英格兰银行总裁爱德华·乔治爵士为主席的英格兰银行货币政策委员会，其9名成员每个月都会开会以确定利率。他们的主要使命就是在保证经济活力的同时，"遵循英国政府通货膨胀目标的规定，保证价格稳定"（这是我从英格兰银行网站上引用的原话，详情请参见 http://www.bankofengland.co.uk/mpc/）。他们所能挥舞的惟一武器就是利率。从系统思考的观点来看，他们的"目标"就是较低的通货膨胀率和健康的经济，他们的"实际"就是一堆宏观经济统计数字，反映了在指标收集期内经济的总体状况，而他们所能采取的惟一"行动"就是改变利率，而且只能变动千分之几。他们不时地进行这项工作，而利率的变动以其内在的方式影响着整个经济系统。

整个国家的经济系统显然非常复杂，而且其时滞以月计，有时甚至以年计。认识到这一点，货币政策委员会就知道了最睿智的干涉方法，是在相对较长的间隔里做出很小的调整。这就为任何微小的变化发挥作用提供了足够长的时间，而且也避免了特别巨大的变化所导致的无法预期的影响。做出剧烈的调整这一替代政策，通常更可能会让经济系统变得不稳定，而且还会产生灾难性的后果。

商业周期

/ Seeing the Forest
/ for the Trees

图中粗黑线显示了从1960年1月到1999年12月这40年来，每年标准普尔指数的百分比变化——标准普尔指数是根据美国前500家公司股价所编制的索引，被认为是美国经济的晴雨表。40年来，指数本身在大多数时间里都在稳定增长，但与浅灰色的振荡曲线相对照，可以发现它的年增长速率同样起伏不平。很多经济学家都谈到商业周期，而系统思考学家则看到了包含时滞的调节回路的影响——总体上看，美国公司在尽力实现它的增长目标。

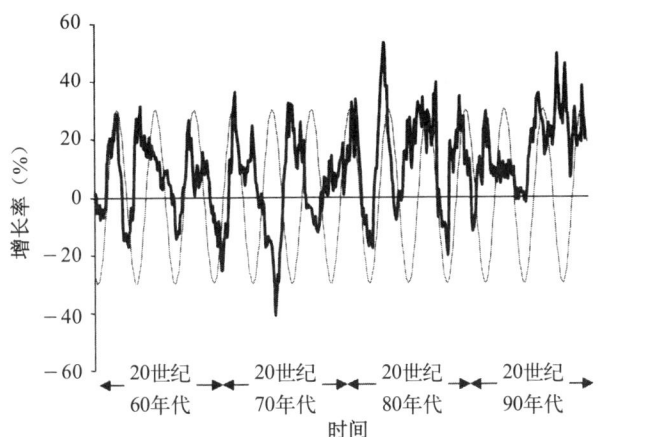

6.5 差异的定义

作为对调节回路讨论的最后一个乐章,你可能会愿意做一做下面的测试。可是我还是愿意预先给大家一个警告:很多人发现它确实让人头疼,因此它并不适合心脏脆弱的人。或许你愿意直接跳到本章的最后一节。然而,如果你坚持要试一试,并且能够顺利通过的话,你可以坚信你确实理解了因果回路是怎么一回事儿。

测试:差异的定义是什么

下面是一个我们已经非常熟悉了的因果回路,与此相关的一个隐含的假设就是差异的定义。

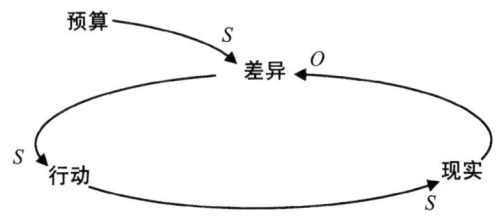

和通常的会计准则相一致,差异的定义表示为:

$$差异 = 预算 - 实际$$

令你诧异的是,我们决定用另外一种方式定义差异:

差异 = 实际 − 预算

那么，上面那个系统循环图现在会是什么样子？特别是那些 S 型连接和 O 型连接现在成了什么样子？

这仅仅是一个和定义相关的变动，真实世界中并没有任何改变。因此，系统循环图的基本结构一定不会发生任何变化，如图 6-16 所示。

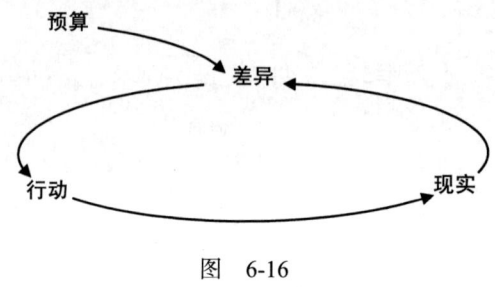

图 6-16

变化的是差异的定义，它现在被定义为：

差异 = 实际 − 预算

这跟 S 型连接和 O 型连接有什么关系呢？

如果我们观察这个新定义，我们就会发现，对于任何给定的"预算"值，随着"实际"值的增加，"差异"也在增加，因此这意味着"实际"和"差异"之间应该是一个 S 型连接。另一方面，对于任何给定的"实际"值，随着"预算"的增加，"差异"在减小——这是定义中那个减号的必然结果，因此，连接"预算"和"差异"的必然是一个 O 型连接。

这就对了——S 型连接和 O 型连接换了一个位置。这就是不同之处！因此，系统循环图看起来应该是图 6-17 所示的样子吧。

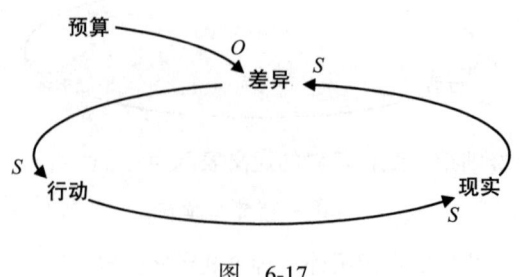

图 6-17

很多人就带着一声满意的叹息就此停止了。

实际上还有一点问题。看一看上面的图并数一下其中 O 型连接的个数。记着连接"预算"和"差异"的 O 型连接不应该被计算在内，因为它位于回路的外部。实际上，回路中没有 O 型连接，整个回路完全由 S 型连接构成。

上图的回路会有怎样的行为呢？因为回路中 O 型连接的总数是零个（零也被视为一个偶数），它肯定是一个增强回路，其典型特征是指数增长或者指数衰落。它根本就不是一个调节回路！

少安毋躁！肯定有什么地方出了问题。在现实中，这个回路过去是一个调节回路，现在也仍然是一个调节回路。我们不可能仅仅通过修改差异的定义就将一个调节回路变成增强回路。那么，到底发生了什么？

这中间所发生的，就是我们实际上并没有足够深刻地思索其中的 S 型连接和 O 型连接受波及的范围。让我们来考虑一下现实中发生的一切，从而让这张系统循环图更具有实际意义。假设我们在讨论关于员工人数的问题，而且我们发现，我们现在处于一个现有员工（比如 10 个）少于预算员工（比如 12 个）的情形。在这种情况下，根据我们对差异的新定义：

差异 = 实际 – 预算

得到"差异"为 –2，是一个负数。

为了让实际与预算一致，我们应该采取什么行动？我们必须将员工人数从 10 增长到 12；我们必须让"实际"值再大一些。因此，我们所采取的行动必然是一个"正向"的行动。在这种情况下，我们使用一个负的"差异"来驱动一个正向的"行动"，此处应该是一个 O 型连接。继续沿着连接的方向走，正向的"行动"如我们所期望的那样造成了"实际"值的增加。这个连接沿着相同的方向运作，因此是一个 S 型连接。

让我们将这一切与现实生活做个对照。如果我们的实际员工人数为 10 个，而预算人数是 12 个，根据当前的定义，差异就是 10-12=-2。这个负的差异驱动了正向的招聘行为（O 型连接），这自然会增加我们的员工总数（S 型连接）。差异降为零，系统稳定在目标值上。一切正常。

另外一个方向上也同样成立。假设实际员工人数为 15 个，而预算人数是 12

个,则当前的差异就是15–12=3,是一个正数。但是,由于差异和行动之间是一个O型连接,因此正的差异就驱动了一个负向的动作。负的招聘是什么?它有自己的名字,我们通常将其称之为解聘,它确实是一个负向的动作。这个负向的动作起到了降低实际人数的作用(符合图中的S型连接),于是系统再次汇聚到了预算上。这种正向的招聘和负向的解聘之间的区别和倒咖啡那个例子非常相似。在那个例子里面,我们引入了正向的向杯中倒入咖啡和负向的从杯中倒出咖啡两个动作。

我们现在所得到的系统循环图就如图6-18所示。这幅图的行为如何?这幅图中包含一个O型连接,因此正如我们所期望的那样是一个汇聚于预算的调节回路。

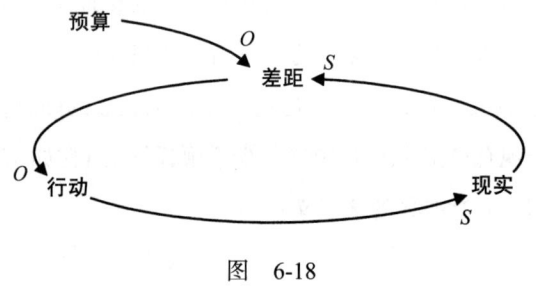

图 6-18

通过将差异的定义从

$$差异 = 预算 - 实际$$

变为

$$差异 = 实际 - 预算$$

我们并没有改变现实生活,因此两个对应的系统循环图的结构应该保持不变。变化的是图中S型连接和O型连接的位置。两幅图中惟一相同的连接就是从"行动"到"实际"的S型连接,其他三个连接都在S型连接和O型连接之间相互替换。

正如4.8节中所指出的那样,这完全是语言的问题。现实肯定是不变的,然而,出于某种原因,我们改变了描述现实的方式,选择了不同的词语,或者像在本例中这样,改变了定义,就改变了S型连接和O型连接。因此,在编制系统循环图时,需要注意这些问题。但是,经过一定的练习,你就会对这一切驾轻就熟。下一章会给出一些绘制系统循环图的指导方针。

6.6 用武之地马上到了

最近这两章有些费神，但是我相信你会发现它们很值得。增强回路和调节回路是系统思考仅有的两种基本构造块。基于这两个基础，可以构建其他任何东西。真实系统非常复杂，其对应的系统循环图同样也并不简单——这一点你很快就会在本书剩余部分有所体会。无论如何，这些复杂性都是可以处理的，因为所有的系统思考的系统循环图，无论它们多么复杂，都是使用这两种构造块搭建出来的，而且也仅使用这两种构造块。因此，深刻理解这两种基本回路，对于理解真实复杂系统的行为具有巨大的帮助——而这正是睿智的源泉！

增强回路和调节回路——简单总结

Seeing the Forest for the Trees

很多真实系统都是由大量相互关联的因素组成的，并且在随时间演变的进程中展现非常复杂的行为。一种捕捉这些元素之间的相互关联并理解这种动态复杂性的有力手段，就是使用系统循环图。它们展示了系统中的各种元素是如何通过因果关系而连接起来的，每一个因果关系都可以表述为 S 型连接和 O 型连接，并直接反映到系统循环图上。S 型连接意味着相互连接的元素之间按照相同的方向运动（比如随着客户满意度的上升，销售收入也在上升）；O 型连接意味着它们按照相反的方向运动（比如随着工作负担的加重，处理能力在下降）。

系统循环图由一些相互连接成网状的反馈回路构成，并且还包括一些（实际上很少）悬摆，它们或者代表着系统的目标或结果，或者代表着系统的外部驱动力。

单个闭环回路有两种类型，而且也只有两种类型。增强回路，或者叫正反馈回路，其特征是回路上有偶数个 O 型连接（零也被视为一个偶数）。我们认为，增强回路或者是良性循环，或者是恶性循环，它们的行为或者是指数增长，或者是指数衰落。同样的因果关系可以有两种不同的表现——在实际中究竟体现出哪种行为，依赖于这个反馈回路的初始状态，无论是哪种行为，都取决于突然施加的外部触发源的性质。

调节回路，或者叫负反馈回路，其特征是回路上有奇数个 O 型连接。调节回路呈现出寻找某个目标的行为，整个系统通常会向着一个外部给定的目标或预算汇聚。接近目标的过程有时候很平滑，但如果反馈回路中存在着时滞，就会出现高于或低于额定值的情况，导致系统振荡，这种振荡有时会非常强烈。

第 7 章
如何绘制系统循环图

到现在为止，我们已经见过了大量的系统循环图，本章的目的就是告诉你如何构建系统循环图。这项工作有些类似于艺术，因为它完全是关于如何"见树又见林"，应该深入到什么层次的细节，应该何时结束，以及如何以最佳的方式去捕捉复杂形势的本质，在很大程度上取决于个人的判断。尽管如此，的确也存在着一些有用的指导方针，下面就是 12 条绘制系统循环图的黄金法则。

法则 1：了解问题的边界

系统思考的一大益处就是促进人们采用整体观点去解决问题，从而将所有相关因素都纳入考虑范围。理论上，这可以包括任何事物，但其结果可能没什么帮助。因此，技巧在于把握住相关性这一原则，并将所有有用的事物都包括进来，并以此作为问题的边界。这完全取决于我们所感兴趣的系统。回想一下 1.1 节中我们提到的关于大象的故事，如果我们感兴趣的系统是大象，那么，我们就可以围绕着大象本身划下系统的边界；如果我们是将大象作为一种社会性动物来研究，那么，问题的边界就是象群；如果我们要研究的是中非的生态系统，大象只是其中的一员，那么，问题的边界就是整个生态系统。

我们通常通过"悬摆"来定义我们所感兴趣的系统的外部边界——悬摆在系统循环图中扮演着目标、政策、外部驱动力或者系统结果的角色。举个例子，不妨再看一看图 2-7，该图中有三个悬摆：作为外部驱动因素的"交易数量和种类"；代表内勤系统运作结果的"服务质量"和"成本"。如果我们的目标是为了理解内勤系统的本质，这些悬摆就已经定义了系统边界，因为它们指明了是什么力量在驱动内勤系统的运作，以及系统最终取得了什么成果。

然而，如果我们的目标发生了变化，这些悬摆中的一个或者多个很有可能就会进入系统内部，和它们的前因或后果连接在一起，成为系统的一部分。如果将证券公司作为一个整体对象进行研究，我们会发现，代表内勤系统运作的系统循环图所辨识出来的"交易数量和种类"与"服务质量"两个悬摆，成为了外勤和内勤系统交接的因素，而"成本"则成为关注公司财务状况的系统循环图的中心焦点。

那么，为什么图 2-7 有这么特殊的悬摆呢？既然系统思考鼓励整体视角，我们为什么不更广泛地追究这些因果关系呢？

如果你想这么做，你当然可以。但是，一旦你开始这样做了，你就可能无法收手。理论上，每件事物都和其他事物有所联系。这是一个非常实际的问题：总有一个足够广的边界能够包容我们所感兴趣的系统，这个边界既避免了"半只大象"的误区，又不用将整个宇宙的行为都纳入考虑范围。

那么，边界在哪里？虽然没有一个通用的法则，因为每个系统都有其独特之处，但你肯定听说过这句话：你可能无法描述大象，但是一旦你看到它，你就肯定能认出它！这一点在界定系统循环图的边界问题上也同样成立：一旦你有了一定的经验，你就能把握住火候。实际上，你可以利用本书中所有的系统循环图来验证这个说法。它们合适吗？它们是不是拥有足够广的视角？是不是既不拘泥于细节，又不包含我们不感兴趣的内容？

法则 2：从有趣的地方开始

就系统循环图中的内容而言，每项事物都和其他事物联系在一起，因此，原则上无论从哪个环节开始绘制系统循环图都没有影响。如果你沿着因果链追根究底，或迟或早你都能得窥系统的全貌。尽管事实确实如此，然而每幅系统循环图都会有一些地方比其他地方更"有趣"。通常人们都会从这些"有趣"的地方开始绘制系统循环图。

下面是一些可以帮助你决定从哪里开始下笔的问题：

- 系统最关键的外部驱动力是什么？
- 系统的关键成果是什么？
- 在与我们希望解决的问题相关的因素中，哪一个是最关键的？

前两个问题可以帮助确定输入、输出悬摆，就像电视制作公司案例中的"削减成本的政策"以及内勤系统案例中的"服务质量"那样。第三个问题则会让我们的思考汇聚到内勤系统案例中的"处理能力"或者"错误发生频率"这样的因素上去。

一旦你找到了一些"有趣"的项目，你就可以从那里开始构建系统的图像。

法则3：询问"它将驱动什么"以及"它的驱动力是什么"

系统循环图中的所有元素都被因果关系链连接到了一起。任何两个被箭头连接在一起的元素（比如"处理能力"和"服务质量"）都存在一定的因果关系，而且位于箭头尾部的元素（在这个例子中是"处理能力"）是箭头指向元素（在这个例子中是"服务质量"）的驱动力；相反地，箭头指向元素被位于箭头尾部的元素所驱动。

因此，你一旦找到了一个元素，就可以通过询问"它将驱动什么"，而顺着因果回路前行——比如说，"处理能力"能够驱动什么？或者说能够促成什么？当然是"服务质量"了。类似地，你也可以通过不断地询问"它的驱动力是什么"，而逆着因果回路回溯——是什么驱动着"服务质量"呢？是不是"处理能力"呢？

法则4：不要陷入混乱

当你绘制系统循环图时，几乎会不可避免地陷入混乱，因为任何一个因素都可能驱动很多其他因素，或者被很多其他因素所驱动。只存在一一对应关系的情况非常罕见。

假设你正在寻找什么因素是驱动你业务增长的根本引擎，而且你第一眼就看到了"利润"——没问题，这是一个完全正确的开始点。依次回溯，当你考虑"它是由什么因素驱动的"这一问题时，你可能需要浏览大量的图表——如果你习惯于使用电子数据表软件，你也可以浏览每种产品的销量和价格，以及各项花费。

我不否认差旅费最终也会影响利润，但它们并不具有决定性作用。因此，这需要你有巨大的毅力来抗拒各种各样的、让你进一步追根究底的诱惑。系统思考是向"上"思考，向"外"思考，而不是像电子表格那种向"下"、往"内"的工作模式。

再举一个例子。假设你首先选择了"满意的客户群"，那么，你要问"是什么驱动了这一因素"。你可以让团队中的所有成员，在互不交流的情况下，写下他们的答案。可能有些人会长篇累牍，从产品质量到竞争对手的宣传活动等各种细节都涉及，有些人则可能是简明地写下几个关键点。没关系，这两种方式都很好，顺其自然吧。

之后，再邀请每个人将他们所列清单中的每项因素按照重要性排序。

现在，你可以将这些结果放到一张挂图上。之后，你很可能会发现每个人的回答各有不同，难以取得一致，而且和你预计的一样，每个人的反应都和他们的角色相一致。销售部门的成员倾向于挑出宣传、定价策略和促销作为最关键的因素；新产品开发部门的成员可能会选择产品质量和创新；生产部门的成员会倾向于产品质量和技术规范；人力资源部门的成员则辨识出企业文化和销售人员的培训力度；公司战略部门的成员则坚信同行业其他公司的活动和公司整体竞争优势是其中的关键所在。

再一次地，我必须承认所有这些因素，以及其他各种因素，都确实会影响"满意的客户群"，但现在的问题不是大量发现各种细节，而是需要找出各种不同的思维模式。不同的人对这个世界的运转方式有着不同的观点，而且每个人都坚信自己观点的正确性。

从绘制清晰的系统循环图这一角度看，思维模式的多样性和陷入细节是两个完全不同的问题。在会计账务处理时，总能使用一个更高层次的概念（比如"一般管理费"）来囊括各种较低层次的细节性概念（如"房租水电费"、"差旅费"等）。但在各种不同的思维模式中，选择应该包括或排除什么时，就存在着遗漏掉一些确实非常重要的因素的可能。因此，思维模式的多样性是非常有价值的，但陷入细节就不同了。

如果你不愿冒险，选择了所有因素，那么最终你很可能会绘制出一副混乱不堪的系统循环图，其中的每个元素都和其他元素有所联系——因为所有的元素都包括在内了！这时你的眼中只有一棵棵大树，根本看不到森林。这种方式不会给任何人带来好处。然而，如果你选择了"宣传"而忽略了"创新能力"，你可能就放弃了最关键的因素。从可操作的角度看，你必须进行选择，但在进行选择的背后，却隐藏着诱使你不经意间将大象分成两半的幽灵。

那么，你怎么决定应该包括什么，又应该排除什么呢？

我再一次地无法给出任何通用法则，而只能就这一过程提出一个指导原则：在小范围内（至多八个人）进行一次或多次讨论，并尽力就最重要的因素达成共识。这正是我绘制本书中所有系统循环图时所遵循的原则。它们不是灵光一闪就突然出现的，而是经过数周观察、交流、讨论和实验得出的结果。在本书中，我无法向你展示被我抛弃的成袋子的草图，这些图要么有错误，要么是人们认为它们不能反映现实情况，或者忽略了重点，太过简略，或过于混乱，再或者可能仅仅是因为我觉得它们不合适。

因此，对于系统思考来说，如果有一件东西具有毫无疑问的帮助作用的话，这件东西就是垃圾筐——它是所有不尽如人意的废图的归宿。

所以，不要让图变得混乱，不要陷入穷究细枝末节的陷阱中去。一旦出现了思维模式不同的问题时，尽快采用小组讨论的方式达成共识。要经常检查你的结果——不仅仅是在小组范围之内，还应该请其他感兴趣的人发表他们的看法。

法则 5：不要使用动词，请使用名词

如果你细心留意，也许会发现本书中所有出现过的系统循环图中，每一个因

素都是一个名词或者一个名词短语，而不是动词或动词短语。例如，我们使用"服务质量"而不是"提供高质量的服务"；使用"处理能力"而不是"确保我们能够处理"；使用"成本削减的政策"而不是"削减成本"。这通常很自然，不过仍然存在一个小小的陷阱，就是对调节回路中的"行动"这一因素的描述方式（见图7-1）。

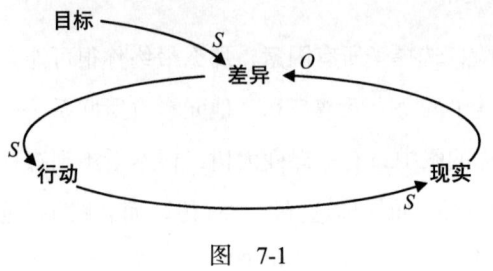

图　7-1

人们通常倾向于使用动词来描述相应的行动，而不是一个与之等价的名词。如果你能够坚持使用名词以强调行动的内容，你会发现你的系统循环图会显得干净很多。

法则 6：不要使用类似于"在……方面增长 / 降低"这样的词

在绘制系统循环图时，你会不可避免地受到在你的描述中使用这两种描述方式的诱惑。比如在内勤系统的案例中，你可能会将从"处理能力"出发的那个连接命名为"错误发生频率上升"（这是一个 O 型连接），或者"错误发生频率下降"（这是一个 S 型连接）。

无论这种诱惑有多强，都一定要拒绝它。这就是箭头存在的价值，尤其是 S 和 O 标志存在的价值。实际上，这里的因果关系只是"处理能力"直接驱动了"错误发生频率"。至于后者是上升还是下降，则完全依赖于"处理能力"的上升或下降，以及二者之间相互作用的强弱。在描述中使用"上升"这个词，就意味着你已经在潜意识里认为这个因果关系只会带来单向上升的后果，问题只不过是上升的程度是普通还是非常严重罢了，而下降的可能性则非常不明显，以至于在漫不经心中被忽略掉了。

如果在某些情况下你仍然认为"上升"或"下降"是对这些情况最本质的描

述，那么你可以尝试着使用如下三个短语：第一个短语是将二者合而为一的"上升或下降"；第二个短语是"××的压力"；第三个短语毫无疑问最简单，"××的变化"。这三个短语的优点是它们并没有预先假设某种单向的变化，因此明确地指出了双向变化的可能性。实际上，在某些情形下，使用"××的变化"可能是最好的选择。这种情形出现在图7-2所示的调节回路上。

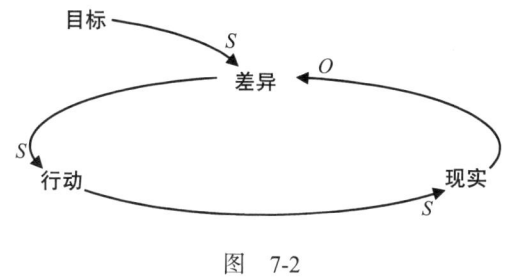

图　7-2

假设图7-2被用于描述员工编制政策的问题，则图中的"目标"可能就是"目标员工人数"，"实际"就是"实际员工人数"，"差异"就是"员工人数差异"。而"行动"这个词对于这种情况也算合适，因为实际行动通常是"招聘或解聘"，同时包含了双向变动的含义。

然而，如果使用这个回路来描述定价政策，我们会自然而然地写下如下短语："目标价格"、"实际价格"、"价格差异"，但是，我们怎样描述为了使实际价格与目标价格相一致所采取的"行动"呢？对于我来说，我认为最恰当的短语就是"价格的变化"，或者说，"价格的上涨或下降"。

为什么会这样？我们可以从图6-6中找到答案——实际上，这完全是语言的问题：一方面，在英语里确实存在着与"员工人数增长"相对应的词（招聘），也有与"员工人数降低"相对应的词（解聘），但却没有和"涨价"或"降价"相对应的英文单词。你可能会想，"通货膨胀"或者"通货紧缩"怎么样？它们难道不可以用来描述这种情况吗？是的，在英语中它们确实有物价暴涨和暴跌的意思，但通常都用来描述宏观经济价格水平。我所认识的商界人士都不使用这两个词来描述产品价格，他们只是简单地说"价格变动"。

因此，"××的变化"这个短语在大多数情况下都可以用来填充调节回路中

"行动"这个空,但如果存在更合适、更专用的名词,就更好了。

法则 7:不要害怕从未出现过的项目

系统循环图不是会计上使用的电子表格。当然,我也不指望你在预算报表中找到类似"处理能力"这样的字眼。尽管我们很少提到这样的东西,但它们却真实存在,而且确实在驱动着事情的进展,它们非常重要。系统思考的巨大好处之一就是它能将一些敏感内容的讨论变得合法化。你同样会发现系统循环图中通常都会包括"关于××的政策"这样的字眼,这种情形在悬摆中尤其明显;而且通常会使用"××的压力"来描述各种不同的交互和影响。这在捕获各种复杂概念时特别有用,比如"××在吸引和保留客户方面的效果"。实际上,我们知道,对于宣传、广告来说,确实存在着这样的效果,但是很少有公司去具体衡量它们。类似地,公司乐于拥有训练有素的员工的原因之一,就是他们认识到了"优秀员工在吸引和保留客户方面的效果"。同样,也很少有公司去具体衡量这个效果,然而这一效果确实存在,至少每个经历过粗暴服务的人都能提供反面的例证。在系统循环图中,是事实在说话,而不是我们的测量能力在说话。因此,只要它确实存在,就把它捕获并记录下来。

法则 8:随着进展及时确定连接类型

人们通常很难想清楚究竟该使用 S 型连接还是 O 型连接,因为即使像"'那儿'上升时,'这儿'是上升(意味着 S 型连接)还是下降(意味着 O 型连接)?"这个貌似简单的问题,实际上也需要非常清晰的思考(如果你已经忘了这一点,请参照 6.5 节)。因此,在绘制系统循环图时,经常会出现这样一种情形,即"究竟是哪一种连接?这个问题先放一放,我最后再做决定"。不要这样,你应该随着你的进展随时确定已经出现了的 S/O 型连接。

至少有两个原因要求你这样做。第一个原因是,这个问题本身就是对你所绘制的系统循环图的一种诊断,因为这个问题之所以很难回答,原因之一就是其中的某个元素可能本身就连接得不对，或者表达不准确，或者两种情况同时存在。随着系统循环图逐渐细化、深入，那些 S/O 的问题就会逐渐消失。

第二个原因是当你确定下来各种 S/O 型连接，绘制出系统循环图时，这一过程会帮助你理解现实背后的因果结构和支撑它的基本原理，并进一步了解它的动态特性。增长回路和调节回路具有本质的不同，因此你应该对二者具有不同的直觉。但是，如果你没有跟随进度及时确定各个连接的 S/O 类型，你就无法验证这个回路究竟是增强回路还是调节回路，累积下来，麻烦只会越来越多。

法则 9：坚持就是胜利，持续前进吧

当你刚开始进行系统思考练习的时候，通常你会充满自信："我肯定没问题，它很简单，不是吗？"你参加了几次讨论，并就感兴趣的话题取得了不少心得，然后你开始绘制系统循环图。接下来你就陷入了泥潭。你的系统循环图变得越来越糟糕，你对于现实和你的图表之间的关系根本摸不着头脑。

这种情况在每个人进行系统思考练习时都会发生，因为它实际上并不简单。管理现实中的业务非常复杂，因此，抓住这一切的本质也就不可避免地同样复杂。

然而这种复杂性是可以被制服的，只要你勤奋。不要放弃，持续前进吧！尝试一下忽略那些细枝末节会发生什么；尝试一下看看你能不能找到一个更高层次的概念，来涵盖所有那些较低层次的材料。记住，对你最有价值的工具就是废纸篓，而在你找到正确的系统循环图之前，你可能会塞满很多废纸篓！你很可能会被本书中的这些例子所误导，虽然我相信所有这些例子都确实有意义。然而，不要被我原先准备的那些图所迷惑。这些图的大多数都耗费了我数个星期的时间，我几乎能记起我画过的所有的图，尽管它们没有在书中出现，而是静静地躺在垃圾堆中。

法则 10：好图表必须反映实况

系统循环图必须反映我们所感兴趣的系统的"拥有"者的观点；也就是说，

系统循环图必须反映出他们的思维模式。无论何时，一旦你认为你在正确的方向上有所前进，并画出一幅图时，就赶快和整个小组进行讨论，以验证哪些部分反映了现实，哪些部分没有。需要特别注意那些说"嗯，我理解你的意思，但是我认为实际上不是那样"的人，因为这可能是由于这幅图还没有完成，或者实际上仅反映了你的思维模式，而不是其他人的。然而，确实很有可能的是，有些人从一个角度剖析这个世界，而有些人却从另一个角度，因此系统循环图不是惟一的，可能存在两个、三个甚至更多个系统循环图，它们与不同群体所持有的思维模式相对应。

如果你发现自己处于这种情形下，需要处理多个系统循环图，以反映不同群体对现实的认识。那么，在每幅图得到相应群体的确认之后，就举行一次研讨会，邀请每个群体向其他群体展示自己的系统循环图。这个研讨会的主题就是："我们是生活在同一个世界，还是生活在不同的世界？"让每个群体都就自己眼中的世界畅所欲言，并静观最终会发生什么。可能会发生大量的讨论和争辩，然后你就会听到有人说类似于"真的吗？我从来没想过那种事"或者"但是，我是这样看的……"这样的话。

理论上，无论研讨占时多久，你都能得到一个惟一的、统一的系统循环图，它包含了以前几个不同版本的所有关键因素。如果讨论进行得更理想，你可能会得到这样的结果：最终，所有与会者都会说，"啊，我现在终于明白了你在说什么！我们正在用同样的方式看待这个世界，这难道不是很伟大吗？"这种情况下，思维模式得到了共享。

如果不能达到这种理想境界，没有得到统一的结论，但通过研讨，至少让所有参与者都对什么地方存在差异，以及差异发生的原因得到更深刻的认识，也将促使每个人进行更深入的思考。

法则11：不要爱上你的图表

一幅漂亮的系统循环图，布局简洁，箭头整齐，总体形象令人喜爱，这样的系统循环图是一种威力无法想象的交流工具，与那些箭头线条四处飘舞、错误或漏洞百出、到处是被胡乱涂抹的痕迹、匆匆草就的图相比,无疑具有更大的冲击力。我很遗憾,由于印刷的问题,迫使我修改书中所有的图形,让它们都只能以黑白色出现,而不能使用彩色箭头来标注出各种不同的关键因素(比如政策、主回路等)。

然而,绘制一幅漂亮的系统循环图所需要的细心总是意味着,在绘图者的心中,绘制过程在某种程度上已经成为了一种艺术。因此,"艺术家"们自然而然地就会产生一种不愿让它变动的想法。当有人说"××地方怎么样"的时候,绘图者就会不自觉地流露出一种拒绝的倾向:他会回答"我知道你在说什么,但是……"

实际上,这时候你的脑袋里出现了一场争斗:聪明的问题解决者在想,"是的,他说的对",而疲惫的艺术家则说,"我昨晚熬了半夜才画完了这幅图,如果现在要去改变它,我太受打击了!"

无论如何,你必须做出改变。你不会相信我将本书中这些系统循环图重画了多少遍,你真的不会相信。

法则 12:没有"已经完成"的图表

从很多方面来说,这一条法则是最重要的:没有一个系统循环图是完成了的。即使对于本书中的这些例子,都称不上是已经全部完成的系统循环图。我相信一些细心的读者已经发现了一些可以改进的地方。

真实世界非常复杂,因此,任何系统循环图,无论它包含了多少真知灼见,都总是在强调某些因素,而忽略了其他一些因素。但是,世界在变化,可能片刻之前的次要因素现在已经变得非常重要了。我期待着这些图表的变化。就像这个世界一样,系统循环图也是有生命的东西。

12 条绘制系统循环图的黄金法则

法则 1:了解问题的边界

法则 2:从有趣的地方开始

Seeing the Forest for the Trees

法则 3：询问"它将驱动什么"以及"它的驱动力是什么"

法则 4：不要陷入混乱

法则 5：不要使用动词，请使用名词

法则 6：不要使用类似于"在……方面增长/降低"这样的词

法则 7：不要害怕从未出现过的项目

法则 8：随着进展及时确定连接类型

法则 9：坚持就是胜利，持续前进吧

法则 10：好图表必须反映实况

法则 11：不要爱上你的图表

法则 12：没有"已经完成"的图表

SEEING THE FOREST FOR THE TREES

第三部分

应 用

在这一部分,我们将接触到系统思考的两种基本组件,增强回路和调节回路,是如何结合在一起,从而为一些实际系统提供具有深刻见解的描述的。

"我们怎样才能促进业务的增长?"这将是第8章的中心问题。原则上,每项业务都包含了一个作为其成长引擎的增强回路,它应该能够帮助业务永远指数级成长下去,但是,我们都知道现实中并不存在这样的情况。为什么呢?因为每个增强回路的周围都围绕着至少几个调节回路,它们迟早会终止这种指数级成长。在这种情况下,是应该为增强回路"猛踩油门"呢,还是通过放松对增强回路的约束而"松开刹车"?哪一种方式更为睿智?

第9章将仔细讨论两个商业问题,并展示在制定睿智决策的过程中,系统思考是如何发挥巨大作用的。在这两个商业问题中,一个是我们在第3章中所讨论过的电视制作公司案例的延续;另一个则发生在一家公司准备将一项关键活动外包出去的时候。

当然,最重要的政策是那些和经营战略相关的政策,这是第10章将要讨论的话题。在这里,我们将看到系统思考是怎样成为一种强力工具,来处理每项业务都可能面临的复杂问题,并在不确定的环境下进行最优决策的。

本部分的最后一章绘制了一幅更为宏伟的系统循环图。今天对人类最大的威胁之一就是"温室效应",而第11章为此提出了一种系统思考的解释,这种解释方法和系统思考对经营战略的描述具有出奇的异曲同工之妙!

第8章

SEEING THE FOREST FOR THE TREES

刺激增长

第5章和第6章详细讨论了系统思考的两种基本构造块，即增强回路和调节回路。实际上，仅仅使用一个回路就可以完全描述的系统非常少见，很多系统都需要结合相互作用、相互联系的回路网络才能得到很好的描述。在这些回路网络中，一些是增强回路，另外一些则是调节回路。

因此，本章的目的就在于继续我们在第5章结尾时的讨论，探索当这些基本回路衔接到一起之后所发生的现象。从业务的角度看，这一章的主题是增长。所有的业务都在竭力寻找增长的机会，但我们都知道，增长并不容易。

8.1 现实生活中，指数增长无法永续

大家不妨考虑一下我们在第5章中曾经讨论过的系统循环图（见图5-3）。下面这幅图描述了业务增长的引擎，如图8-1所示。

我已经在图中加入了一个新因素："对投资者的回报"。这个输出悬摆代表了整个业务的总体目标。

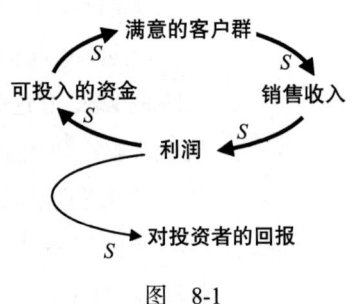

图 8-1

每项业务都包含着一个成长引擎，图 8-1 是这种引擎的一般形式。我们现在已经知道，这个回路的行为就是指数增长或者指数衰退，而且将永续进行，没有极限。令人悲哀的是，实际系统并非如此。当然，我们并不是说这个回路没有表现出指数增长的行为，确切的说法是，图 8-1 所示的回路仍不是对真实系统的恰当描述，可能还有一些实际系统中存在的事件没有在该图中表现出来。

其中一个事件就是市场饱和——作为一项事实，所有市场的容量都是有限的。捕获这一事件的方式之一就是引入两个新元素："市场总规模"和"市场份额"，如图 8-2 所示。

随着"满意的客户群"的增加，"市场份额"也在上升，因此这是一个 S 型连接。但

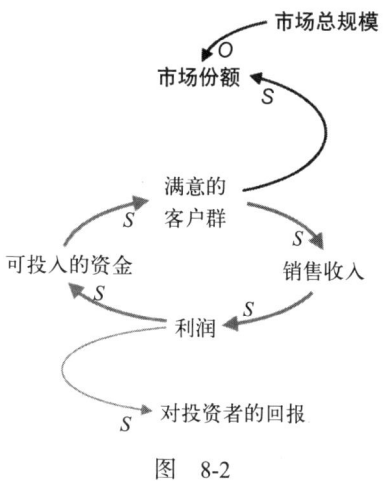

图 8-2

是，对于任一给定的"满意的客户群"，"市场总规模"越大，"市场份额"就越小，因此这是一个 O 型连接。

S 型连接、O 型连接和算术

在系统循环图所捕获的关系中，有一些是概念性的，比如随着内勤系统"工作负荷"的上升，部门的"处理能力"会下降。有些关系相对明显一些，它们可以用算术关系来表达。我们已经遇到过这样的例子，对差异的定义就是如此：

差异 = 预算 − 实际

市场份额的定义则是另一种形式：

市场份额 = 满意的客户群 / 市场总规模

一旦在元素之间建立了这种形式的算术关系，就很容易确定哪些关系是 S 型连接，哪些是 O 型连接。

通常在系统循环图中，上述表达式等号左边的元素会被分别连接到右边的两个元素上，而且箭头的方向总是从右边的元素指向左边的元素。如果右

边的元素前面是正号（比如"差异"表达式中的"预算"），或者是一个分数中的分子（比如"市场份额"表达式中的"满意的客户群"），则这个连接是一个 S 型连接；如果右边的元素前面是负号（比如"差异"表达式中的"实际"），或者是一个分数中的分母（比如"市场份额"表达式中的"市场总规模"），则这个连接就是一个 O 型连接。

然而，大多数业务的正常特征是，随着"市场份额"的上升，吸引新客户的工作就逐渐变得困难起来。这就意味着需要引入一个从"市场份额"指向"满意的客户群"的连接，而且是一个 O 型连接，如图 8-3 所示。

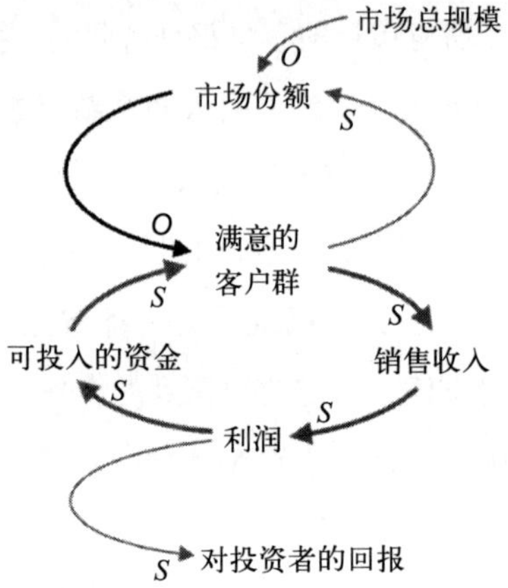

现在我们得到了一个由两个相互连接的反馈回路以及一个输入悬摆、一个输出悬摆所组成的结构。下面的回路是一个增强回路，它竭力争取指数增长；上面的回路是一条调节回路，它试图实现"市场总规模"的目标。

当两个环一起运行时，会发生什么呢？起初，满意的客户群规模很小，远远不及市场总规模，这时调节回路暂时没有发挥作用，而增强回路飞速旋转，使得满意的客户群得以指数增长。但随着市场份额稳步增长，满意的客户群逐渐向市场总规模前进，这时吸引新客户变得越来越困难，因此增长减缓。这时，调节回路发挥了作用，为增强回路的增长踩下了"刹车"，而且"刹车"的力度越来越大，直到最终增长停滞。此时，满意的客户群达到了市场总规模的极限（见图 8-4）。

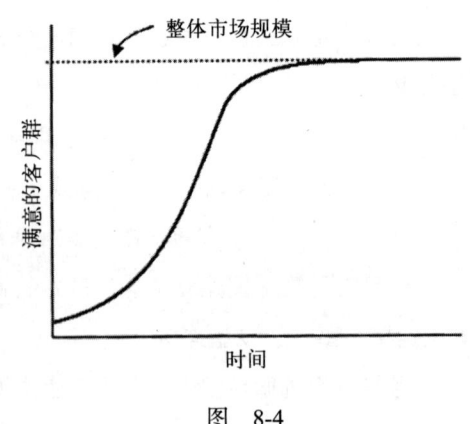

图 8-3

图 8-4

成长上限

在很多更复杂的系统循环图中,图 8-3 所示的因果回路结构(一条增强回路连接到一个调节回路)是一项非常常见的结构。

正如这个例子所示,我们在 5.8 节的"踩下刹车"中也曾经讨论过,调节回路的作用就是阻止增强回路的增长,因此,这种结构被称为"成长上限"。

如果调节回路中存在着一个目标悬摆,就像图 8-3 那样,那么,增强回路增长的极限就会受到这个悬摆的制约。这一点我们刚刚见识过。

如果回路中不存在明确的目标悬摆,则调节回路就扮演为增强回路的旋转"踩下刹车"的角色。此时,系统随时间演变的行为,将完全依赖于这个"刹车"对增强回路的作用方式。比如"刹车"是否平滑,"刹车"随时间的变化是否频繁等。在任一时刻,增强回路和调节回路谁占上风,都会相应地引发各种动态行为:

- 如果"刹车"有力且突然,则增强回路的行为可能会从指数增长突然变成指数衰落。
- 如果"刹车"温柔且保持一致的力量,则系统可能会表现出持续增长,但增长速度会低于没有调节回路"刹车"效应时的指数增长速度。
- 如果"刹车"的力量随着时间的演进逐渐变强,系统起初会指数增长,然后逐渐变慢,最后可能会稳定下来。
- 如果"刹车"的力量随着时间变化,则系统可能会一段时间增长,一段时间稳定,或者一段时间衰落。

"成长上限"这种结构是一种基模(archetypes)。基模是指由一些简化的回路构成的、经常出现的因果回路结构组合。

和永无停歇的指数增长相比,"成长上限"更接近于真实系统的实际行为。但是,除了市场总规模之外,还有很多因素可能会限制增长,比如很少有业务能够获取 100% 的市场份额。很多国家都有反垄断法案,来限制某个企业占据过多的市场份额(见图 8-5 和图 8-6)。而且,总会存在一些竞争者和新进入者与你进行永无停歇的客户争夺战(见图 8-7)。

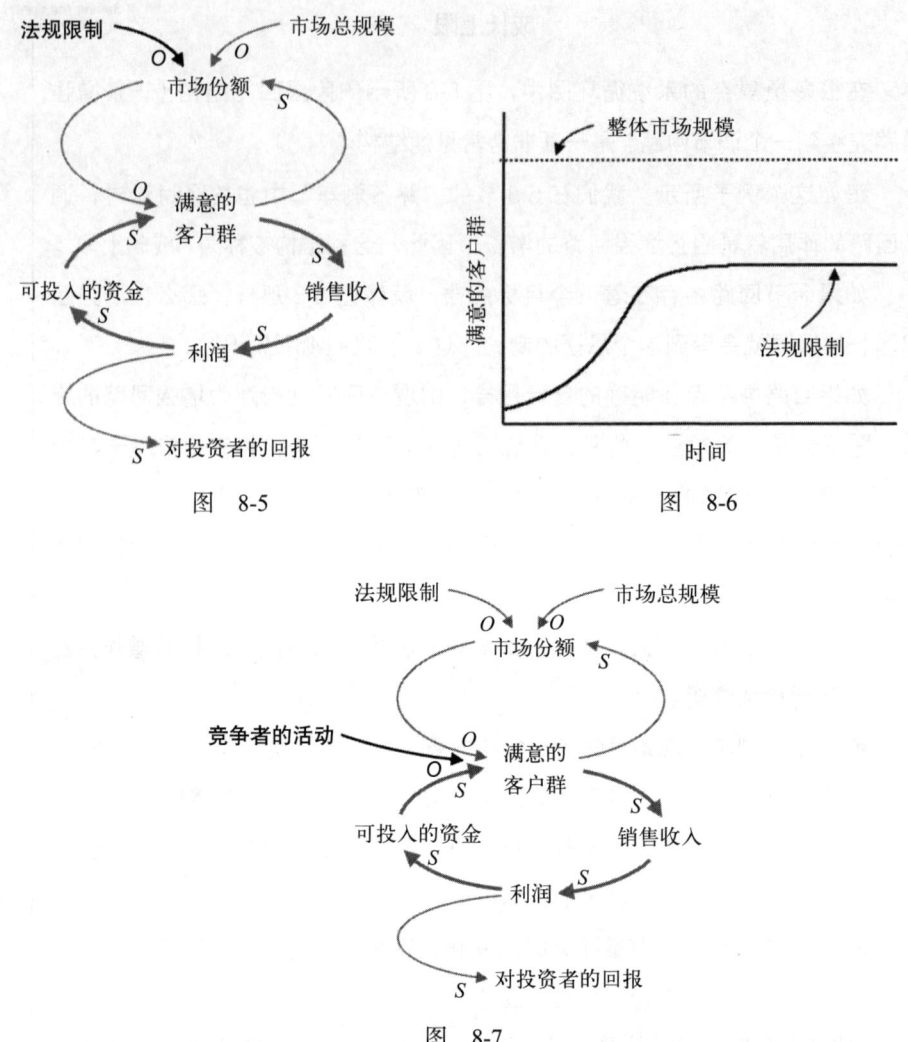

图 8-5　　　　　　　　　　　图 8-6

图 8-7

迄今为止，我们所讨论的三种限制（市场总规模、法规以及竞争）都是外部约束因素。然而，在这些外部约束因素发挥作用之前，每项业务都会很快发现自己已经面临着其他一些因素的制约，如图 8-8 所示。

这两项新特征代表了大量的情形。业务的增长通过"市场份额"的扩大得到了体现，与此同时，"内部规模"也得以增加，其结果就是业务管理逐渐困难起来。各种"低运作效率"现象开始出现：系统变得笨重起来，内部的交流沟通遭到了破坏，一些人准备建造豪华的新总部……种种低效率引发的额外成本降低了

"利润",并限制了成长——你看到那个连接"市场份额"、"内部规模"、"低运作效率"、"利润"、"可投入的资金"、"满意的客户群",并最终回到"市场份额"的因果回路了吗?

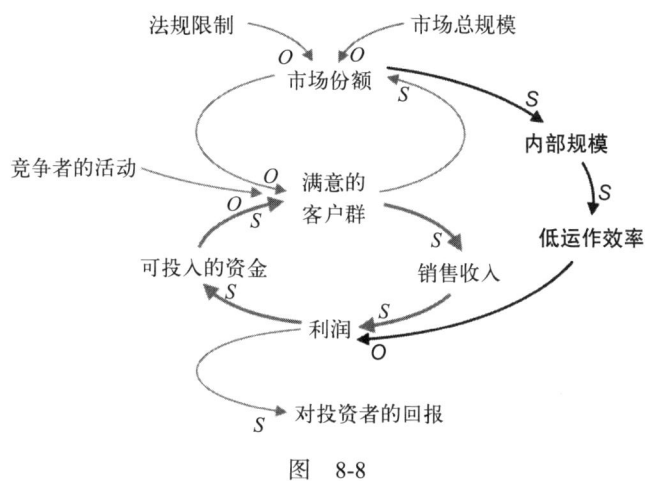

图 8-8

但是,这仍然不是故事的全部。某些"低运作效率"现象(比如供应链中的一个主要问题)可能会妨碍将货物交付给零售商这一过程,从而降低"销售收入",并和由低效率引发的额外成本一起降低了"利润"。由此导致的客户服务的恶化可能也会对原有的"满意的客户群"产生不良影响。因此,你可以从图8-9中看到一幅更为完整的系统循环图。

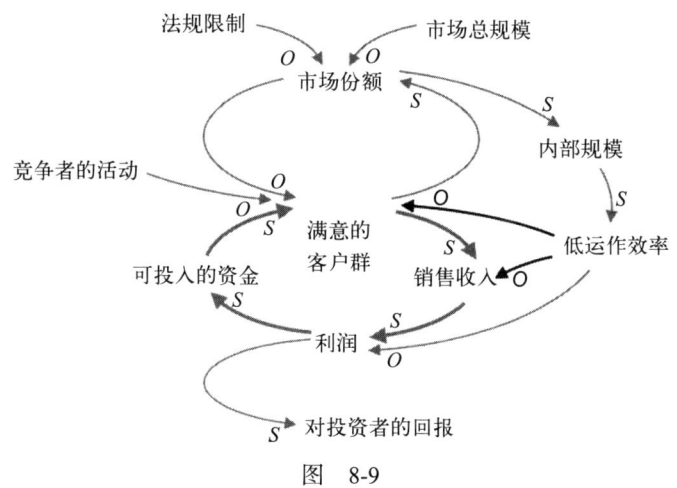

图 8-9

这幅图中有三条内部调节回路，各自都可以独立发挥作用，但它们共同的作用都是为成长"踩下刹车"。如果这些内部调节回路中的任何一个"风头"超过了增强回路，这些"内伤"就可以直接限制业务的增长，而根本不需外部力量"出马"。如果这些限制中的任何一个突然发作，也可能导致增强回路从受限制的指数增长变成自由落体式的指数衰落。这幅系统循环图变得越来越接近实际了。

8.2 突破限制

图 8-9 一点都不简单。然而，现在你已经知道了该如何读系统循环图——复杂性就是这样被制服的。

这幅图由五个相互连接的反馈闭环以及四个外部悬摆构成。在这五条反馈回路中，一条是增强回路，其他四条都是调节回路。

这个惟一的增强回路就是连接"满意的客户群"、"销售收入"、"利润"、"可投入的资金"的闭环，它是驱动业务增长的引擎。一旦环路作为增强回路开始旋转（通常是通过注入资本等手段来提供"可投入的资金"），原则上这个回路会持续不断地开始指数增长。

然而，由于这些内部、外部的调节回路产生的"刹车"效应的存在，实际上这些回路无法实现永续的指数增长。图 8-9 以一种普遍的方式展现了这些回路。然而在日常工作中，它们往往呈现为超出负荷的任务列表上各种需要解决的问题：可能需要再招聘一些员工，来提高呼叫中心的服务质量；也可能需要尽快定下协议，以便准备征地、扩张工厂规模——这些都是放松限制、促成增长的措施的例子。当然，在实际中，不可能只有三条调节回路在限制业务的增长，至少有上百条。但总的来说，只有一条增强回路在苦苦挣扎着去寻求发展。

并不是所有这些调节回路都在同时主动扮演着约束的角色。实际上，它们是陆续出现的：一旦你从一条调节回路中挣脱出来，你很快就会遇上另外一条调节回路。管理的本质就是不停地为驱动你的业务成长的增强回路"添柴"，同时为层出不穷的限制业务增长的调节回路"灭火"，从而形成如图 8-10 所示的成长轨迹（当然是在你措施得当的情况下）。

在这个例子中，增长经常被一段段的稳定所打断，每一段的稳定都在处理某种约束，但是最终都能够克服这些约束。幸运的是，图中的业务仍然能够在飞速增长的间歇期间保持稳定。在更多情况下，我们所见到的增长曲线一般如图8-11所示。

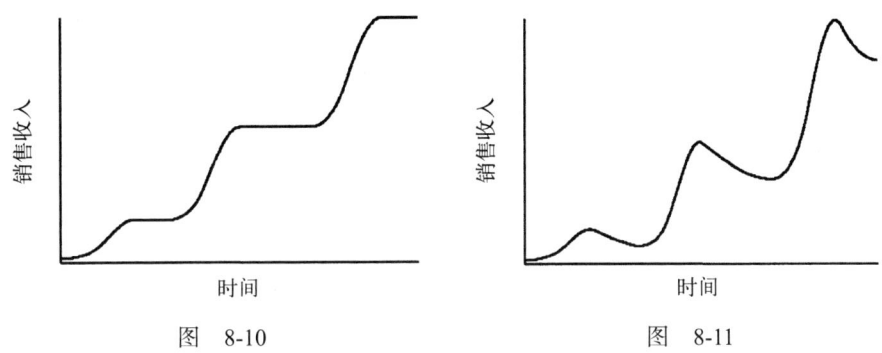

图 8-10　　　　　　　　　　　图 8-11

这种增长曲线可能更为常见。在这个例子中，当增强回路占据优势时，业务进入指数增长周期，然后被一段衰落周期所打断。在这种情况下，调节回路不仅阻止了增长，还将增强回路从良性循环变成了恶性循环。一旦发生了这种情况，经理们就不得不与各种约束进行搏斗，所幸的是，最终仍然能够在业务失败之前消除掉这些主要约束。总的趋势是增长，但如同那句老话所说：前途是光明的，道路是曲折的。

你管理约束的能力怎样

/ Seeing the Forest
/ for the Trees

现在限制你的业务增长的三个最大因素是什么？

你将采取什么措施来减轻它们的影响？

一旦消除了它们的影响，紧接着出现的三个主要约束又是什么？

你现在正在采取什么行动来阻止它们的出现？

睿智的经理人会在约束产生影响之前发现它们，并制定政策、采取措施来克服它们。他们的任务列表从来都不会满，因为他们知道将自己的精力用于解决正确问题的重要性。当增长被限制的局面出现时，他们知道应该在什么时候为基本的增强回路加油，也知道应该在什么时候将注意力转移到消除约束上去。

伊利亚胡·高德拉特

> *Seeing the Forest for the Trees*

伊利亚胡·高德拉特（Eliyahu Goldratt）是畅销书《目标》（*The Goal*）的作者。和大多数畅销书不同，这本书不是对各种关键点的列表，而更像是一本讲述一个故事的小说。故事以一家制造业公司作为背景，并与日常业务管理中常见的问题紧密相关。然而，整个故事的主旨都是在讲述需要注意业务中的瓶颈和约束。如果你能够辨识并管理这些因素，想办法减轻它们的影响，其他的问题都可以轻松解决。

近年来，高德拉特进一步发展了他的约束理论，并发表了三部新著，分别是《绝不是靠运气》（*It's Not Luck*）、《关键链》（*Critical Chain*）和《必要但不充分》（*Necessary but not Sufficient*）。

8.3 城市人口增长

8.3.1 背景

并不是只有业务才会增长，各种组织都会增长：人口、城市、国家、文明……然而，这些都不可能无限制地永续增长——增长迟早会停止。组织、人口、城市、国家、文明迟早会稳定下来，或者开始衰落。因此，让我们把注意力暂时从业务上移开片刻，来看一看一幅更宏伟的场景：城市的增长以及工业革命的起因。我们将会看到，这个故事中也包含着同样对业务具有重要意义的信息。

测试：是谁踩下了工业革命的油门

> *Seeing the Forest for the Trees*

18世纪中期发端于大不列颠的"工业革命"，将整个世界经济从农业时代推送到工业时代。你认为是谁踩下了工业革命的油门？

那些接受过正统教育的人通常的回答是"煤炭"。在燃煤蒸汽机中，人们发现了一种可以控制的力量，它将人们从依靠自己肌肉或牲畜的力量中解放出来。

那些思维深刻一些的人可能的回答是"启蒙运动":这是一场政治和社会结构的变动,它将人们从贪婪的国王和暴君的压迫下解放出来。然而,系统思考者却可能回答是"茶"。

茶?难道引发如此壮观的工业革命的"油门"就是"茶"?胡扯!

我也同意这个结论有些出人意料,而且我也不否认煤炭和启蒙运动,以及大量其他事物的重要性。然而,茶对工业革命的贡献确实比其他任何事物都要大。现在,让我来讲讲这个故事吧。

8.3.2 人口增长动态

我从审查人口增长,尤其是城市人口增长的方式开始。当然,这完全依赖于"出生人数",如图 8-12 所示。

通常情况下,"城市人口"越多,"出生人数"就越多;而"出生人数"越多,"城市人口"也就越多。二者之间有时会存在时滞,这是小孩长大成人的时间。但是,为了系统循环图的整洁起见,我没有明确标注出这一延迟。这是一个我们都很熟悉的增强回路,它会呈现出指数增长的状态,其增长速率主要取决于"出生率"。这是一个统计数据,指的是在任一给定时刻每千人中出生的婴儿数。实际上,还有另外一个影响人口规模的因素,即"平均寿命"。随着人口平均寿命变长,人口规模也会上升,这一点和出生人数无关。为简单起见,我忽略这种效应。

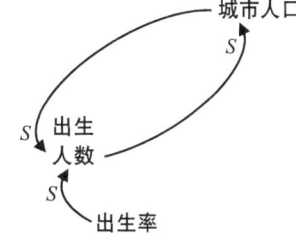

图 8-12

另一个单向连接的例子

很值得在这里停顿一下,并思考这幅系统循环图中的 S 型连接。随着"出生率"的增加,"出生人数"也会增加,因此这是一个 S 型连接;随着"出生人数"的增加,"城市人口"也会增加,因此这也是一个 S 型连接;而随着"城市人口"的增加,成人就越来越多,从而"出生人数"也会增加,因此这是第三个 S 型连接。所有这些 S 型连接都符合常理。

然而,如果我们反向测试一下这些连接,会发生什么事情呢?随着"出生率"的下降，"出生人数"也在下降，这意味着二者向同一方向移动，证实这是一个 S 型连接。类似地，随着"城市人口"的减少，成人数量也在减少，我们可以认为"出生人数"也会下降——二者再次向同一方向移动，证明这也是一个 S 型连接。

然而，随着"出生人数"的减少，"城市人口"并不会减少；实际情况是"城市人口"继续增加，只不过是速度放慢了而已。因此，我们就面临这样的环境：出生人数在下降，但城市人口仍然在增加，尽管很缓慢。这就意味着这个连接不是 S 型连接，而是一个 O 型连接。

实际上，这个连接确实是一个 S 型连接，因为我们在倒咖啡的例子中就已经碰到过一个类似的情形，那里就有一个单方向起作用的 S 型连接，当时的解释是那是一个本质不可逆的过程——向杯中倒咖啡的动作只会让杯中的咖啡变得更满。这儿的解释也是一样，生育同样是一个本质不可逆的过程，它只会让人口变得更多，而不会变得更少。因此，其对应的系统循环图当然也会呈现出单向作用的特性。这样的单向连接不时出现，关于它们通常会在什么场合出现的讨论，请参见 12.6 节的"回顾单向连接"中的讨论。

然而，人口并不是在无止境地增长，因此图 8-12 中肯定还遗漏了一些因素。最重要的因素之一就是"死亡人数"，如图 8-13 所示。

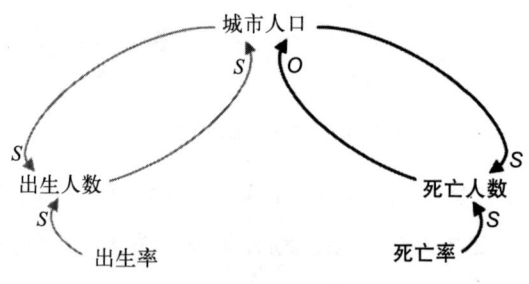

图 8-13

"城市人口"越多，"死亡人数"越多。但是由于"死亡人数"起到了消耗城市人口的作用，因此这是一个 O 型连接。

测试：这个系统循环图行为如何

Seeing the Forest for the Trees

图 8-13 中有一个增强回路，"出生人数"驱动着"城市人口"的增加。这条增强回路和一条调节回路联系在一起，"死亡人数"降低了"城市人口"。

这幅图和描述业务增长的图 8-3 在哪些方面有相似之处？在哪些方面存在不同？系统整体的动态行为如何？

如果你将图 8-13 与描述业务增长的图 8-3 相比较，你会发现二者之间存在着一个非常重要的相似点：它们的基本结构都是一条增强回路和一条调节回路在相互作用。就像你已经见到的那样，调节回路的作用就是为增强回路的旋转踩下刹车。

然而，二者之间还存在着一个重要的差异。业务增长的系统循环图中包括一个输出悬摆（"对投资者的回报"，这是系统的总目标）和一个输入悬摆（"市场总规模"，它的作用是将业务增长限制到一个极限）。但人口系统没有某种意义上的系统目标，因此人口增长的系统循环图中没有任何输出悬摆。不过，人口系统确实包括两个输入悬摆（"出生率"和"死亡率"），但它们的作用和业务增长例子中的"市场总规模"的作用却大相径庭。

在业务增长的例子中，"市场总规模"代表着系统总体无法超越的容量，因此它扮演了目标悬摆的角色，它允许系统逼近这一极限，但却永远无法超越它。而在人口系统中，"出生率"和"死亡率"并不代表任何无法超越的系统容量限制，它们只是界定了增强回路旋转的强度（"出生率"越高，"城市人口"增长得越快）和调节回路刹车的力度（"死亡率"越高，"城市人口"降低得越快）。因此，这些悬摆并不是目标悬摆，而是速率悬摆。我们在图 5-6 中已经见到过这样的速率悬摆了。

因此，迄今为止图中所示人口系统的动态行为就是无节制地增长，没有任何极限，因为图中并没有任何关于极限的暗示。正如 8.1 节的"成长上限"中的讨论所指出的那样，这种人口系统（假设平均寿命恒定）可能会呈现出各种各样的动态行为，而这一切完全依赖于各个时刻"出生率"和"死亡率"的力量对比。比如：

- 如果一段时间里出生率和死亡率持平，则人口会保持稳定。
- 如果一段时期内出生率始终超出死亡率，且二者之差保持恒定，则人口会呈指数增长，整体增长速率则由出生率和死亡率之差决定。
- 如果一段时期内死亡率始终超过出生率，且二者之差保持恒定，则人口会呈指数下降，整体下降速率则由死亡率和出生率之差决定。
- 如果一段时期内出生率和死亡率的变化独立不相关，则根据具体情况的不同，人口可能会保持恒定，也可能会增长或下降，这时人口随时间演变的曲线看起来就会像是一条波浪线。

这是我们已经多次见到的一种现象的另一个例子：一个非常简单的结构可能会呈现出非常复杂的动态行为。

当然，图8-13支持了青蛙和睡莲的故事。多年来，睡莲的种群规模一直保持恒定，它们一直在池塘的另一端占据着不变的面积。然后，一些化学物质污染了池塘，导致了睡莲"出生率"的提高，但却没有降低"死亡率"，这就导致睡莲呈现出每24小时增长一倍的指数增长局面。

8.3.3 驱动经济繁荣

由于城市人口并没有被束缚在土地上，他们可以自由选择自己愿意做的工作。他们制造、交换货物，积极参与经济活动，创造了"经济繁荣"。创造财富的过程非常具有诱惑力。1400年前后的伦敦市市长迪克·惠廷顿（Dick Whittington）曾在三个不同场合说道，"伦敦的大街上堆满了金子。"对于像迪克·惠廷顿这样希望在伦敦发财，并获取自己的"剩余财富"的农村小伙子来说，城市当然是一块巨大的磁铁。"经济繁荣"驱动了"城市移民"，从而进一步增加了"城市人口"，如图8-14所示。

这里引入了第二条增强回路，它同样会增加城市人口。

8.3.4 城市人口无法无止境地增长

随着城市的增长，发生了两件很重要的事情。第一件事情就是不断增长的"城市人口"逐渐加重了当地农业资源的压力。当"对食物的需求"开始超出当地的供给能力时,"饥荒"发生的可能性就增加了;一旦"饥荒"发生,不仅大幅提高了"死亡率",同时也会降低"出生率"。由于这二者的降低,"成年人口"大幅度降低,经过一段时间之后开始恢复稳定,最终和当地"农业能力"相匹配,如图 8-15 所示。

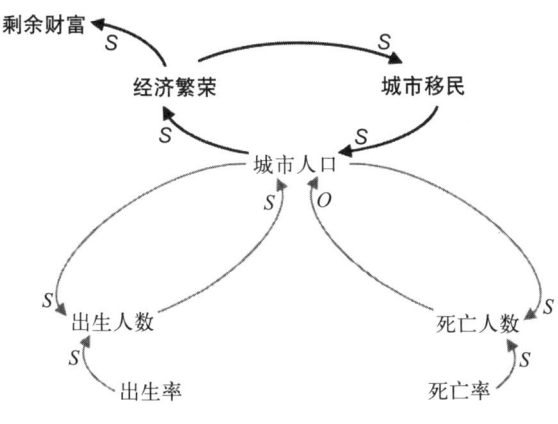

图 8-14

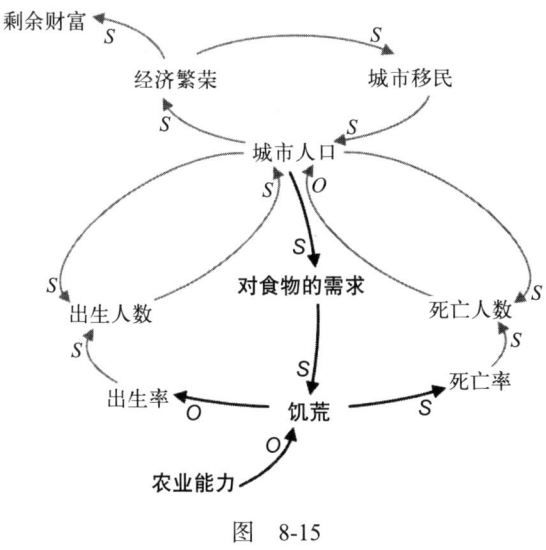

图 8-15

从结构上看,这幅改进后的系统循环图包含两条相互连接的增强回路(一个由"出生人数"所驱动,另外一个由"经济繁荣"所驱动),并与三条调节回路相关联(最初那条由"死亡人数"驱动的调节回路和两条新的调节回路):一条从

"城市人口"开始,经过"对食物的需求"、"饥荒",最终回到"死亡率";另一条沿相同路径回到"出生率"。数一数 O 型连接的个数就可以知道,确实存在着三条调节回路。

这三条调节回路共同限制了两条增强回路的增长。现在这个极限被一个新悬摆"农业能力"所决定。这是一个系统无法超越的容量限制,因此它扮演了目标悬摆的角色——它定义了对增长的最终限制。这个系统无法无限制地增长,它必须受到"农业能力"的限制。

然而,由于增长的"城市人口"还会带来另外一种效应,为此我们还需要增加一项新因素:"过度拥挤"和与此相关的各类"疾病",比如类似于麻疹、流感这样的传染病,以及伤寒、瘟疫这类由于污染而引发的疾病。所有这些疾病都会降低人口规模,如图 8-16 所示。

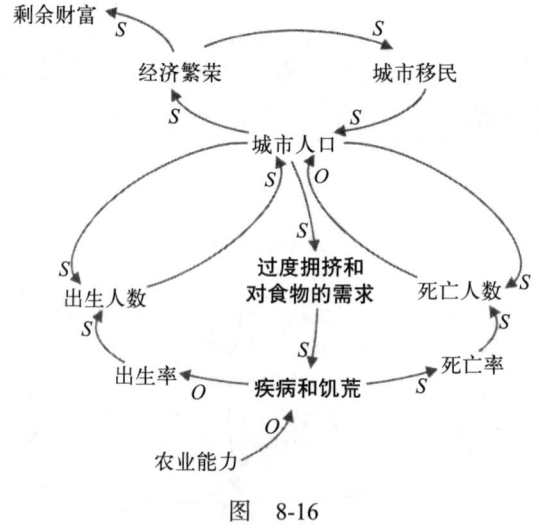

图 8-16

数个世纪以来,西欧城市社会的增长一直被上面这个模型所支配。城市发展到一定规模之后,或者饥荒,或者疾病,再或者就会爆发战争,然后大幅度削减成年人口。只有当有利于增长的环境再次出现时,增长才会重现。在 18 世纪早期,人口增长一直受到当地农业生产力的制约,尽管有些幸运的地方饥荒的限制表现得比较弱,但疾病一直是人口增长背后挥之不去的阴影。

测试：如何促进人口的增长

Seeing the Forest for the Trees

假设现在是 1750 年，而你恰巧是欧洲一个小国的君主。现在的时机非常好：你的国土肥沃，城市繁荣，国民富足。作为一位拥有三个健康继承人的 34 岁的世袭国王，你根本不用顾虑继位的问题，你的目光放在了长期发展上。

你希望采取一些政策来促进国家的经济繁荣，而且作为一位仁慈的独裁者，你拥有为所欲为的权力，但是，你当然希望采取睿智的行动。

你有如下四项选择：

A. 寻找借口和邻国发动一场战争

B. 邀请新潮经济学家亚当·斯密，离开寒冷的格拉斯哥到温暖的首都定居，并在你的王国里尝试他的新理论

C. 作为社会的楷模，启动一种喝早茶和下午茶的潮流

D. 引入一种全新的概念——儿童福利津贴，这在某种意义上是一种"反向税"，即让国家为生育孩子的家庭进行补贴

你会选择哪个方案？

睿智的君主进行了痛苦的沉思，在接受了多位著名顾问的咨询之后，宣布选择 D 方案，即一种全新的"反向税"。决策制定后不久，档案记录者发现了一份记录着君主思考过程的备忘录：

选择 A，向邻国发动一场战争，可能可以获得提高我们农业能力的成果，但由于我们目前农业能力没有任何问题，而且这种举动会对我们的人口，特别是城市青壮年，产生不可避免的削弱。因此，A 看起来并不是明智之举，因为我们的目标是获得经济繁荣，而不是为了荣耀，或者仅仅是为了战争而战争。而且，对于战争而言，失败的可能性总是存在。历史告诉我们，战争，尤其是针对邻国的战争，通常只会使战胜者和战败者的境况都变得更差，而很难让获胜者取得财富。

选择 B，邀请亚当·斯密来做我们新政府的首席经济顾问，是一个有趣的建议，但是他实际会做些什么，我们还不清楚。近期的历史表明，任命一位苏格兰

裔财政奇才效果不佳。毕竟不久之前约翰·劳（John Law）刚刚毁坏了人口最多，也是表面上最具有经济实力的法国。

我认为方案 C 无关紧要。饮茶有什么用？

方案 D 是一个真正的创新，也是我们最终的选择。在我们这个王国漫长而光荣的历史上，我们忠诚的国民一直是国家税收的主要来源，因此，君主向他们拨一些钱一点都不新鲜。但是，这个想法背后的思想却非常漂亮！这个思想的基础是它认识到了我们经济增长的主要动力是人口增长，而人口增长主要受出生率的影响。难道还有什么措施能够比儿童福利津贴更能促进出生率的提高吗？太迂回了，嗯？当然，我们知道这个政策需要经过一些年头才能体现出效益，而短期内它确实会增加财务负担。没关系，我们不是在寻找速效疗法吗？长期利益才是最重要的。为城市居民额外增加一些补贴怎么样？这样就可以保证城市人口会是增长最快的那部分了。

这位君主采纳了方案 D，并持续实施了 20 年。然而，她注意到，出现了一些原来未曾预料到的现象：虽然出生率不出所料在上升，但财富却减少了；城市人口并没有增长；经济虽然增长了一点，但并没有像她期望的那么多！出人意料的是，死亡率在迅速上升。事实上，城市经历了几次可怕的疾病的侵袭；整个经济中惟一的亮点就是葬礼业务。也有一些新生儿增加，但更多的人在死去——城市人口正在慢慢减少。

惟一的例外就是一个和印度群岛有海上贸易的海港。这个城市不断增长，最后成为这个大陆上最大的城市。这是一件非常幸运的事，因为这个城市的贸易税在供养着整个"反向税"计划。多么幸运的事啊！

因此，君主来到了这个繁荣的海港，她试图去理解为什么只有这儿那么繁荣。在正式的招待会上，市长为她呈上了一杯浅棕色的液体。

"我们可以用它干什么？"她问道。

"饮用，陛下！"

"饮用？"

"是的，陛下！饮用。非常美味，但是，我必须承认，这依赖于您后天形成的味觉习惯。它在这座美好的城市里极度流行。"

"真的？哦，好吧，既然你那样说。它叫什么？"

"茶，陛下！"

茶确实是一种令人愉快的饮料。它不单具有良好的口感，还有一定药效：它包含单宁酸，可以杀菌。它没有现代的抗生素这样强力，但是它足够将疾病的约束减弱一点点，从而恰恰保证了出生率稍稍高于死亡率，而且持续时间足够长，保证了人口的自然增长能够持续进行下去。实际上，饮茶具有两重效应：一方面，茶自身具有轻微的抗菌作用，另一方面，泡茶需要将水烧开，从而杀死了生水中的细菌。需要注意的是，这一切都发生在人们还没有接触到"公共卫生"这个词之前。

尽管非常令人惊异，当时没有一个人认识到其中的奥秘，但是这个故事确实是真实的。18世纪晚期，欧洲某个地区养成了饮茶的习惯，这就是大不列颠。在欧洲，只有大不列颠的人口在不断克服限制其他地区人口发展的约束（由于过度拥挤而引发的各种疾病），保持不断增长。请注意，死亡率实际上仅仅降低了一点点，但是只要它持续低于出生率，人口就会指数增长。这正是发生在大不列颠的城市中的历史。

18世纪的大不列颠恰好还得到了其他一些有利因素：充足的煤炭、贸易和文化交流，以及至少有一段时间的政治和社会的启蒙。这就是为什么工业革命会在大不列颠出现，这是由茶在不经意之间引发的一场革命。

8.3.5 最终的系统循环图

图8-17就是这个故事最终的系统循环图。

这是一个"成长上限"的结构，系统的产出是"剩余财富"。系统最终会受到"农业能力"的约束，它决定了人口总数超出食物所能供养的上限这一临界点，从而导致饥荒。由于"农业能力"是有限的，它代表着一个最终的、不变的约束。尽管这一约束可以通过提高农业生产力，或发现新的食物来源而得到缓和，但是永远也无法消除。

第二种约束是"疾病"，主要是由于过度拥挤而造成的。这可以通过公共卫生计划和医药技术而得以缓和——无论是通过有计划地使用诸如抗生素之类的药物,还是通过在完全不经意的情况下养成了饮茶的习惯。和"农业能力"不一样的是,"疾病"的力量并不是无限的,因此它实际上扮演了一种动态的约束,而不是最终的约束。如果"农业能力"不是一个有限的约束,那么,"城市人口"就会跟随"出生率"和"死亡率"的变动而增加或减少,而后者则完全由"疾病和饥荒"所决定。因此,如果没有"饥荒","疾病"也得到了缓和,"城市人口"就会不断增长,"剩余财富"也一样。

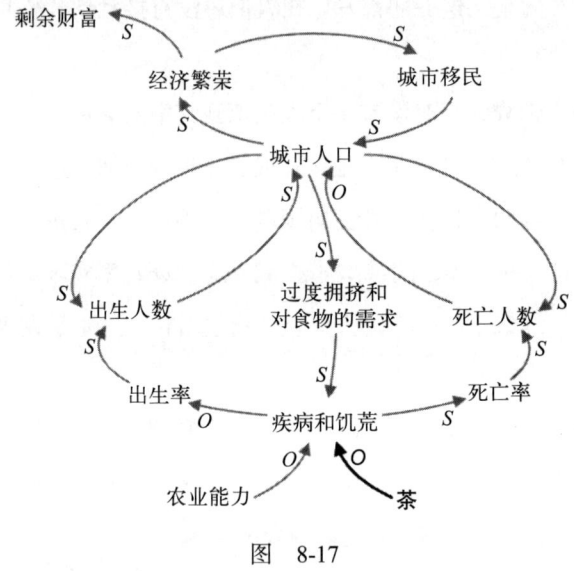

图 8-17

8.3.6 这个故事的意义

尽管有些戏剧性,但这个故事确实是真实的。它所讨论的,完全是关于如何在现实世界中刺激增长,在不可避免受到外界约束的情况下实现增长。

这个例子强调了两种政策的不同,尽管它们都可以用来刺激受约束下的增长。

第一种政策是对作为增长引擎的增强回路进行鼓励。对应到这个故事中,就是鼓励生育(这样就刺激了经过"出生人数"的那条增强回路),以及聘用亚当·斯密先生(从而刺激了经过"经济繁荣"的那条增强回路)。

亚当·斯密

亚当·斯密于 1723 年生于爱丁堡附近，并因其宏著《国富论》而声名卓著。这本书于 1776 年首次印刷就在经济学界引发了一场革命，其在经济学界的深远影响，可以与同年发生在费城的政治事件的影响相媲美。尽管他自己并不清楚，但他实际上也是一位系统思考者。他的大部分著作，不仅仅是经济学著作，还有关于社会哲学方面的著作，都是关于如何协调一个"有序的社会"的，而这一点，用系统思考的术语来说，就是如何设计一个自组织的社会系统。

斯密的著作主要依据两个中心概念："理性人"，它起到了限制个体行为的作用（用系统思考的术语来说，就是自愿约束个体行为）；"看不见的手"，通过它，各种个体追逐利益最大化的行为为整个社会带来了益处。用系统思考的术语来说，斯密当然是在描述一个结构良好的经济系统所自然而然流露出来的性质。

另一种政策就是缓和约束，在这个故事中就是发起战争（其目标就是获取更大的"农业能力"），或者通过饮茶（一种无意的行为，但是确实起到了预防"疾病"的作用）。

8.4 不用猛踩油门，松开刹车就够了

尽管促使增强回路旋转得更快的政策既明显又易于实施，但这种政策通常都不够睿智。因为在这种情况下，你越是用力推动一个最根本的约束，它的反弹力就会越大。

一个明显睿智得多的政策就是缓和约束，因为一旦缓和了约束，增强回路就会自动按照自己的节奏旋转起来，而不用外界的干涉。这和大不列颠通过饮茶而不知不觉地实现了人口的增长是同一道理。政府并没有要求人们去饮茶，或者生更多的孩子。人们仍然像往常那样饮茶和生孩子，但是死亡率下降了，因此人口自然就增长了。考虑到这条回路当前还是一个良性循环，而不是恶性循环，只要

消除这些约束，顺其自然就可以实现增长了。

说起来容易，做起来难。在实际中，采取缓和约束的政策通常很困难。人们很可能由于没有意识到约束的存在，而无法找到正确的措施；也有可能会将正确的措施看作是过于迂回、无足轻重的方案而被忽略。你曾经听说过一家公司持续地为一种已经失去竞争力的产品大肆宣传吗？这是在缓和约束，还是在猛踩油门？

当增长开始受到约束的时候，睿智的经理们会针对如何缓和约束展开工作，而不是更加用力地推动增强回路。这是因为他们对业务内外的因果回路都有着深刻的理解。

如何缩短你的"待办事项"列表

Seeing the Forest for the Trees

你和你的同事们很可能正发疯般地采取行动，发起动议，指导项目，填满你们的"待办事项"列表。请花一点时间，为这些行为中最重要的部分做个列表，并将它们填在下表最左边那列：

行　动	推动增强回路	缓和约束	其　他

然后，为每项行动选择一个类别。

如果你为某项行动选择了"其他"，那么，你为什么要采取这项行动？

如果你为某项行动选择了"推动增强回路"，那么：

- 对应的回路是否受到了约束？
- 如果受到了约束，约束是什么？
- 你怎么知道该回路受到这种约束？
- 需要采取什么行动来缓和这种约束？
- 你能采取一些比你正使用的措施更好的措施吗？

这对缩短你的"待办事项"列表有帮助吗？

第 9 章
决策、团队工作和领导力

第 8 章着重讨论了如何管理业务增长，并强调了究竟应该为增强回路猛踩油门，还是应该去缓和调节回路的约束这一两难境地。为增强回路猛踩油门通常是最明显的选择，而且一般具有速疗作用。缓和约束的措施通常难以想到，而且执行起来也比较困难，但是它也经常是更为睿智的做法。

这一章我们将钻研一些更具体的层次，并介绍两个例子。这两个例子展示了系统思考如何启发人们制定政策，并帮助人们从各种速效疗法中辨别出更为鲁棒的解决方案，从而引导人们采取更为睿智的措施。第一个案例是我们在第 3 章中探讨过的电视制作公司案例的延伸；第二个案例则是关于外包，以及由此导致的发包方和承包商之间的相互依赖问题。在这两个故事的背后，是两个共同的话题：团队工作和领导力。

9.1　人才问题

第一个故事是关于在电视行业中，系统思考是如何帮助一群高级经理解决所谓的"人才问题"的。虽然这个故事发生在特定的行业背景下，但它完全适用于更广的范围。同时，该故事的重点不在于发现系统随着时间演变的更多细节，而在于如何制定睿智而鲁棒的政策，即寻找那种能够保证稳定增长或缓和破坏性约束的政策。因此，这里没有什么图画，但却有一大堆系统循环图！

大多数业务都面临着控制成本的压力。在图3-1中我们就曾见到过图9-1所示的内容：

图9-1由两个相互纠缠的增强回路组成，它们都可能呈现出指数增长或指数衰落的行为。图中所使用的语言具有衰落的暗示，但是我相信你已经看出，这些回路同样可以作为良性循环而存在。

管理团队所面临的一个限制业务增长的最大约束就是人才问题，即一些关键人物的流失给业务带来的冲击。这些关键人物包括银幕上的明星，重要的幕后职员，经验丰富且能力颇强的剧本作者、制片人和设计师。在英国，这个问题相对较新。几年之前，电视产业中只有几家公司，BBC占据了垄断地

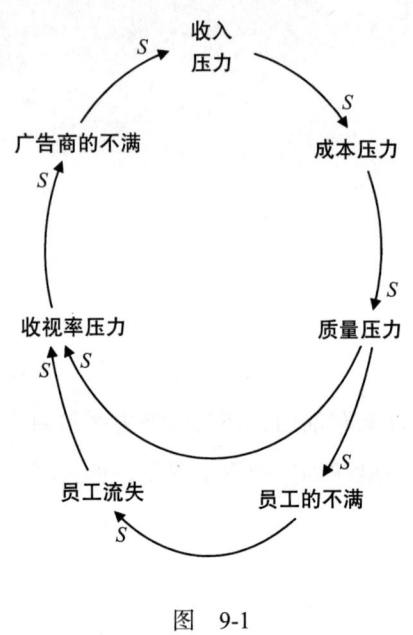

图 9-1

位，从一家公司跳槽到另外一家的情况非常少见，因为一旦某人成为某个电视制作公司的员工，他就倾向于一直待在那家公司。

但电视行业管制的逐步解除，以及不断出现的新技术改变了这种局面。随着广播电台和电视台不断开出很多新频道，有线电视、卫星频道，还有网络等各种播出方式的不断出现，这个行业中出现了很多新公司，因此，各种人才就可以不断流动了。

最明显的速效疗法就是加薪挽留，即一旦一位明星威胁说要离开公司，就为他加薪，从而挽留住他。然而，这可能并不是最睿智的做法。为了更进一步地探讨这个问题，该公司成立了一个跨部门的小组，采用系统思考方法来研究这个问题。在此过程中，我们发现有如下三种主要观点：

- 高层经理的观点：他们一方面在寻找促进业务增长的途径，另一方面在控制成本。
- 明星的观点：他们对公司的忠诚度正变得越来越脆弱。
- 非明星员工的观点：他们目前虽躲在明星的阴影后面，但其心中却燃烧着成为明星的雄心壮志。

睿智就是用整体的观点去看待问题，并理解各种可能行为的后果。因此，我们将以这三种人的视角各自绘制一幅系统循环图，这对理解和解决问题更有帮助。

9.1.1 高级经理的观点

我们的出发点是认识到很多电视行业的高级经理都被很强的"个人雄心"所驱动。他们渴望成功，而在这个行业中，成功的标志就是观看他们节目的观众人数，如图 9-2 所示。

不断增长的"对高收视率的需求"提高了"对明星的依赖"，因为正是明星们（包括明星剧作家、明星制片人、明星设计师、明星演员）在吸引观众。这进一步加重了"对明星流失的恐惧"，从而加重了"满足明星要求的压力"。而明星们意识到了自己不断增长的力量，他们就开始交涉，要求更高的工资和福利。但如果同时还要执行"削减成本政策"，会发生什么？冲突。这是发生在害怕因为对明星说"不"而导致他们离开公司，从而损害了自身利益基础的经理人脑海里的一场冲突，如图 9-3 所示。

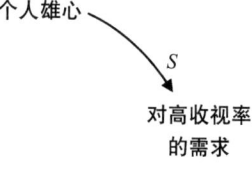

图 9-2

屈服于"满足明星要求的压力"的速效疗法是如此诱人。我现在就可以进行这项交易：不会有其他人知道这件事的，而且在我必须向我的上司汇报这件事情时，收视率肯定已经上升了，因此，我一定要这样做……

不幸的是，事情的发展并不是那么简单而理想。就你所知，有多少家公司里面能够保留住"不会有其他人知道"的秘密？特殊交易的内幕很快就泄露出去了，如图 9-4 所示。

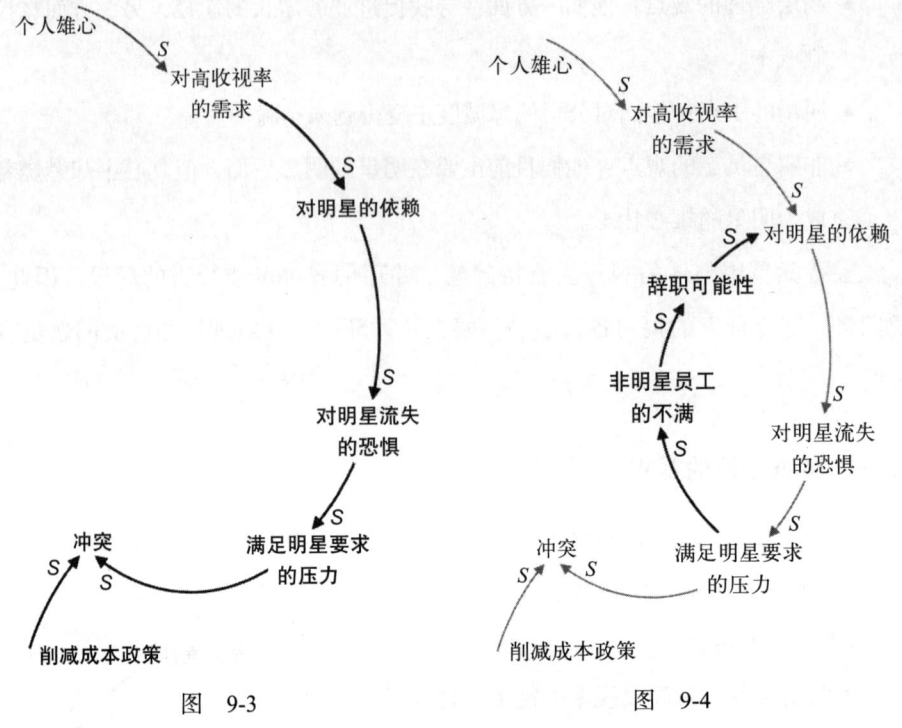

图 9-3　　　　　图 9-4

就这样，这个所谓的最佳处理措施引发了"非明星员工的不满"，即那些经验丰富但还没有成为聚光灯焦点的员工，包括各种助理、低层人员，以及相对年轻一些的职员。他们可能不是明星，但他们在公司中仍然扮演着重要的角色。如果这一不满持续上涨，导致他们"辞职可能性"的上升，这进一步加重了"对明星的依赖"。对于明星来说，经理们匆忙选择屈服于"满足明星要求的压力"毫无疑问是个好消息，但对于其他的任何人而言，都是一个坏消息。

这些人中甚至还包括可怜的高层经理。"冲突"还没有消除，可是怎么去解决它呢？"如果我向那些明星让步，即使是很小的让步，"经理会想，"我就要承受巨大的'从其他地方削减成本的压力'，而这只会更进一步加重那些'非明星员工的不满'，从而进一步加剧'冲突'。其结果就是进一步加重了我的'压力'，甚至可能会影响到我个人的绩效。这就意味着，为了我自身地位的稳固，我'对高收视率的需求'就更加重要了……"这一过程，如图 9-5 所示。

没有人说高层经理的日子非常轻松，而图 9-5 则揭示了其中的原因。所有这些回路都是增强回路（如果你愿意数一数，会发现这里有很多闭环），每次无情的旋转都加剧了其他回路的窘境。难怪这些经理都那么紧张。

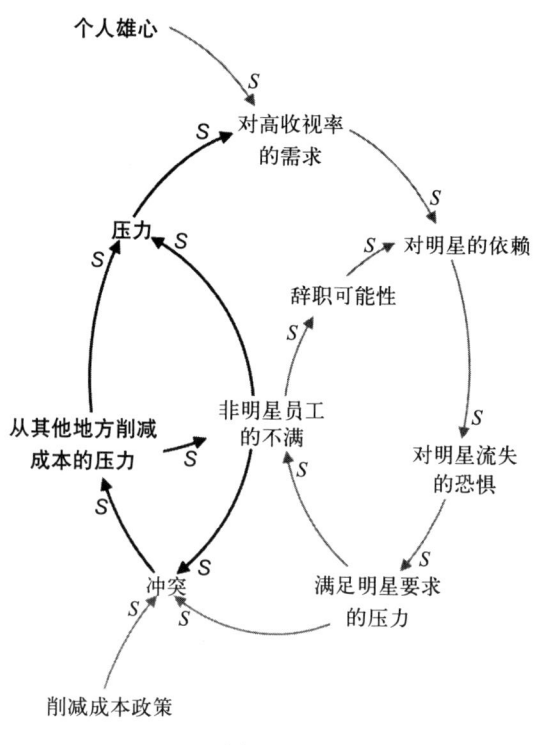

图 9-5

无论如何，问题还摆在那里：什么是在这种形势下所能采用的最睿智的政策？图9-5是高层经理眼中的世界，但这还不是故事的全部。

9.1.2 明星的观点

图9-6是一位明星对同一形势进行观察的起始点。

明星们同样也有充分的"个人雄心"，表现为"成为明星的愿望"。然而，明星中也有大牌明星和小有名气之分。任何一位具有雄心壮志的明星都永远不会满足于他"当前的知名度"。因此，

"成为明星的愿望"本质上是想成为一位更有名气的明星。名气越大,"公众瞩目度"就越高,这会进一步加重他的"自负",为"成为(更有名气的)明星的愿望"火上浇油。这个美妙的、自我纵容的增强回路(在这里使用"良性循环"可能不太合适),很容易得到那些曾经有过"男一号"或"女一号"经历的人的认可。

明星的"公众瞩目度"越高,他"对公司的价值"就越大;明星的"自负"感越强,他认为自己与公司"讨价还价的能力"就越高,尤其是在"解除管制和新技术"的出现而导致"新雇主吸引力"增加的情况下,如图 9-7 所示。

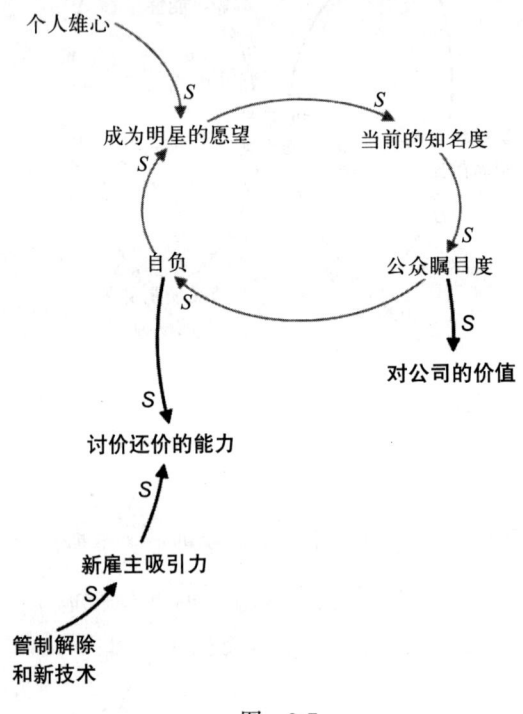

图 9-7

从明星的视角看,他们"对公司的价值"的增加,应该会提高公司对他们的要求"让步的可能性"。由"新雇主吸引力"所驱动的明星的"讨价还价的能力"与公司"让步的可能性",在明星的心中形成了冲突。我是不是应该辞职?我还能把公司逼得多紧?还有多少讨价还价的余地?在其他地方遇到更好的环境的可能性有多大?如果公司满足了他们的要求,或者其他雇主不具有吸引力,这个冲突自然好解决。但是，如果公司坚持不让步，或者明星从竞争对手那里得到了更好的承诺，这就会增加明星"辞职的可能性"。

图 9-8 就是一幅从明星的角度绘制的系统循环图。

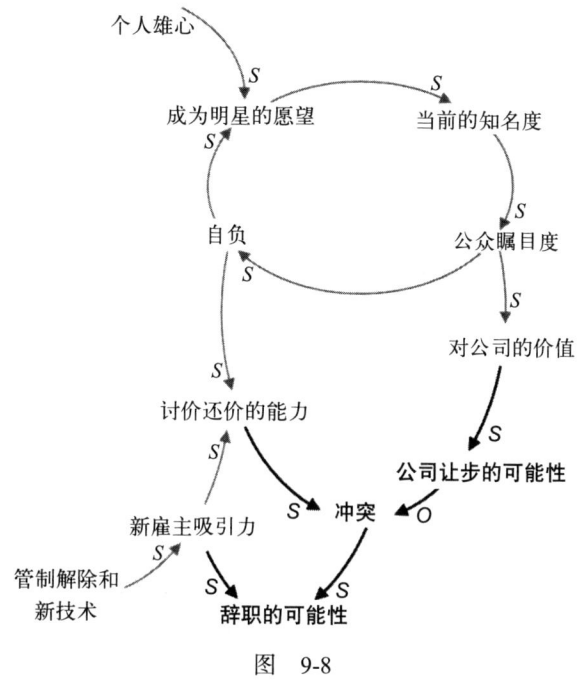

图　9-8

这个系统循环图中只包括一条增强回路，即图中上方的"男一号"回路。其他的因素都和一些悬摆相关："个人雄心"是目标悬摆，"管制解除和新技术"表示外部驱动因素，而"辞职的可能性"是系统结果。明星究竟是去是留这一"冲突"通过两边的 S 型连接和 O 型连接进行平衡。如果得到了平衡，明星就会留下来；如果无法平衡，则"辞职的可能性"就会相应地上升。

在迄今为止的这两幅图中，我们可以看出经理的视角和明星的视角大相径庭。这种情况很容易理解，因为在这场争斗中，他们处于两个对立的阵营。但是，我们还是没有讲完整个故事，因为还有另外一个派系。

9.1.3　非明星员工的观点

除了明星以外，公司还需要大量的其他工作人员，也在尽力去吸引最优秀、最聪明的人才。那些加入公司的年轻人愿意主动学习,但他们同样也壮志凌云,希望成为未来的明星。图 9-9 就是代表着他们视角的系统循环图。

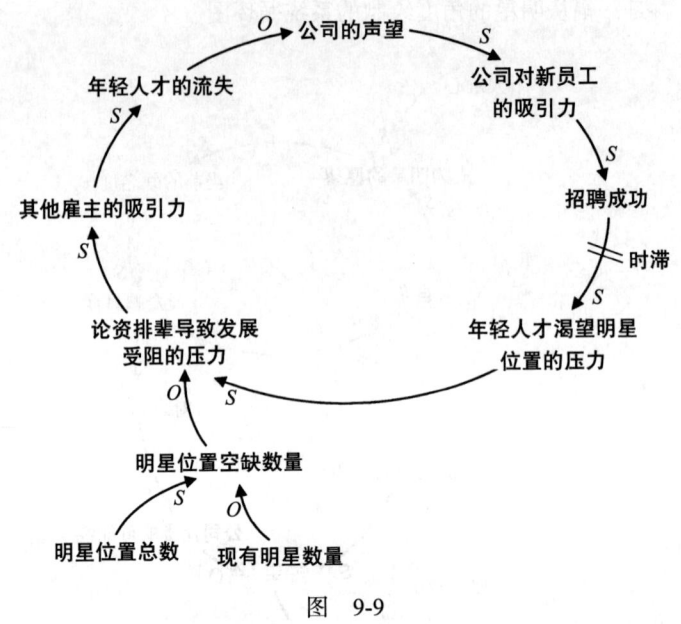

图 9-9

这幅系统循环图符合常识吗

> Seeing the Forest
> for the Trees

现在你已经见过大量的系统循环图了,那么好好看一看这幅图,并尽量直接从图中了解这个故事。你同意这幅图所传递的信息吗?你赞成这里面的 S 型连接和 O 型连接吗?这个反馈回路的行为如何?站在公司的立场上,这是一个好消息,还是一个坏消息?

从上面开始,"公司的声望"越好,"公司对新员工的吸引力"越大,公司就能越容易"招聘成功"。但是,一段时间之后,满怀雄心的年轻员工就开始寻找成为明星的机会,几年前公司"招聘成功"越大,现在"年轻人才渴望明星位置的压力"就越大,然而公司当前的"明星位置空缺数量"是有限的,这一数字由"明星位置总数"和"现有明星数量"之差决定。考虑到现有明星的雄心,他们主动为年轻人才让出位子的可能性几乎为零,因此,"现有明星数量"越多,"明星位置空缺数量"就越少。年轻人才由于"论资排辈导致发展受阻的压力"就越大。在等待现有明星退役的过程中，年轻人才变得越来越沮丧，而其他雇主的吸引力就开始变得越来越强，这将导致"年轻人才的流失"。而这种大批跳槽的流言最终会传播到社会上，破坏"公司的声望"。

这是一个调节回路，它会围绕着"明星位置空缺数量"逐渐稳定下来。对于公司来说，这是一个双料的坏消息：它既约束了增长，还导致了公司名誉受损。

9.1.4　最佳政策是什么？

这三幅系统循环图描述了这个案例中所涉及的三个主要利益群体的视角和观点。

你该怎么做 *Seeing the Forest for the Trees*

再看一眼刚才那三幅系统循环图。你会采取什么政策来解决这种人才问题？

屈服于明星的要求这一速效疗法肯定不是明智的做法，这一点我们已经达成了共识。实际上，尽管问题的焦点在明星身上，但最睿智的政策并不是通过研究他们的系统循环图而得到的。恰恰相反，最终的解决方案是在审查高级经理和非明星员工的系统循环图的过程中得到的。

问题的本质在于明星的"勒索"这一潜在威胁。这一因素在高级经理的系统循环图中是通过"对明星的依赖"的方式表现出来的。如果能够打破这种依赖关系，那么，明星们就再也无法利用这种威胁，局面也就会稳定下来。怎样才能达到这一点呢？

答案可以从非明星员工的系统循环图中找到。在这个系统循环图中，"年轻人才的流失"是"论资排辈导致发展受阻的压力"的结果。尽可能地为年轻人创造成名的机会，难道不是摆脱对现役明星的依赖的最佳途径吗？一方面，这可以减轻"对明星的依赖"；另一方面，还可以平缓年轻人的"论资排辈导致发展受阻的压力"。另外，这样做（至少）还有三种有益的副作用：它将减少"年轻人才的流失"；有助于消除各种危害"公司的声望"的举动；避免直接与竞争对手争夺训练有素的员工，从而在保护公司竞争优势的同时，消除了员工的议价能力。

这种为年轻员工创造更多机会的政策显然具有很多好处，但是它也有一个不利的地方：它认为公司应该拒绝明星们的"勒索"——如果他们因此而选择辞职，那么就让他们卷铺盖走人好了。

可以采取几种方式来实施这个政策：第一种方式是增加节目的种类和数量，从而增加更多的"明星位置总数"，并承诺尽量让年轻人来承担这些节目的工作；第二种方式是寻找一些途径，让"现有明星数量"能够得到较为平均的分配，但这需要现役明星为年轻人才腾出位置，而那些较为自负的明星可能不愿意这样做。如果这种做法导致了一些明星的辞职，公司应该顺其自然。这样，等待成名的年轻人才很快就会得到证明自己的机会。图9-10是高级经理眼中的新系统循环图，其中加入了一项新因素，"年轻人才的开发"。这一因素的引入为系统带来了稳定。

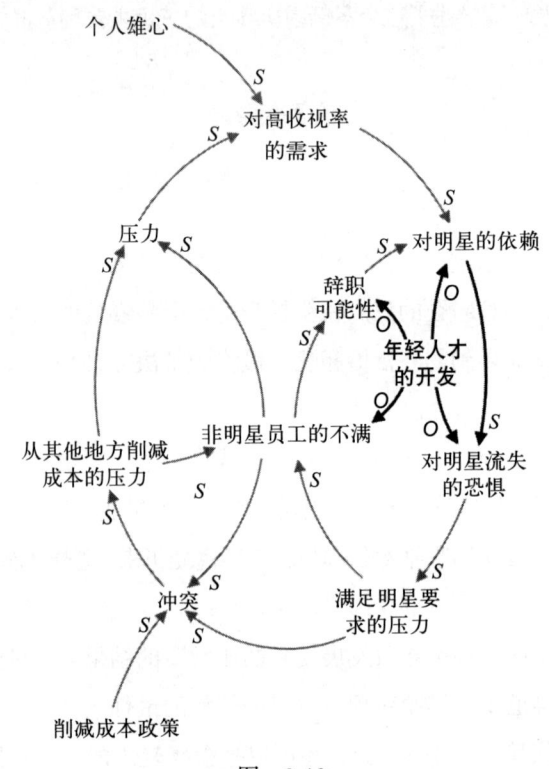

图　9-10

图9-11是非明星员工眼中的新系统循环图，其中增加了两个因素，"节目创新"和"位置重分配"，这两个因素都受到了"年轻人才的开发"这一政策的推动。

很显然，这项政策并不是能够让每个人都永远幸福生活的"魔杖"。我们所付出的代价是，对于现役明星来说，重视"年轻人才的开发"可能不是一个好消息。图9-12描述了明星眼中的调整后的世界。

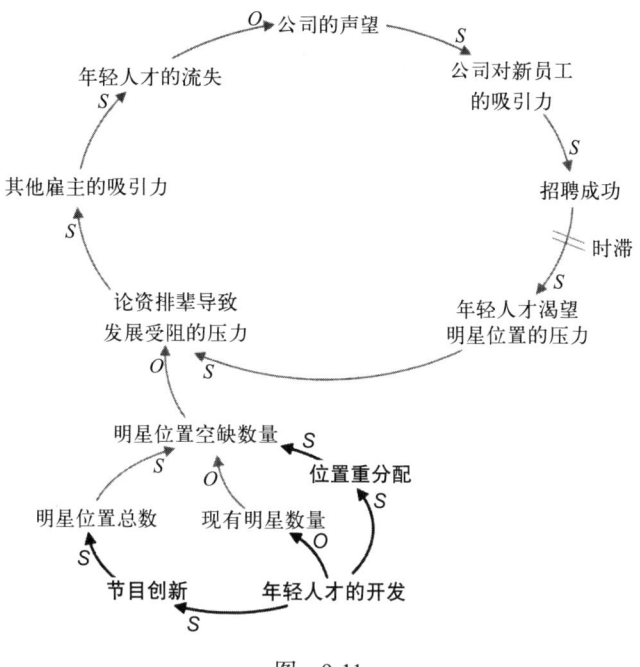

图 9-11

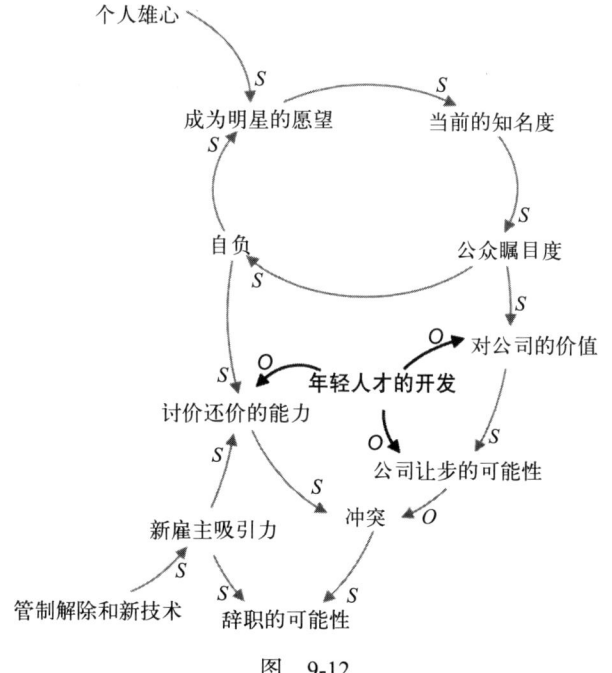

图 9-12

9.2　太明显了

以"事后诸葛亮"的观点来看，这当然非常明显——事实上，可以这样说，所有的好主意和睿智决策，在事后看来都非常"显然"。然而，当你身处局中，所有人都逼着你马上做出决定时，当电话铃不断响起、马上就要决定预算方案、你将在20分钟后和分析家举行一次会晤，以及当你面临着日常业务工作中的种种困扰时，事情可能就不是那么显然了。

从我的经验来看，系统循环图经常受到两方面的挑战：

- 它们太微不足道了，没有展示出任何新东西。
- 通过系统循环图所获得的"见地"（包括各种理解、政策的形成，以及各种动态行为）都不言自明，根本不需要辛辛苦苦地绘制出系统循环图就可以轻松得到。

从某种意义上说，第一点确实成立：绘制系统循环图的目的就是去捕捉现实，好的系统循环图，必须能够反映现实。因此，它就无法包含任何"新"东西。实际上，如果一幅图并不遵从实际，或没能合乎逻辑，那么它或者是一幅还不完整的图，或者根本就是一幅错误的图。因此，一幅好的系统循环图能够且必须简洁而深刻地反映现实。然而，简洁并不意味着微不足道。绘制一幅能将人们关注的目光引导到最重要的系统特征，并清晰呈现各种关键连接的系统循环图，需要非常细心的观察、独具见地的理解和深刻的思想。

第二种意见似乎有些愤世嫉俗。正如我刚刚指出的那样，从事后诸葛亮的观点看，所有睿智的政策都是不言自明的，但是当我们面临抉择时，尤其是面对那些两难境地，需要我们在各种同样"好"或者差不多"差"的选择中挑选其一时，事情就变得不是那么简单了。如果决策是那么简单，我们曾经有过的诸多不明智的选择又该做何解释呢？

也许有人会说，历史上睿智的人在决策时并没有绘制系统循环图。然而，历史上又有多少人能和那些伟人并肩而立呢？对于我们这些不能和所罗门王并肩的人来说，系统循环图将非常有帮助。绘制并使用好的系统循环图本身就是在"见树又见林"。从事后的观点看，这当然非常轻松，因此，愤世嫉俗者看不起系统循环图也很自然。但是，当你处在黑暗的树林中的时候，这就一点儿也不简单了。在护林人将树林中正确的大树漆上了亮丽的黄色之后，"见树又见林"当然就非常容易了。而这正是一幅好系统循环图所要完成的工作。当你绘制一幅系统循环图时，你就是那个护林人，从各种有趣但是并不非常重要的树木中分辨出重要的树木；为真正有意义的树木涂上亮丽的黄漆；找出正确的大树，从而避免人们陷入"半个大象"的陷阱。

我的比喻有点离题太远，但是我想你应该能够理解我的意思。系统思考的创始人之一叫杰伊·佛睿斯特（Jay Forrester），其中 Forrester 正是护林人的意思。这难道不是一个巧合吗？

杰伊·佛睿斯特

/ Seeing the Forest for the Trees

杰伊·佛睿斯特有着辉煌的职业纪录。他在计算机发展史、和冷战相关的地理政治事件、社会政策的制定以及教育管理等多个领域都占据了重要地位。他还是系统思考的创始人之一，特别在使用计算机仿真方面独具建树。

杰伊·佛睿斯特于 1918 年出生于内布拉斯加州克莱马克斯附近的农场，并在内布拉斯加州立大学获得电子工程学学士学位后，进入麻省理工大学攻读硕士学位。在致力于创建世界上第一台实时计算机"旋风"的项目中，他创造了一种存储信息的新方法，并以自己的名字申请了专利。最早的计算机采用真空管存储信息，后来很快采用了电子管存储信息。这些设备都非常笨拙、缓慢且耗电。由于采用一种被称为"铁氧体"（ferrite）的特殊磁性材料制造了随机存储器，佛睿斯特为电子计算机的体系和性能带来了革命性的变化。这项计算机内存制造技术最早于 1949 年应用于工业生产，直到 20 世纪 70 年代才被现在的硅片内存技术所取代。

在 20 世纪 50 年代早期，佛睿斯特是美国政府 SAGE 项目的总监，该项目是一个非常庞大复杂的防空系统，它使用"旋风"计算机去控制雷达来监控飞越北美上空的飞机，并记录下它们的飞行轨迹。SAGE 于 1958 年投入使用，在 1983 年更新换代之前，一直是美国军事战略中的关键组件之一。

佛睿斯特于 1956 年进入麻省理工大学斯隆管理学院，他在那里设立了一个项目,该项目最终导致了《成长的极限》一书的出版。为了支持这本书中的观点,他还指导项目组采用计算机仿真的方法进行了相应的定量分析。他一直领导该部门到 1989 年,至今该部门仍然是系统思考和系统动力学的世界中心。佛睿斯特现在仍然非常活跃,他于 1998 年被任命为麻省理工大学荣誉退休教授,现在的主要研究兴趣在于宏观经济和教育。

9.3 心智模式

系统循环图必须反映现实——但是,应该是谁眼中的现实?我们每个人所见到的现实可能相去甚远。更重要的是,你的地位可能没有我重要,你所认为的最佳措施可能和我的选择有所不同。这不是一个正确或错误的问题,只不过再一次证明了我们看待这个世界的方式有所不同而已。

我们现在最应该马上做的三件事是什么

/ Seeing the Forest
/ for the Trees

下次你再开会的时候,可以在会议结束之前和与会者说:"会议开得很棒。咱们每个人都在一张纸上按照重要性排序,写下三件我们应该马上就做的事情吧。"

然后,当与会者都写下了自己的任务清单之后,你将所有人的选择都收集上来。除非会议已经明确地就下一步的措施达成了一致,否则,我猜测所有人按照相同顺序写下相同事情的可能性为零——绝对是零,而不是几乎为零。肯定存在着部分重合的可能性,因为所有人都在参加同一个会议。但是,差异是不可避免的。可能一个人认为最重要的事情就是把项目团队组织起来,而另外一个人则认为应该将本次会议的成果通报给未能参加会议的人。

这并不是由于人们开会时注意力分散所致,也不是由于一些邪恶的精灵对参与会议的人散布了不满,更不是会议主持人无能。这完全是由于不同的人所持有的对这个世界的不同看法所致——而且,这些看法中的每一种都是合理的!

这些差异非常重要，因为它们强化了我们面对同一问题的态度和行动。我们都曾玩过"打赌"的游戏，就是预言在某些特定情况下，我们的同事会采取的行动。比如，如果你们正在就预算问题进行讨论，那些狂热地相信广告是惟一刺激销售的利器的人，会强烈要求增加宣传预算；那些相信招聘更多的销售人员并确保他们对公司产品了如指掌是惟一的刺激销售的利器的人，则会同样强烈地要求增加招聘和培训的预算——这种观点也没有错。

原则上，这两种观点是无法调和的，因为它们是基于两种对这个世界运作方式的不同理解。推崇广告的人相信销售收入的强心针就是广告，推崇招聘和培训的人则有着不同的想法。就增加业务收入的最佳方式而言，这两种人有着不同的观点——以及不同的心智模式（mental models）。因此，在系统循环图中，他们会画出不同的结构来反映他们眼中的"现实"，如图9-13和图9-14所示。

图 9-13　　　　　　　　　　　图 9-14

当然，总的来说，这两种因素（以及其他各种因素）都会影响销售收入。然而，不同的人对这些因素的相对重要性可以有不同的见解，从而会做出不同的选择。心智模式强烈地影响着人们的决策和行为。

你现在应该可以了解，系统思考，尤其是绘制系统循环图，对于帮助人们浮现自己的心智模式，确实是一种强大的工具。实际上，从绝对的意义上说，至今为止你所见到的（以及你还没有见到的）系统循环图都不是关于现实的描述。准确地说，它们只是我的心智模式对我眼中世界的行为方式的二次描述。

彼得·圣吉

Seeing the Forest for the Trees

正如9.2节中对杰伊·佛睿斯特的介绍中提到的，位于波士顿附近剑桥的麻省理工大学是全球系统思考的中心。这一领域当前的领袖之一就是彼得·圣吉，麻省理工大学斯隆管理学院组织学习中心的主任。在他的畅销书

《第五项修炼》中,圣吉强调了心智模式作为行为最基本驱动因素的重要性。他强调,如果我们希望理解并欣赏他人的行为,我们就需要理解并欣赏他们的心智模式;同样地,如果其他人希望理解并欣赏我们的行为,他们就必须理解并欣赏我们的心智模式。

无论如何,很少有人会到处宣扬"我关于销售收入基本驱动因素的心智模式就是强调广告(或者其他)";相反,我们的心智模式通常只是"神龙见首不见尾",有些时候比较明显,有些时候不太明显,通常都是通过言行表现出来。

这就让陈述并分享彼此的心智模式这一过程变得更像是一种冗长的猜谜游戏。系统思考以及绘制系统循环图可以让这个过程变得更加具体而有效。

"系统思考"和"心智模式"构成彼得·圣吉书名中五项修炼的两条。另外三项修炼分别是"自我超越"(卓越地完成你的工作)、"共同愿景"(彼此对他人的心智模式具有完整而深刻的理解⊖)、"团队学习"(当作为一个团队而不是一群个体工作时,团队为了更加有效地发挥其力量所自然而然地表现出来的一种性质)。

圣吉认为,绝大多数交流不畅都源于未能理解他人的基本信念,未能理解他人深信不疑的心智模式。与仔细倾听并尊敬他人的心智模式这一做法不同,我们通常会充满了强烈的说服信念,试图强行让别人接受我们的心智模式,但当那些"傻瓜"没有接受时,我们就感到受到了挫折。这一过程,如图 9-15 所示。

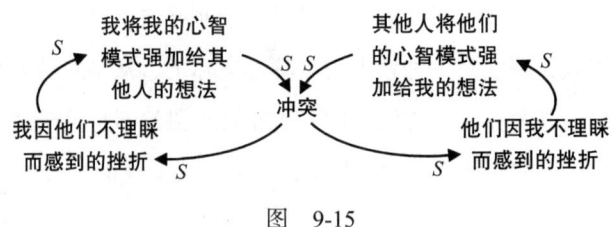

图 9-15

这两个增强回路同步发生作用,以指数增长的方式加重了冲突的气氛,直到冲突爆发为止。

⊖ 原文如此。按照通常理解,共同愿景指的是组织中所有成员共同渴望实现的未来景象,是他们的共同理想。它能使不同个性的人凝聚在一起,朝着组织共同的目标前进。——译者注

那么，最睿智的方式是什么？其实很简单，那就是：停止强行说服，开始倾听吧。

尽管系统循环图是一种视觉化的东西，但它们同样有助于你去倾听，因为审视别人的系统循环图实际上也就是在"倾听"他们的思考过程；同样地，任何正在审视你的系统循环图的人，也在"倾听"着你的思考过程。

9.4　团队工作

在第 1 章介绍涌现和自组织这两个系统层次的概念时，我提到了团队工作，这两个话题在后文中还将会有所涉及。但是，这里我们将从另外一个角度来审视这个主题。

什么是高绩效团队？

Seeing the Forest for the Trees

看看这个定义：高绩效团队指的是一组心智模式（特别是基础价值观）自然和谐的人。

在我看来，心智模式和团队是两个密不可分的概念，高绩效团队必然拥有一组共同的心智模式。团队中的每个人根本不用担心其他人的进展，因为他们知道彼此不需要在工作进度与工作方式上相互迁就。这种高绩效团队通常很难在短时间内组建完成，但是，如果人们相互沟通、彼此倾听，就最基础的价值观达成一致，那么，经过足够的磨合时间，就有可能创建出一支高绩效团队。

挑选团队成员

Seeing the Forest for the Trees

1805 年，在特拉法尔加海战中取得辉煌战绩的海军远征舰队出发之前，海军中将纳尔逊爵士在伦敦和他的老板，海军部长巴勒姆爵士举行了一次会晤。会晤中，巴勒姆交给纳尔逊一份海军名单，其中包含了当时正在服役的所有海军军官的名字，并请他从中挑选出合适的人来组成自己的舰队。纳尔逊将名单交还给巴勒姆，并说："您来挑吧，阁下。同样的精神在指导着我们这支队伍。您不会挑错的。"

尽管纳尔逊的语言有些古老，但他的意思仍然如同水晶般清澈。让同事替自己选择伴随自己远征的战友，而他对于带上任何人都无所顾虑。这是因为他深深地了解他们中的每一个人，他多次培训他们，和他们一起工作，一起讨论战略战术，一起分享管理舰船以及领导团队的经验和智慧。经过一段时间之后，他们已经将彼此的心智模式改造为一个自然统一的思维模式："同样的精神在指导着我们这支队伍。"难怪纳尔逊的舰队被尊称为"兄弟连"。

电话号码本测试 / Seeing the Forest for the Trees

你和你的总经理正在讨论如何组建一个团队来负责一项重要的项目。总经理交给你一个内部电话号码本，并请你从中选择合适的人员加入你所领导的团队。你会不会将电话号码本交还给总经理，并告诉他"您来选吧。他们都是很棒的人选，我们的思维方式一致。无论您选择谁，我们都会成为一支优秀的团队"？

为什么做不到？

心智模式隐藏得非常深。它支撑着我们的行动、行为和选择。彼此之间的心智模式的重叠程度，决定了聚在一起的一群人是一盘散沙，还是一个高绩效团队。构建高绩效团队最有效方式就是构建一种共同的心智模式，从而使得团队中的每个成员都能说："是的，我也用这种方式看世界。"系统循环图可以让深藏的心智模式暴露出来，因此是构建高绩效团队的有利工具。

这种关系能够持续多久 / Seeing the Forest for the Trees

"嗨！这个周末去剧院吧！"

"我不是很想去……我想是不是可以去一些更安静、更隐秘的地方？去一些很棒的地方吃晚饭怎么样？"

"那也很好啊。但是我真的很想去看看汤姆·斯道帕德的新戏——他的戏总是那么棒！"

"是的，他确实很棒。但看戏时需要聚精会神，这会让我头疼。我喜欢一些比较轻松的事情。吃晚饭怎么样?"

他们陷入了沉默。

"如果你爱我,那么你放弃吧,咱们去剧院。"

"是的,如果你爱我,那么你放弃吧,咱们去吃晚饭。"

然后,他们都开始想,"这种情况为什么会一再发生呢?如果我们能自然而然地想做同一件事,情况会不会变得好一些呢?"

请允许我采用系统之所以成为系统的几个关键特征作为对"团队"讨论的总结。这几个特征我在第1章里就已经介绍过,它们分别是涌现、自组织、反馈和能量流。从系统的观点看,团队就是由若干个体参与者组成的系统,在通过自组织以获取更好的秩序、促进协调并达到更高的绩效水平时,所表现出来的涌现特性。为了呈现出这一特性,需要各种内部反馈机制,以及流过整个系统的能量流。更进一步地,我们知道系统的精髓就是它的组件之间的连接,而不是作为独立个体呈现出来的各种特性。

这些听起来非常抽象、理论化,充满了学术腔调。让我来把它尽量实用化一些。如果我们试图构建一个团队,我们实际上是在准备设计一个系统。因此,最关键的设计原则就是要在各个组成部件之间建立起正确的联系。

在我们的例子里,这些组件当然都是人。你怎样才能在人们之间建立联系?

交谈是一种方式。它确实是在人们之间建立联系的一种方式,但是它可能会面临着建立单向联系的危险,因为有可能会出现这种情况:说话的人不断地向心不在焉的听众灌输着自己的想法,但是收效甚微。

实际上,倾听是一种更好地建立联系的方法。"主动"的倾听效果尤佳,而"被动"的倾听则无法达到建立联系的作用。在"主动"倾听模式下,倾听的人向说话的人传递明确的信息,以表明自己清晰地理解并正在思考说话人所传递的想法;而对于"被动"倾听,听的人只是坐在那里,说话的人对于听众有没有听懂自己的意思一无所知,他的眼前一片茫然。如果使用系统思考的术语来描述,就是:主动倾听可以清晰地向传播信息的人传递听众已经成功接收到该信息的信息。这难道不正是反馈的一种表现吗?我们在第1章中已经看到,反馈正是自组织系统的一种自然属性。

那么，我们应该谈论些什么，应该倾听些什么？从我的经验来看，如果你和同伴的讨论仍然停留在我是否完成了上次会议指派给我的任务这种层次，你们就还没有建立高绩效的团队。就业务中的事务这一层次进行的交流，无法达到创建高绩效团队的目的。我们必须进行更深层次的交流——必须在心智模式的层次上交流，或者更进一步地说，在真正的自我这一层次上交流。

我们中的很多人会发现这种交流令人非常不舒服：我们不喜欢现身说法，希望谈话内容能够远离我们自身。然而，在第 1 章中我曾指出，自组织系统还有另外一个本质要求，即系统中个体的行为需要受到约束。在这个案例里，这种约束就是团队成员必须承担主动倾听、并接受团队的目标和价值观这一义务。简而言之，团队成员必须更加紧密联系。在人们之间建立联系需要耗费大量的时间、劳动和精力，下文的这件轶事就验证了这一点。

关于团队工作的一个故事

/ Seeing the Forest
/ for the Trees

1993 年我参加了一次英国咨询业合伙人的定期会议，东道主是永道公司。大概有 100 位咨询公司合伙人参加了会议，他们全都接受过高学历教育，每个人都自信非常成功。那天的主题就是团队工作，其议程也非常普通：大会报告、分组讨论、全体汇报。

会议快要结束时，那家咨询公司的老板马尔科姆·科斯特做了一次礼节性的闭幕致词。他是一个很好的演说家，总能抓住听众的注意力，因此他做得很好，甚至很有魅力。那天他所涉及的领域也是大家都很熟悉的领域：我们应该怎样相互协作、共享先进经验、共用咨询顾问。在马尔科姆演讲时，我的目光在屋子里漂移，从一张张合伙人的面孔上扫过。在我做这件事的时候，一些想法突然在我的脑海里浮现出来："那天我见过的那个家伙是谁？""坐在托尼边上的那位女士叫什么名字？我想我从来都没见过她。""那些来自爱丁堡的家伙们都是什么人？他们为什么挤成一团地坐着？"

在演讲结束时，马尔科姆请大家提问。会场中出现了常见的沉默，甚至持续的时间比平常还要长。很明显，他的演讲并没有让大家产生什么疑问。因此，我举起了手。

"丹尼斯？"

"我可以问一个问题吗？不是问你，而是问这里在座的每一个人。谢谢！我估计今天这间屋子里大概有 100 人。有没有谁知道其他 99 个人的名字？"

我停顿了一下，四顾之后发现没有一个人举手——没有一个人。

"如果我们连其他人的名字都不知道，我们究竟要怎样才能成为一支高绩效的团队呢？"

创建并维持一支高绩效团队需要大量的时间和精力，这一点并不偶然；实际上，它是系统理论的直接推论。我们已经知道，自组织系统必然是一个开放系统，需要外界持续地提供能量流来维持它的秩序和内聚性。在团队工作的环境下，这就是团队领导所要处理的事情：主动为团队输入能量，并使其在团队内部流转，尤其是在面临困境的时候。难怪成为一名领导非常辛苦。它不仅需要小心地构建并持续维持各个成员之间的联系，还需要不断地为团队提供能量。

但是，这当然正是纳尔逊构建"兄弟连"时所做的事情。

9.5 外包、合伙以及跨边界冲突

提到团队工作的时候，我们通常会把它当作一种发生在我们组织内部的事情。确实，在某些组织中，人们将这种观念发展到了极致，以至于"团队"的定义就是"自己人"，任何团队之外的人都是"敌人"——尤其是我们的竞争者。从商业上看，在这个业务联系逐渐增多的世界，这种颇具讽刺意味的画面确实非常幼稚。如果你我观念泾渭分明、"非赢即输"，在很多情况下将很难实现我们的目标。但这种观念现在仍然非常流行。

商业活动中敌对形势最强烈的情况之一，就是发生在合同谈判时。例如，一家过去一直都自己处理内部工程问题的公用事业公司，比如自来水公司、电力公司、天然气供应商或者铁路公司，希望选择一家承包商为它负责管道、线路、铁路网等的维护和更新。尽管这些公用事业在很多国家都已经私有化，但在特定地区仍然会有垄断存在，因此，它们的议价能力很强。相反，由于同一地区能够承担工程任务的公司很多，因此，单个承包商在这一谈判中的地位非常弱小。

假如这家公用事业公司邀请了 12 家工程公司共同谈判，并诱导它们答应了各种条件，还将这些条件写入了合同。在这种情况下，双方的信任非常脆弱，而公用事业公司正在玩的游戏实际上就是："我们怎样才能迫使这些承包商接受最低的成本？"同样地，承包商们则会想："我们怎样以最低的报价来获得合同，而签订合同之后，我们就想方设法对原始合同进行各种修订来提高价格？"

经过一段耗时费力的谈判之后，其中一个承包商获得了合同。由于它可能报价过低，所以，它会寻找各种能够从合同中取得追加款的可能，直至能够盈利为止。当然，公用事业公司也了解这一点，因此它小心提防，堵住每个可能的漏洞。这个游戏会一直玩到下一次谈判为止。大家都彼此怀疑，不相信规则，每出现一种情况，都要追溯到当初合同的具体细节上去——这样，最终最大的赢家是律师，而不是你或我。

对于公用事业公司来说，这是最睿智的方法吗？

9.5.1 购买者眼中的世界

购买者（在这个例子中就是公用事业公司，但从一般意义上讲就是任何需要将一项活动外包出去的组织）既要使股东满意，同时也要使客户满意。"购买者满足股东期望的压力"通常可以表示成"购买者获得稳定利润流的压力"，因为这对股东来说意味着稳定而可靠的分利，它适合投资者投资诸如公共事业这类"安全"行业的需求。同样地，"购买者满足客户期望的压力"可以表述为"对高技术标准和高服务质量的需求"，因为安全和服务对于公用事业公司非常重要，如图 9-16 所示。公司同样还拥有一个"外包政策"，它可能被法律法规所约束，也可能被削减长期成本的希望所限制，还可能仅仅因为拥有一项外包政策是件很时髦的事情。无论如何，将一件迄今为止都一直内部处理的事务外包出去，必然会造成"购买者对承包商的依赖"，因为如果承包商无法完成任务，购买者就要承受相应损失。

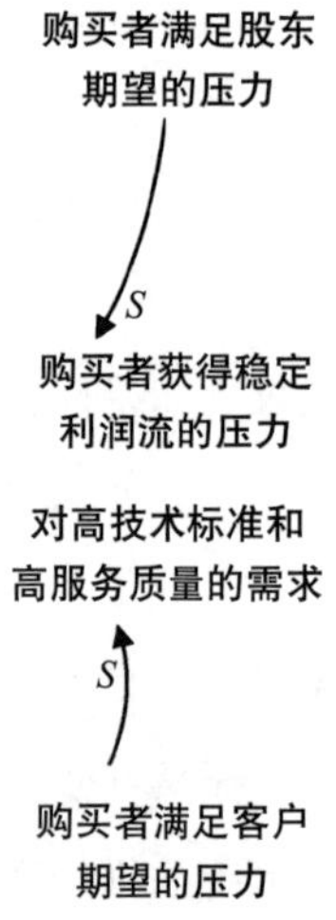

购买者满足股东期望的压力

↓ S

购买者获得稳定利润流的压力

对高技术标准和高服务质量的需求

↓ S

购买者满足客户期望的压力

图 9-16

最近一段时间最著名的这类例子，可以参见 5.7 节中对英国铁路公司事故的那一段描述。那个故事就是英国铁路轨道网的拥有者——铁路轨道公司，将对轨道的检查和维护交给几个工程公司承包，其中一家叫做巴尔弗比缇的公司没能完成它对哈特菲尔德这一段铁轨的维护任务。是巴尔弗比缇公司忽视了履行合同义务，还是铁路轨道公司没有对合同执行情况进行监督？通过调查，这些疑问无疑都可以得到答案。但无论调查结果如何，惟一毫无疑问的事情就是，购买者准备外包出去的任务越关键，购买者对承包商的依赖就越强，如图9-17所示。

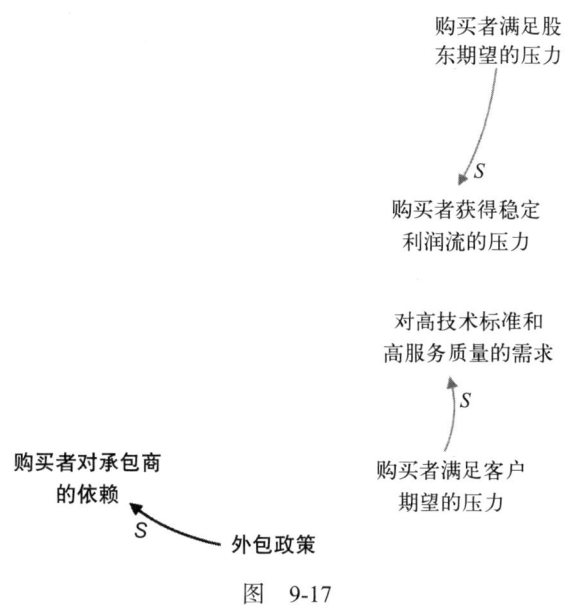

图 9-17

于是，铁路轨道公司发现，不仅仅是成本，在其他方面也存在这样一个现象：购买者对承包商的依赖越大，"购买者成本上涨和质量问题的风险"就越大，因为在这种情况下，承包商会寻找机会来利用它的有利地位，尽可能地"偷工减料"，或利用每个机会抬高成本。这些因素结合起来，共同显著地加剧了"购买者控制外包业务的成本和质量的压力"，如图9-18所示。

这就陷入了一个两难境地：购买者完全依赖承包商，以便能够按照事先商议的成本、保质保量地完成工作，但由于该项工作已经被外包出去了，购买者就丧失了对这项工作进行管理控制的权力。这个历来由内部管理的过程现在被合同所控制。那场严重的车祸发生后的几个月，铁路轨道公司的首席执行官史蒂夫·马歇尔在 BBC 的电视节目《全景》中被问及铁路私有化之后，公司的理事会都在做些什么工作时，回答道："我们将绝大部分时间都花在了合同谈判上。"

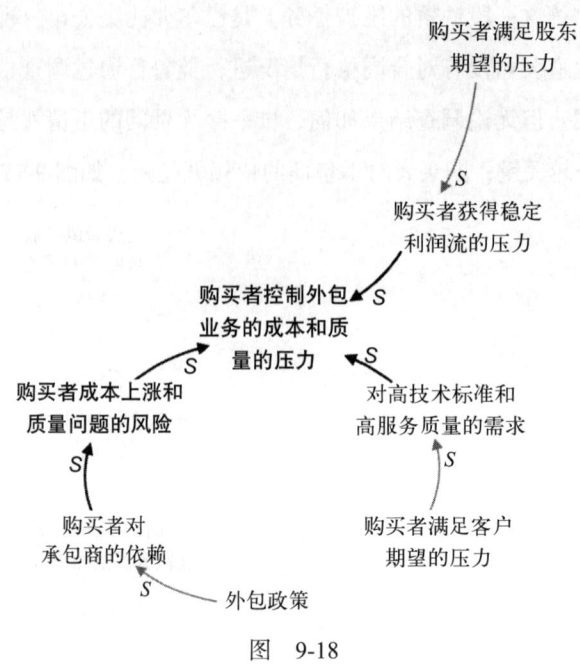

图 9-18

然而，对于购买者来说，在求助于律师之前，上述困境最可能的解决出路，就是要求承包商就其当前正在进行的工作提供更详细的报告：调度报告、已完成的活动的报告、质量标准遵循情况报告。同时，购买者也会建立自己的检查团队，来检验承包商的进展和质量，并对承包商正在执行的质量标准进行监督和审查。

"购买者控制外包业务的成本和质量的压力"的增加，导致了"购买者干涉承包商内部过程的压力"。对于承包商来说，这当然非常不受欢迎。随着干涉层次的升高，将逐渐侵蚀"购买者——承包商关系的质量"，如图 9-19 所示。

购买者——承包商关系恶化的一个可能后果，就是刺激承包商变得难以合作。对于那些合同上没有明确规定，但购买者又希望承包商完成的工作，这一点体现得更为明显。这就导致了更多的会议，并引发了更多关于合同内容的争吵。当"承包商就增加保证金对购买者施加的压力"增加时，承包商的一切手段就都用上了。

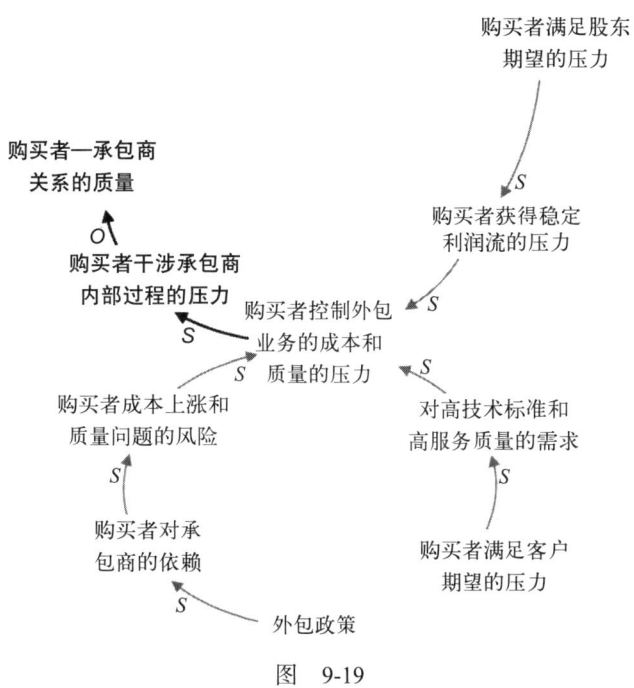

图 9-19

从购买者的角度看,这实在是一个坏消息。成本不再符合原来的预期,而且"购买者利润受到侵蚀的可能性"逐渐增大。然而,由于仍然处于"购买者满足股东期望的压力"之下,因此,这就带来了更大的"购买者获得稳定利润流的压力",这将进一步加剧"购买者控制外包业务的成本和质量的压力"。这样,我们就得到了一个破坏性的恶性循环,如图 9-20 所示。

处理这种情况的一种方式就是同时拥有多家承包商,从而避免"购买者对承包商的依赖"过高。这对于清洁和餐饮这类外包服务效果明显,但对于信息技术、工程或建设等外包服务来说,则不那么容易。购买者应采取怎样的睿智政策,既可以避免与承包商的长期不和,又可以避免被承包商"勒索"而支付日益昂贵的账单呢?

9.5.2 承包商眼中的世界

与此同时,承包商看到的世界又是怎样的呢?承包商同样也需要满足股东的期望,因此,"承包商满足股东期望的压力"自然导致了"承包商获得利润的压力"。对于承包商而言,这一压力的缓和途径就是获取新合同,并保证当前的合同能够盈利。因此，这自然产生了"承包商获取新合同的压力"，又驱动着"承包商压低报价的压力"，二者共同确保承包商能够赢得合同。一旦获得合同，"承包商获得利润的压力"和当初为了赢得合同而报价过低结合在一起，就导致了"承包商寻找变通和偷工减料的压力"，如图 9-21 所示。

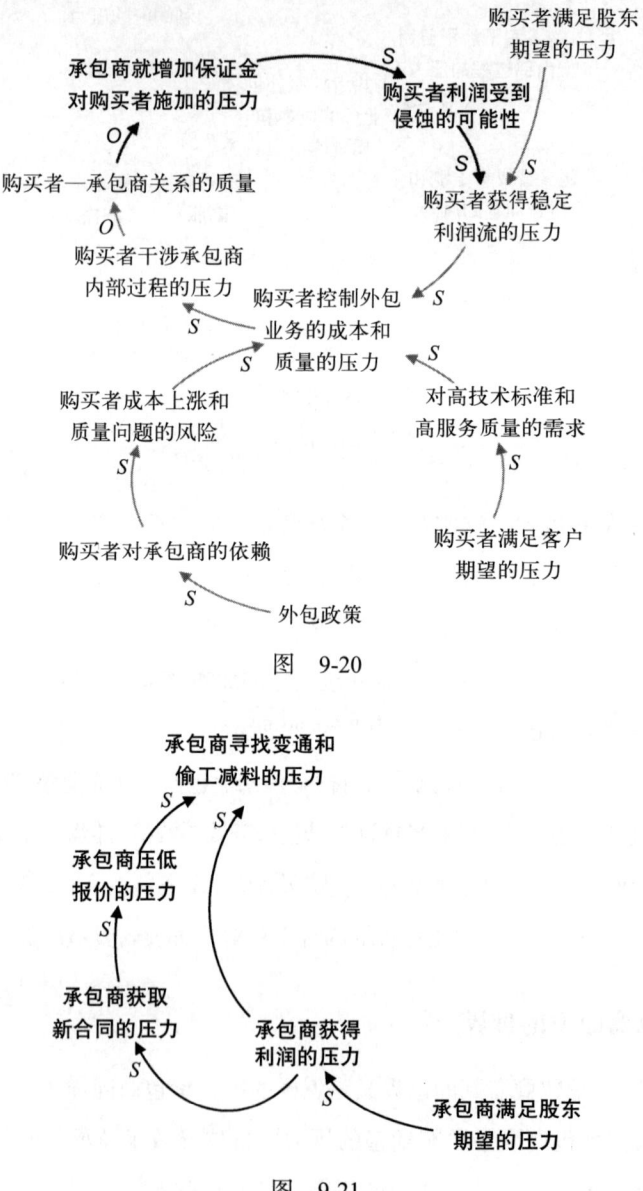

图 9-20

图 9-21

"承包商寻找变通和偷工减料的压力"不可避免的结果就是"冲突",我们从购买者的观点已经了解到,这将导致对"购买者——承包商关系的质量"的侵蚀。从承包商的角度看,这种情况非常危险,因为它不仅增加了"承包商失去合同的风险",还增加了失去"未来业务"的风险。

承包商对于这一风险的态度会影响到"承包商妥协的意愿"。如果承包商做出了让步,这将缓和"承包商寻找变通和偷工减料的压力",局面就此稳定下来;如果承包商继续坚持,关系就会进一步僵化。"承包商妥协的意愿"本身受到"承包商获得利润的压力"和"承包商对购买者依赖度的感知"。比如,假设承包商从当前其他业务中获得了足够的利润,而且它和购买者的关系相对薄弱,承包商的态度相对会柔和一些;相反,如果承包商当前财务状况紧张,而且购买者严重依赖承包商,那么,由于承包商失去这份合同的风险很小,它的态度就可能非常强硬,如图 9-22 所示。

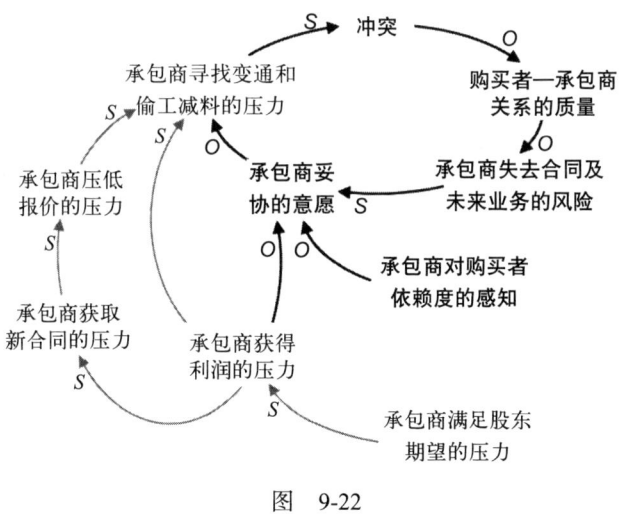

图　9-22

这幅图中只有一个闭环,而且是一个调节回路,这意味着承包商试图稳定这种形势,并在"承包商满足股东期望的压力"和"承包商失去合同的风险"之间寻找平衡。对于后者,承包商只能通过"承包商对购买者依赖度的感知"来评价。购买者可以通过让承包商了解有很多其他承包商备选,而且它们还能以更便宜的价格更好地完成工作,甚至以解除合同相威胁等方式来影响承包商的这种感知（很多购买者也确实是这样做的）。然而，通常最终都是由承包商来决定是否冒这个风险。

结果就是，这一局势以一种武装停战协议的形势稳定下来。承包商仍然不断地寻找机会来试探购买者的底线，而购买者则不断地威胁要更换供应商，并且购买者对承包商方面可能出现可怕的错误，从而触怒了自己的客户这一点始终充满了疑虑。

9.5.3 有没有更好的方法

更好的方法

Seeing the Forest for the Trees

再看一看分别代表购买者观点和承包商观点的系统循环图。它们合乎常理吗？它们是不是反映现实？你能否找出一条政策使双方都受益？

解决冲突的一种方式就是从双方的角度分别绘制系统循环图，找出一些能够让双方都受益的政策或措施。这无疑是一种双赢的局面。

在这个例子里，需要解决两个根本问题。首先，购买者和承包商的目标不同，而且处于冲突状态：购买者希望节省成本，而承包商希望赚取利润。由于承包商的利润增加了购买者的成本，这就不可避免地成为了零和博弈。实际上，我们都知道，情况远比这更复杂。节省成本并不是购买者惟一的、最终的、超越一切的目标。购买者必须提供某种产品或服务，如洁净的饮用水、可靠的铁路运输服务，或者其他服务，满足客户对这些服务的需求。另一方面，承包商也并不希望以损坏自己声誉的代价来获得利润。总的来说，承包商希望把业务做得漂亮，而购买者也需要高质量有保障的服务，因此，双方利益存在着某种共同之处。

第二个问题就是对不确定性的管理，在工程和建筑行业尤其如此。很多关于合同变更的争论，都产生于应该由谁对原始合同中没有明确规定的东西所带来的成本负责的分歧。承包商认为，购买者在一开始就应该想到这些，但却没有将它列入合同中，因此应该承担变更合同的成本；而购买者则认为，承包商应该能够预料到，在它们必须挖一条沟的地方会需要一个1.5米的地下混凝土构件，但却没有将这种可能性反映到方案中来。

实际上，双方都明白合同的规范根本不可能非常完备，预料之外的事情在项目中总是会不断出现。因此，与其就责任和成本争论不休，为什么不尽量去预测这些事情，并准备一些建设性的方法来解决问题，并在这一过程中，由双方共同分担成本和收益呢？

图 9-23 和图 9-24 展示了上述政策，即购买者和承包商统一双方的目标并承诺分享利润，对于双方都有所裨益的情形。

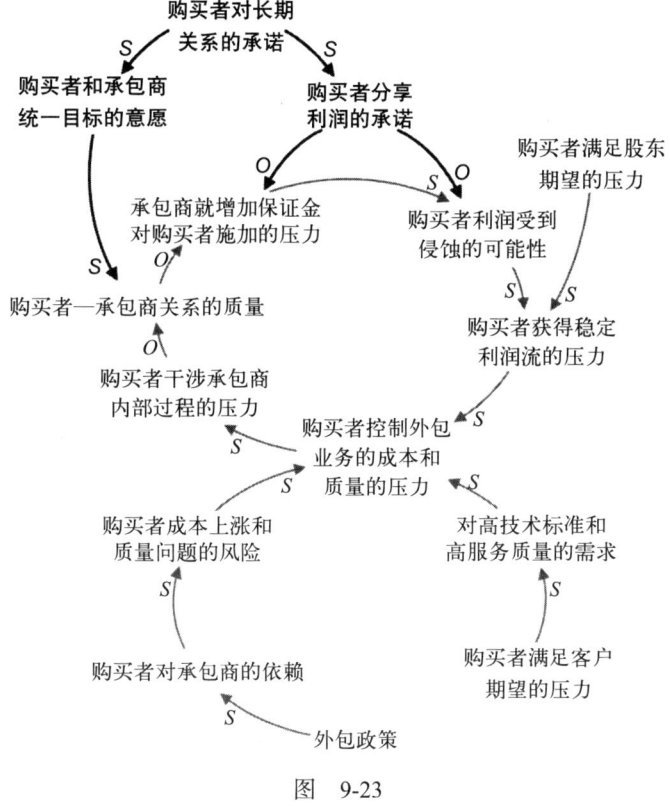

图 9-23

"购买者分享利润的承诺"对承包商来说是一个非常强烈的信号，这意味着合同变更游戏并不是让承包商有利可图的惟一方式。从承包商的观点来看，它鼓励承包商在一开始时就提出更为真实的竞价，并有助于创造双方共同致力于解决问题，而不是修订合同的环境。从购买者的角度来看，尽管最初需要承诺的成本会增加，但成本升高从而导致利润受到侵蚀的风险得到了降低。毕竟，一开始就承诺一个较高但是稳定的价格，比开始承诺一个较低的价格但后来不断增长要好得多——无论如何，工程的总造价是一定的。

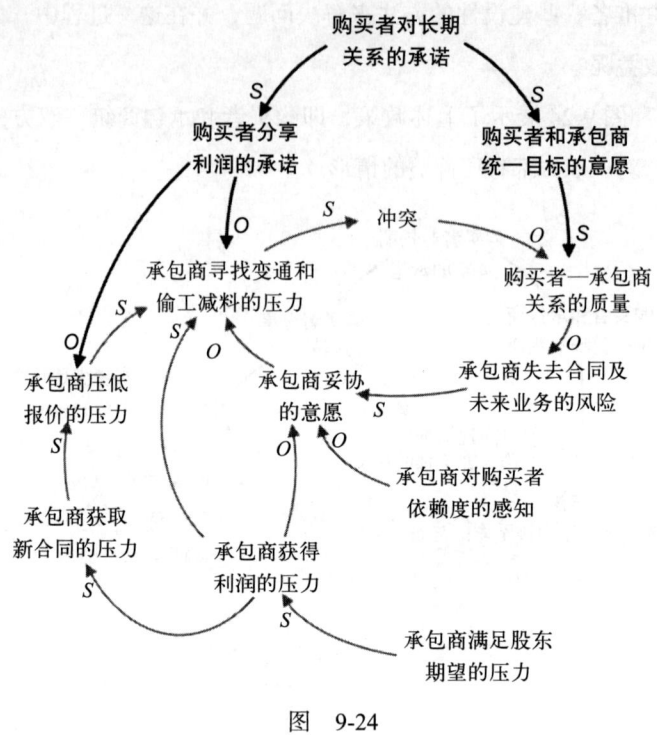

图 9-24

更根本的原因在于，"购买者和承包商统一目标的意愿"促进了双方关系质量的改善，使其从对立的零和博弈变为双赢的伙伴关系。

这些政策的基础都是"购买者对长期关系的承诺"，即通过承诺与目标一致的承包商保持长期的伙伴关系，将长期合作的意愿具体化。这一承诺是购买者提供的礼物，而不是一种速效疗法。但是，这是最佳政策吗？

确实，正是购买者拥有启用这种睿智解决方案的机会，因为在这种关系下，购买者占据了主动地位。在大多数购买者——承包商关系中，双方地位并不平等。主导地位通常由购买者占据，购买者可以决定这种关系敌对程度的高低。然而，睿智的购买者不会滥用这种主导地位，它会利用这一机会重新对关系进行定义，使其从主仆关系变为对等关系，从而将其从零和博弈变为双赢局面。

团队工作并不一定只在一个组织内部发生，它同样可以跨越组织的边界，甚至消除组织的边界。

9.5.4 系统的观点

结合对人才管理的案例研究，让我从系统的观点对这两个案例进行一些总结。

在这些案例中，我们的目标是考虑两个分立的系统——购买者和承包商，并试图将二者结合为一个更高层次的系统，一个能够展现出双赢这一涌现特性的系统。这并不是自发形成的，也不是偶尔出现的，只有在我们对系统理论了解得足够深，并明白睿智的解决方案必须能够促进两个组成系统之间的联系这一点，才能得出正确的结论。我们同样明白，为了促进涌现性质的出现，还必须提供适当的反馈机制，必须对各个组成系统的行为进行约束，系统中必须存在外界流入的能量流。

因此，解决方案的关键是"购买者和承包商统一目标的意愿"，这一点就丝毫不会令人惊讶了。它肯定意味着更深层次的联系。然而，为了促成这一局面的出现，必须约束双方的行为。我们已经看到，这一解决方案依赖于"购买者分享利润的承诺"，从而限制了购买者针对合同"毫厘必争"的倾向。类似地，承包商控制自己"寻找变通和偷工减料的压力"，从而约束了承包商就每一项原始合同中未明确约定的情况"斤斤计较"的倾向。当然，这里的反馈机制就是双方对彼此是否仍在遵守游戏规则的感知——我们都知道，一旦冲突爆发，宣布"是它们先开始这样做的"是多么容易！

流经系统以维持这种涌现属性的能量流是什么呢？这再一次被归结到领导力这一点上。通常情况是，高层相信彼此之间已经就一种新的合作方式达成了一致，但事情经常在中层遭到破坏。比如，承包商方面一位盛气凌人的现场经理和购买者方面一位同样好斗的质量检查员之间爆发了一场争吵。这需要大量的能量来保证双方老板继续保持统一，并在双方的组织中贯彻这种统一。

无论如何，我们在纳尔逊的故事中都已经看到，那正是对什么是领导力的绝佳解释。

SEEING THE FOREST
FOR THE TREES

第 10 章

控制杆、成果和战略

本章的讨论又深入了一个层次，我们将主要讨论业务战略问题。本章的中心是一幅适用于所有业务的系统循环图，它将为形成战略框架的核心业务提供帮助。

10.1 控制杆

管理就是采取行动，制定决策，做睿智的事情。每项睿智的决策都会导致一个行动，或者也可能是明确指明不做某件事的共识，每个行动都会通过给现状带来改变而表明它的存在。我们在 6.3 节的结尾已经看到，从很多方面上看，管理都像是在推动一台巨大的机器：经理决定该做什么，他们控制着这台机器；而机器则按照控制指令运作。当然，这台"机器"的大多数零件由人组成，并不按照任何"机械"的方式做出反应。尽管如此，我们仍然可以打个尽量恰当的比方：管理团队坐在主控制面板前面，拉一拉控制杆（lever），转一转这个旋钮，按一按那个开关。

每个控制杆都有一个名称，比如"员工人数"，决定了你应该雇用多少员工；"销售渠道"，决定了你所采用的控制市场的方式；"IT 投资"，决定了你每年在信息技术方面花费的资金。无论在什么时候，每个控制杆都具备两种状态，第一种是实际状态，代表了这一控制杆当前的数值。当无法使用数值来表示时，也可以是对其状况的描述。因此，"员工人数"的实际状况可能是"到今天为止，我们雇用了 3 000 人"；"销售渠道"的实际状况则是"现在我们使用直邮和电话销售作为接触市场的方式"；而"IT 投资"的现状则可能是"我们当前在 IT 方面的投资是每月 150 万英镑"。

每个控制杆除了有一个实际状态之外，还和一个目标状态相关，它详细描述了这个控制杆应该达到的数值，而不是现在的情况。这些目标状态反映了管理政策或预算。因此，员工人数控制杆的目标数值可能是"今年年底之前，我们争取拥有 3200 名员工"；销售渠道控制杆的目标可能是"我们的政策就是将来通过直邮和电话销售来接触客户"；IT 投资控制杆的目标内容可能是"我们的预算是每月投资 130 万英镑用于 IT 建设"。在第一种情况下，实际员工人数仍然落后于年末目标，因此很可能需要进行一次招聘活动；在第二种情况下，销售渠道控制杆的现状和其目标状态一致，因此可以不必采取任何措施；在第三种情况下，实际每月 IT 投资额度超出了预算，这就可能需要执行某种成本削减策略。

有些组织为了将预算与目标二者分清，将预算定义为"必须达到的事情"，而目标则定义为"如果能够达到，会非常好"。这就意味着，每个控制杆现在都拥有了三种状态：实际、预算和目标。然而，从见树又见林的角度看，或从战略的观点看，相对于部门预算这种琐碎的事情，我们对于管理政策更感兴趣。因此，我们仅以实际和目标两种状态作为讨论的基础。

你的业务中控制杆是什么

暂停一下，回顾一下在你的业务中曾采取过的决策和行动。对于这些决策和行动来说，那些拉进拉出的控制杆是什么？它们的名称是什么？目标状态和实际状态又是什么？

这个问题比它看起来要困难，可能会引出一个很长的清单列表。然而，你会发现这个列表可以结构化，因为这些控制杆可以按照一定的层次结构划分为几个较小的组，这一层次结构反映了你的组织中的预算结构。比如，员工人数控制杆的实际状态可能是 3 000 人，但是这可能会由一些诸如"营销人员总数"、"财务人员总数"、"制造人员总数"等更低层次的小控制杆组成，这一分解和你的组织结构相一致。这些小控制杆还可以更进一步细分为"约克工厂的员工人数"、"贝森斯托克工厂的员工人数"等等。

这种逐步分解的结果对应于逐步精细化的管理实践：它们所对应的范围越来越小，可控制的时间也越来越短。当然，最重要的控制杆是处于顶层的那些控制杆，它们代表了由董事会制定的基础战略政策，比如公司总人数应该是多少，应该采用什么样的销售渠道，总的 IT 投资应该是多少等等。而较低层次的管理则对应于为了将这些政策变为现实所需要采取的行动：招聘、解雇和培训；创造新的销售渠道；购买新的 IT 设备，建设新的 IT 系统等。

战略是什么

Seeing the Forest for the Trees

关于战略有很多种定义，它们在各种商学院的课本里随处可见。这里我们从更实证的角度出发，可以根据你所有控制杆的目标状态对战略做出定义。

无论何时，无论什么业务，其中的每个控制杆都会拥有一种目标状态。战略形成就是高层管理团队决定将这些控制杆重设为何种状态的过程。一旦制定了这些政策，战略实施就变为执行所有对应的行动，从而使控制杆的实际状态与目标状态相一致。

战略就是重设控制杆的目标状态。从理论上讲，确定应该在什么地方设立控制杆，然后采取相应的行动，是一名经理实际所能做的惟一的事情。

10.2 成果

成果（outcomes）就是业务的结果。成果同样有名称和状态。与控制杆相类似，成果的状态也有两种：目标状态代表了我们期望取得的成果，而实际状态就是我们现在已经取得的成果。

你的业务成果是什么

Seeing the Forest for the Trees

花一点时间来列举一下你的业务成果。对于每一项成果,它所对应的目标状态和实际状态分别是什么?

通常结果列表都要比控制杆列表短得多,一般会由如下这些因素组成:
- 销售量
- 销售收入
- 利润
- 对投资者的回报
- 市场份额
- 赢得新客户的速度
- 股价
- 声望
- 服务质量
- 生产能力
- 员工士气
- 信用等级

像销售量这样的因素,你可以按照自己对详细程度的不同偏好,从产品、渠道、市场等多方面进行分析,但总体来说,它们代表的都是同一个概念,类似地,像员工士气这样的因素也可以分解为员工流失率、缺勤率等等。和我们处理控制杆的方式类似,我们也可以将成果按照一定的层次组织起来。而且,即使是那些我们一般不希望看到的成果(比如员工流失率),同样也有目标值和实际值。

10.3 控制杆和成果是如何连接的

对比控制杆列表和成果列表

Seeing the Forest for the Trees

将你所列出的控制杆列表和成果列表相对照,你有没有发现一些特别的,或者奇怪的、有趣的事情呢?

绝大多数人在对比时会发现，控制杆列表通常明显地比成果列表长出很多，即使是在政策的层次上。较少有人注意到另一个事实（当然在我看来，也是同样非常有趣的一点），即两个列表上的因素完全不同：没有一个成果出现在控制杆列表中，同样也没有一个控制杆出现在成果列表中。

比如，从来没有一个控制杆被命名为"销售量"、"利润"、"股价"或者其他类似的名称。确实，有很多控制杆在影响着这些成果，比如"广告"影响着"销售量"；"人工成本"影响着"利润"；"公关活动"影响着"股价"。无论如何，这些控制杆都只是在影响相应的成果，而不能直接决定这些成果。如果你坚信广告可以促进销售，那么你可以根据自己的意愿在广告上进行高投入，但实际的销售量仍然依赖于市场的恩赐。除了动员你的亲戚朋友去商店购买你的产品之外，你所能做的就只剩下坐在那儿，祈祷着广告能给你带来你所希望的效果。

有时候当人们在进行这项对比时，他们会发现同一个因素可能在控制杆列表和成果列表上同时出现了，这种情况你可能也会碰到。然而，如果回头再看看这两个列表，你会发现在对某些因素进行分类时，可能曾经出现了差错。比如，你的成果列表上可能会出现"员工人数"这一因素，然而实际上这真的是一个成果、是你的业务的一项目标吗？你真的会仅仅为了达到某个员工人数而去招聘或解雇员工吗？根据我所了解的大多数商业案例，员工人数只是为了达到某个目的而采取的手段——可能是为了提供某种服务，也可能是为了操作一台机器或设备，而成果来自于这一系列的劳动，可能最终以销售额和利润（对于商业组织而言），或生产能力和服务（对于非营利性机构而言）的形式体现。

类似地，有时候"销售额"也会在控制杆列表中出现。我想我们都很希望是这样。如果我们中有人能够变出一种名叫"销售额"的控制杆，那么我们所要做的事情就简单了，我们只需拉动这个控制杆，销售额就直接产生，然后我们就可以开心地享乐去了。即使在采用直接销售的情况下，你所能真正拉动的控制杆，也只不过是根据客户的需要，去设计一些影响它们的要素，比如活期贷款利率、联系列表以及其他类似的东西。在没有法律强制购买作为后台的情况下，实际销售情况只是客户的恩赐——如果客户不愿购买你的东西，你一点办法都没有。

因此，一个深刻的事实就是，任何经理人都没有能够直接影响成果的措施可供采用。也就是说，经理无法采取任何手段去直接影响销售额、利润、员工士气和股价。更确切地说，经理所能采取的措施，即他们实际能够拉动的控制杆，只能通过因果关系链间接地作用到成果上面，而且这些因果关系链在逻辑上可能非常复杂，也可能包括大量的时滞。

没有任何控制杆和成果直接关联；同样，也没有任何一种成果和某个控制杆直接关联。控制杆和成果之间的联系都是间接的——无论是从逻辑上，还是从时间上。

这一点非常值得我们去思考。上述陈述并不是说控制杆和成果之间根本没有联系。相反，它指出二者之间存在着联系，但这种联系是间接的，可能包含着微妙的因果关系，也可能包含了时滞。关于这一点的一个很好的例子就是"广告"和"销售量"之间的联系。这一联系既间接又微妙。我们中很少有人能够真正准确地认清广告对于销售量究竟能起多大作用，而能够说出下面这段话的人则更为少见："如果我们本周末在广告上投入某个数量的资金，我保证在接下来的五天里，销售规模会达到某某程度。"这一因果关系的本质就是不明确的，基本上不可能使用算法或方程式来描述。

毫无疑问，我们中的大多数都相信广告确实影响着销售，但是这一联系的本质是间接的——比如，假设在同一个周末，竞争对手的广告攻势也比以往更加猛烈，又会发生怎样的情况呢？广告需要多长时间才能影响到销售呢？虽然对于冲动购买型的商品和日常用品，你可以就电视广告播出之后的销售情况进行多少有些合理的推测，但对于像汽车、洗衣机和旅游这样的商品和服务而言，可能更加难以度量。我们能够而且也确实能够拉动广告这个控制杆，但是也只能希望或者相信一些有益的事情最终会发生。我们可以罗织各种证据来说服自己广告确实有益；可供采用的方法包括对受众的注意力研究、消费偏好分析，甚至是偏好转换函数分析等等。然而，无论这些关于广告正在达到你期望的效果的分析怎样动听、证据怎样鲜明，都改变不了这样一个事实，即广告花费和销售量、销售收入以及利润之间的实际联系，无论从逻辑上看，还是从时间上看，都是间接的。

"广告"（控制杆）和"销售量"（成果）之间的连接是模糊连接（见 4.10 节和第 7 章的规则 6），说明这一点的一个简单例子，即我们相信它的存在，但却无法用算法或公式表达。很多重要的连接都具有这种性质,但与此同时,还有很多其他连接,尤其是那些定义了财务关系的连接,可以使用更为确切的方式表达出来。比如"广告"和"利润"之间的联系的一个方面,就在广告成本的定义中得到了体现:广告成本是整个业务运营成本的一部分,而业务运营成本进而又影响了利润。尽管二者之间可能还需要经过一些中间步骤(比如,如果在海外进行广告,我们还必须考虑汇率的因素),这一联系仍得到了良好的定义——这些中间步骤只需要进行合适的计算就可以了。

然而,基本的事实仍然没有变:"广告"和"销售量"之间,或者"广告"和"利润"之间,或者任何两个控制杆和成果之间,都不存在直接的联系。没有一位经理人能够采取任何措施去直接影响某项成果。

为什么管理一项业务是那么难

Seeing the Forest for the Trees

作为一名经理,你所需要做的惟一一件事就是操作这些控制杆——决定它们的目标状态,采取相应的措施来促使其实际状态和目标状态相一致。

作为一名经理,你所希望的惟一一样东西就是持续获得一个完整的受欢迎的成果集。

然而,控制杆和成果之间的任何联系都是间接的——无论是从逻辑上,还是从时间上。

因此,你在现实中能做的惟一一件事就是向你坚信的目标状态拉动控制杆,然后闭上眼睛,祈祷正确结果的出现。

你别无选择。

这就是管理一项业务那么难的原因。

当然,你也不是看不见这些——我肯定你也同意我的比喻。实际上,你也在持续地用目标状态来测量现实状态。一旦发生了什么"出轨"的事情,你就会相应地采取措施。但是,是什么类型的措施呢?你会重设控制杆——那也是你惟一可做的事情。你可能会将"价格"控制杆拉下一点儿,并期望它有助于扩大销售规模;或者将"促销"控制杆拉上一点儿,以争取实现同样的目标;也可能你会试图取消"培训开支",以节约成本,从而使"利润"更加符合预期。你所采取的任何行动都是而且都只能是重设一个或者更多的控制杆。显然,重设控制杆通常会导致在加强某项期望的成果的同时削弱了另外的成果。比如,在广告上花费更多,可能确实会(最终)增加销售收入,但是同样也会增加成本,从而(马上)危及了利润。总体效果是什么?度过这段时期需要多长时间?你很难说清楚。因此,管理一项业务确实非常困难。

10.4 控制杆、成果和系统思考

上面这几页内容充满了系统思考的思想。最明显的就是最后一段,它指出对比监控目标成果和实际成果,能够导致重设一个或多个控制杆。这当然是一个调节回路,如图10-1所示。

然而,到目前为止,你可能会根据我们上面的那个论断,"确切地说,经理所能采取的措施,即他们实际能够拉动的控制杆,只能通过因果关系链间接地作用到成果上面,而且这些

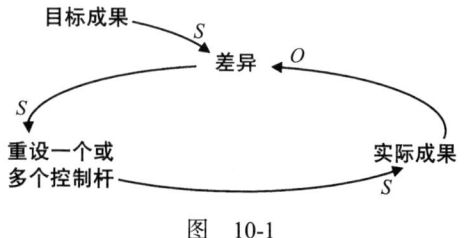

图 10-1

因果关系链在逻辑上可能非常复杂,也可能包括大量的时滞",而对系统思考的重要性产生怀疑。本章下面几节将向你展示,系统思考能够帮助你描绘出这些间接的联系都是什么样子,以及它们怎样随着时间而演化。处理这种复杂性正是系统思考所擅长的内容。

10.5 控制杆、成果和回路

我们的出发点就是用系统循环图来描述一些控制杆和成果。考虑到对于任何实际系统,控制杆和成果的总量都可能非常多,将它们全部描述出来肯定只能得到一幅混乱不堪的系统循环图,因此,从清晰的角度出发,我们这里只关注两个成果指标("市场份额"和"对投资者的回报")和一个控制杆("员工总数")。在后文我们将会看到,我们可以很方便地在图中添加其他的控制杆和成果。

图 10-2 就是这样一幅系统循环图。

图中两个最重要的成果就是市场份额和对投资者的回报，它们都是实际成果，都是通过对当前业务的总体情况进行度量得出的。我们后面将会看到目标成果——希望达到的市场份额和预期实现的对投资者的回报——也可以添加到这幅图中来。

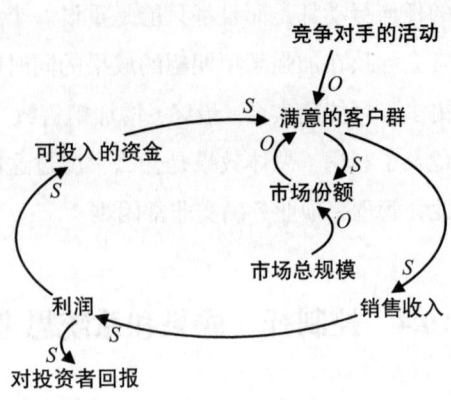

图 10-2

这幅图当然是我们业已非常熟悉的、驱动业务增长的增强回路图。正如我们在第 8 章所见，本质上指数增长的增强回路在实际中受到了多种因素的制约，这些因素中既有内部因素，也有外部因素。图 10-2 暂时只表示出两个约束，即"总体市场规模"和"竞争对手的活动"。所有的业务都至少拥有一个类似的业务增长引擎，而所有业务管理的目标都是试图使这个增强回路旋转得更快一些。

然而，经理并不拥有能够直接影响"市场份额"和"对投资者的回报"这两个关键成果的控制杆。假设我们这里讨论的业务是发生在一种服务业中（比如软件业），那么其中最关键的一个控制杆就是"员工总数"（在本案例中，我使用"员工总数"这个词来指代一个更广泛的含义，不仅包括员工的数量，还包括培训和管理等）。让我们做一个更进一步的假设，即高层管理团队已经一致认为当前增长的主要约束就是员工总数，为了缓和这个约束，当前既需要增加员工人数，又需要提高员工的技能。这就产生了需要为员工总数控制杆重新设定一个目标状态，即"新的目标员工总数"的决策。"新的目标员工总数"和"实际员工总数"的比较导致了"员工总数差距"的上升。这一变动引发了"招聘、解聘和培训"等活动，从而使得"实际员工总数"和"新的目标员工总数"所代表的政策取得一致。这当然是一个调节回路，如图 10-3 所示。

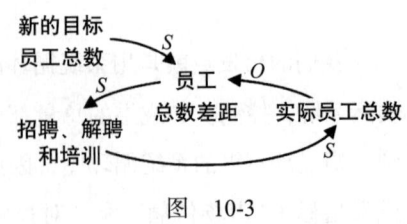

图 10-3

员工总数控制杆的目标状态"新的目标员工总数"就是一个政策输入悬摆，

目前我们对此暂不做解释,很快我们就会在10.10节看到它是如何确定的。

所有控制杆都可以使用调节回路表示

所有的控制杆都可以使用调节回路表示:

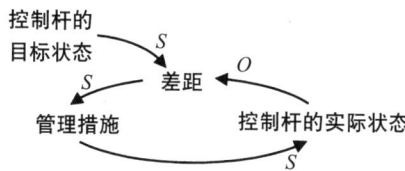

其中:

- "控制杆的目标状态"通常通过政策确定。
- "控制杆的实际状态"由当前的现实确定。
- "管理措施"就是为了使实际状态与目标状态相一致所需要采取的行动。

如果我们将这两个回路放在一起,就会得到图10-4。

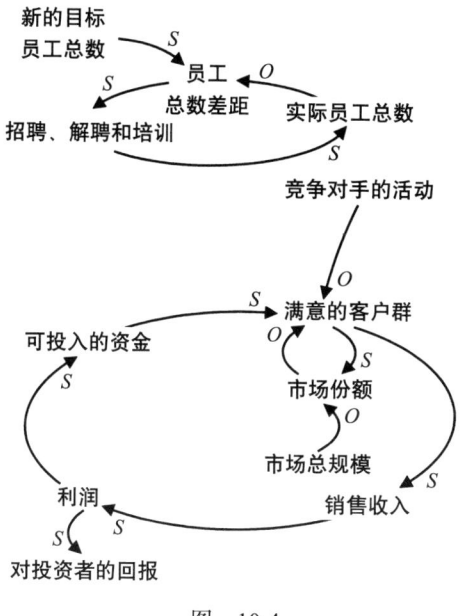

图 10-4

经理所能采取的行动都局限在调节回路之中:制定将员工总数控制杆的目标

状态重新设定为"新的目标员工总数"这一决策,执行相应的"招聘、解聘和培训"等活动,以使"实际员工总数"和"新的目标员工总数"所代表的政策相一致。然而,所有这些活动的成果都体现在增强回路中,它们通过市场份额和对投资者的回报培育了增强回路增长的土壤。

现在,这两幅图暂时还没有联系起来。这正是对控制杆和成果之间没有直接连接这一原则的生动写照。

不过,联系确实是存在的——但是它们在哪儿?

10.6 将两个回路连接起来

确定连接部位的方法其实很简单,就是从调节回路上任意选择一个元素,再从增强回路上选择一个元素,并提出这样的问题:"无论从哪个方向上看,从调节回路上选择的这个元素和从增强回路上选择的这个元素之间,是否存在着一条因果关系链?"如果存在,我们就可以描述它;如果没有,就继续考虑调节回路上的这个元素和增强回路上的其他元素之间是否存在着这样的因果链。通过对调节回路上的所有元素系统地执行这一操作,并检验它们和增强回路上所有元素之间的关系,可以确保我们已经考虑过所有的可能情况了。

我们用调节回路中"新的目标员工总数"举个例子。它和增强回路中的"客户"有什么联系吗?比如,拥有超过300多名软件开发人员的期望会不会影响现有的客户群?是否可以吸引到新的客户?这可能会引发大量的媒体宣传,从而提高公司的声望,有助于公司进入一些潜在客户的候选名单。当然,这只是一种可能。同样地,良好的公众知名度也有助于提高公司的股票价格。

实际上,我没有在"新的目标员工总数"这一控制杆和增强回路上的任何元素之间看到任何联系,因此,我们来试试调节回路上的另一个因素,比如"实际员工总数"。

这个因素似乎更有希望,因为我在"实际员工总数"和"利润"之间看到了一种联系。很明显,很多成本都和雇佣关系相关,例如工资、福利、雇员税等。这些成本越高,"利润"就越少。同样地,拉动"招聘、解聘和培训"等控制杆也会增加很多成本,如广告费、支付给代理机构的佣金、解雇员工的遣散费、培训成本等,我们可以将这些都归结到一个名为"变革项目的成本"下面。这会为系统循环图引入两条额外的联系，它们都是从调节回路指向增强回路，而且都经过"总人力资源成本"这一元素，如图 10-5 所示。

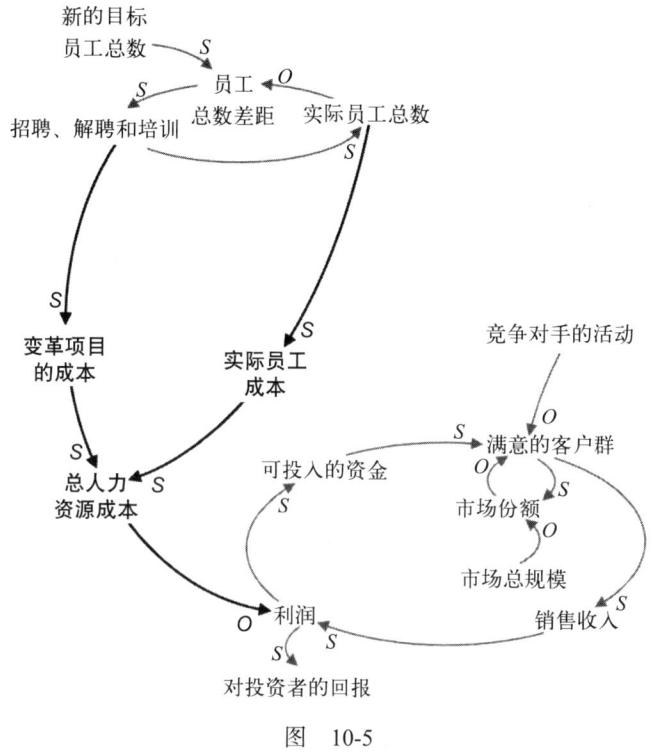

图　10-5

这些在增强回路中新添加的连接都是 O 型连接，因此它们将起到刹车的作用，这确实符合常理。这幅图同时还指出了另一个很重要的问题，即"总人力资源成本"由两个主要部分构成：较稳定的部分是我们所拥有的员工总数带来的"实际员工成本"，以及临时性的、变动性比较大的"变革项目的成本"，而后者可以归结到和控制杆"招聘、解聘和培训"相关的活动上来。

是否还有从实际员工总数出发的其他连接

回到调节回路中的"实际员工总数"，并再次考察它与增强回路中各个因素的关系。是否还有其他连接？如果是，你如何描述这些连接？

实际上，确实还有其他连接，这也是一个非常重要的连接。它把"实际员工总数"和"客户"联系了起来。让我来解释一下我如何看待这一连接的含义，你也可以用你自己的思维模式来检验我的观点是不是正确。

由于假设当前的业务是软件开发，作为一种服务业，能否成功依赖于我们所开发的软件的质量。软件越好，我们在进行项目评估以及交付时的处境就越好，销售过程就越专业，业务也会越成功。然而，这一切都依赖于人的支持：如果员工的水平太低或者人数太少，关键人物就会负荷过度，从而可能导致业务的失败。因此，我们的业务基础就是"实际员工总数"所代表的员工之间的关系，以及员工与"客户"之间的关系。优秀的员工会让客户保持愉快的心情，从而增加了重复购买的机会以及赢得新客户的机会。

因此，在"实际员工总数"和"客户"之间肯定应该存在着一种联系，因为这正是帮助我们维持业务运转的根源。然而，这个连接非常模糊：我们无法使用方程式来描述这种关系，也无法使用会计手段对它进行定义。但是，这并不妨碍它作为一个事实的存在，我们可以创造一个词来描述我心中的这个概念，姑且称之为"拥有优秀员工对吸引和保持客户的作用"，如图10-6所示。

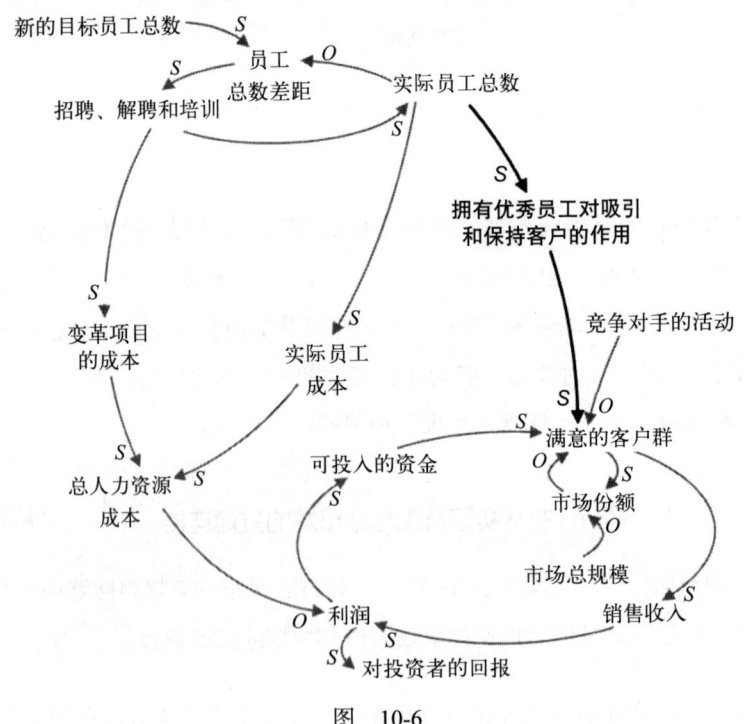

图 10-6

这就触发了从"招聘、解聘和培训"控制杆到"拥有优秀员工对吸引和保持客户的作用"之间的联系。

是 S 型连接还是 O 型连接

Seeing the Forest for the Trees

你是否同意在"招聘、解聘和培训"控制杆到"拥有优秀员工对吸引和保持客户的作用"之间存在着联系？如果存在，这种联系是 S 型连接还是 O 型连接？

我相信它们之间应该有一个连接，而且是 O 型连接。通常一个变革计划总会暂时降低一个组织的运作效率。有经验的员工被招聘和培训工作所占用，从而被迫减少了用于直接接触客户的时间。如果发生了裁员，这不仅需要花费各级管理者一定的精力和时间，还会降低员工士气。"招聘、解聘和培训"控制杆就代表了在执行这些措施所进行的各种工作，因此，从我的思维模式来看，我认为从"招聘、解聘和培训"控制杆到"拥有优秀员工对吸引和保持客户的作用"之间应该是一个 O 型连接。对这个控制杆相关的活动投入越大，组织关注客户的注意力就越低，如图 10-7 所示。任何曾经做过经理的人可能都会有类似的体会。

最后这个连接是不是有些出乎你的意料？你可能认为这应该是一个 S 型连接，因为"招聘、解聘和培训"的最终用意当然是为了提高"拥有优秀员工吸引和保持客户的作用"。没错，这个逻辑是对的，但这只是"招聘、解聘和培训"成功完成之后的效果。我们需要正确分辨变革过程本身和它一旦完成后所产生的结果对组织的不同效应。变革项目执行过程中的"招聘、解聘和培训"所带来的负面效应恰恰在图中的 O 型连接中得到了体现。而项目完成后的促进效应是从提高"实际员工总数"中得到体现的，而这已经在图中体现为从"实际员工总数"到"拥有优秀员工对吸引和保持客户的作用"之间的连接，这确实也是一个 S 型连接。在调节回路中，措施（在这个例子里就是"招聘、解聘和培训"）通常是一些暂时的、会带来负面效应的活动，其作用通常只在措施执行时发挥效力。

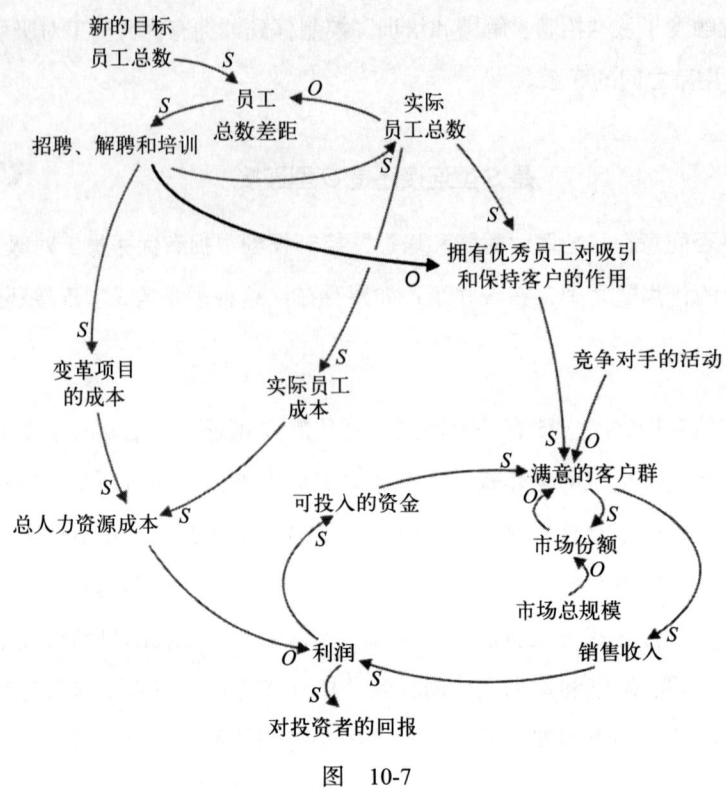

图 10-7

10.7 最后一个连接

被遗漏的连接

在调节回路和增强回路之间还存在着一个连接，你发现了吗？

到现在为止，图中从调节回路到增强回路之间已经存在着两个连接了，其效果恰恰相反。经过"总人力资源成本"到"利润"的连接是一个 O 型连接，因此起到了减缓增强回路旋转的作用，而经过"拥有优秀员工对吸引和保持客户的作用"到"满意的客户群"的连接是一个 S 型连接，从而起到了为增强回路踩下油门的作用。这符合常理，因为管理的主题就是对这两种效应的平衡。

然而，这两个回路之间还存在着一个更重要的连接。但是这个连接却是从增强回路出发，指向调节回路：它连接了"可投入的资金"和"招聘、解聘和培训"，而且是一个 S 型连接。

至今为止，在这个故事中，或者更确切地说是在前面各章节中所述的故事中，我都故意略掉了一个很重要的话题：从"可投入的资金"到"满意的客户群"之间的连接。我们可以从直觉上判断出这一连接确实存在，因此，在至今为止的所有系统循环图上都表示出这一连接肯定没有问题。然而，这种处理方式忽略了投资是如何工作的这一问题。这并不是自发发生的，它之所以能够发生，是因为经理决定在某个项目进行投资，以帮助争取新客户及保留现有客户，这也正是在至今为止的所有系统循环图中只使用一个箭头来连接"可投入的资金"和"满意的客户群"的原因。

然而，在当前这个案例里，是什么在帮助争取新客户及保留现有客户呢？肯定是"招聘、解聘和培训"这一活动，而它需要"可投入的资金"的支持，因此这里存在着一个从"可投入的资金"到"招聘、解聘和培训"的连接，它代替了从"可投入的资金"到"满意的客户群"的连接。从概念上讲，这些连接都是惟一的，但是我们现在找到了一个调节回路，而且我们也辨识出这个连接的实际含义。图10-8描述了这种情况，并用一个虚线表示了这个被代替掉的连接。

这幅图符合常理吗 ／Seeing the Forest
／for the Trees

仔细看一看图10-8。它符合常理吗？增强回路在哪里？它和原来的那个调节回路有什么关系？

我相信它确实符合常理，因为我们在后面就要看到，这幅图是通用战略系统循环图的一个基本构建模块。增强回路本质上仍然存在，不过换了一个新路径：从"满意的客户群"开始，经过"销售收入"、"利润"和"可投入的资金"，然后转向"招聘、解聘和培训"，继而是"实际员工总数"，接着掉回头来经过"拥有优秀员工对吸引和保持客户的作用"回到"满意的客户群"。这个回路一路上都是 S 型连接。这就是最初的那个增强回路，但是这里不仅明确地指出了"可投入的资金"的使用方式，即"招聘、解聘和培训"，还明确指出了为什么要对这项活动投资，即为了提高"拥有优秀员工对吸引和保持客户的作用"。所有这一切都是：

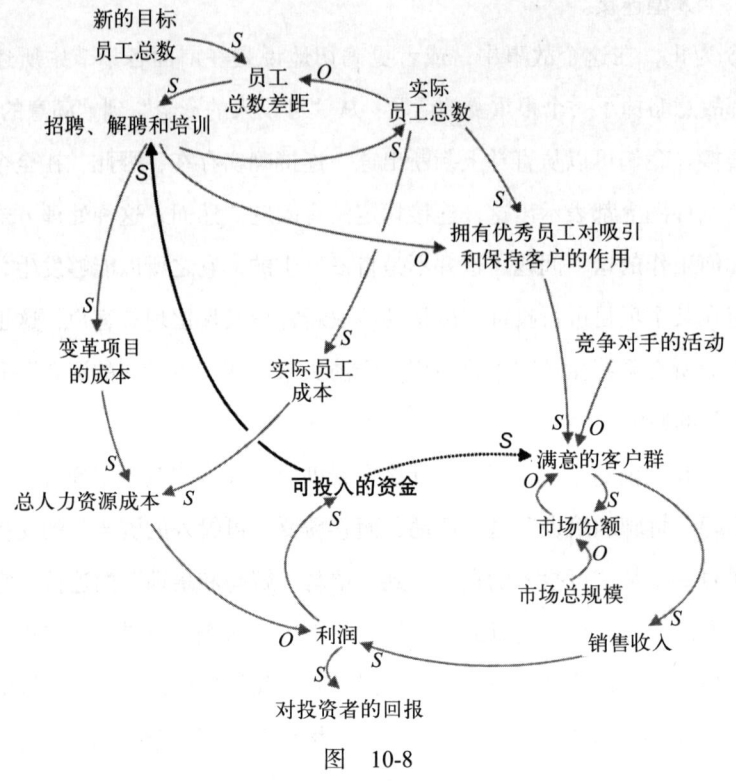

图 10-8

- 被"新的目标员工总数"这一输入政策悬摆所驱动。
- 获得市场份额和对投资者的回报这两个成果，同时都受到如下因素的约束：

——外部约束因素：竞争对手的活动和市场总规模。

——内部约束因素：总人力资源成本，以及进行"招聘、解聘和培训"干扰了"拥有优秀员工对吸引和保持客户的作用"。

在这个例子里，从调节回路到增强回路只有一条连接

这幅图有一个很显著的特点，即只有一条连接从调节回路指向增强回路。这意味着只有一种管理行为可以让增强回路旋转得更快些。其他连接都扮演了"刹车"的角色。

这一驱动连接非常关键。离开了它，增强回路就会逐渐萎缩，直至停滞，甚至可能退化到指数衰退的情况。然而，这个最重要的连接在图中却表现为一个模糊连接——"拥有优秀员工对吸引和保留客户的作用"。

10.8 其他控制杆作用如何

其他控制杆

迄今为止，这幅图展示了业务增长的增强回路和拥有员工总人数控制杆的调节回路。如果我们当初选择组织关于品牌形象的政策作为出发点，这幅图看起来又会是什么样子呢？

图 10-9 能否反映这一变化？

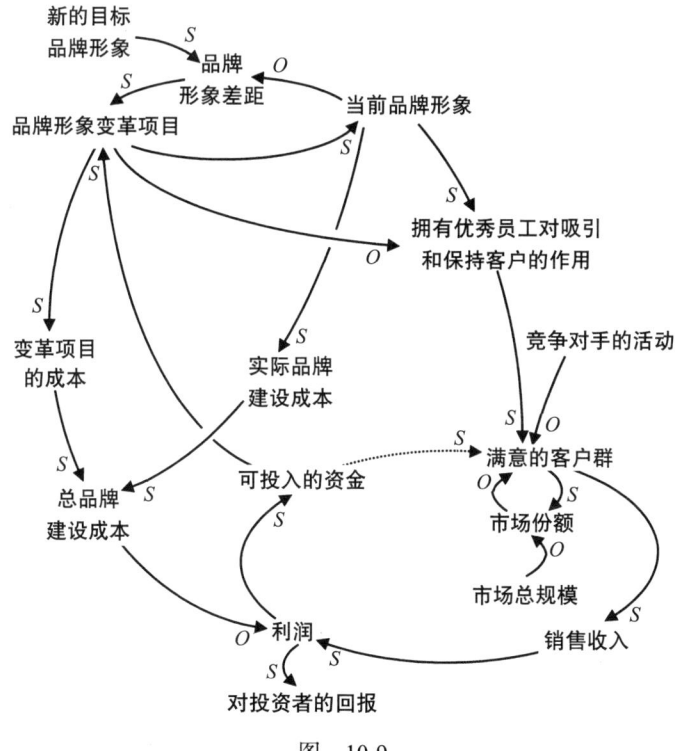

图 10-9

在这里，故事的动因是建立更时髦的品牌、更改公司名称或公司标志的想法。这就产生了"新的目标品牌形象"，这与"当前品牌形象"显著不同，因此产生了一种"品牌形象差距"，从而启动了一项"品牌形象变革项目"。

这当然会产生显著的"变革项目成本"，它需要"可投入的资金"的资助。另外，在稳定状态下，无论对于新品牌形象，还是旧品牌形象，都会产生"实际品牌建设成本"，它是"总品牌建设成本"中的一部分。

我们为什么要采取这些行动？因为我们相信一种可以称为"品牌形象对于吸引和保留客户的作用"的概念。如果不相信这个，我们就不会在这个项目上投资，不是吗？同样地，变革项目本身通常会产生一种负面效应，因为资深经理花费了大量的时间去争论新的名字以及新标志的色彩，而客户们则会感到疑惑：这个陌生的而无法发音的新名字是什么意思？

这幅图和上幅图有什么区别

Seeing the Forest for the Trees

实际上，除了一些具体名词的改变之外（比如"招聘、解聘和培训"变成了"品牌形象变革项目"等），这幅图和上面那幅图并没有其他不同。由于两个故事的环境不同，这些名词变动实属正常，但是，从结构的观点来看，这两幅图是完全一样的。

我确信你一定也已经猜到，即使我们选择"定价策略"、"资产政策"或者其他任何政策作为出发点，这些系统循环图也还是一样的。确实，这幅图非常具有一般性。

无论控制杆是什么，它都会和一个调节回路相关。在这个调节回路内部，该控制杆任何目标状态和实际状态的偏差都会触发一个管理措施。这通常是某种形式的变革计划，它持续的时间完全依赖于使实际状况与目标状况达成一致所需的时间。

这些工作的总体目标是为了调整控制杆的实际状态，从而对业务增长引擎有利，而这通常表现为能够吸引和保留客户。

维护控制杆的实际状态产生了运营成本，变革项目也是一样。它们共同反馈到增强回路，共同起到消耗利润的作用。同时，变革项目本身通常也可能会带来负面影响。

变革项目的经费来源通常是资金投入，而且由于经费的来源通常只有一个，因此每个控制杆都会参与到对资金投入的竞争中来。管理者最重要的管理决策就是在这些相互竞争的控制杆调节中分配预算基金。这一决策决定了在各种各样的控制杆中哪一个更有活力，而分配预算的总体目的就是为业务的指数增长加油，从而尽可能有效地促进所期望成果的增长。这是一个非常需要智慧的决策。

10.9　通用商业模型

正如我们在列举关键控制杆及成果时所看到的那样，成果的数量通常明显少于控制杆的数量。一般来说，一个增强引擎总是被很多不同的控制杆控制着。从上面论述可知，由于所有控制杆和增长引擎的相互作用方式都很类似，因此我们可以得到一个更接近实际的业务模型，如图 10-10 所示。

图 10-10 展示了一个具有两个成果（"对投资者的回报"和"市场份额"）与四个控制杆（"员工政策"、"品牌政策"、"产品政策"、"资产政策"）的业务模型。每个与之相关的调节回路都在图中使用一个标志加以标注，而这些调节回路和增长引擎的相互作用都抽象为成本和增长驱动因素，后者是对各控制杆对吸引和保留客户具体作用的简单表述。

在增长引擎的中间是资金分配，它代表了公司如何在各种不同的控制杆之间分配增长引擎所带来的利润的决策。

你的组织如何进行投资分配决策

Seeing the Forest for the Trees

每项业务都要进行这种决策，那么，你的组织是如何进行决策的？是否在完整地理解了本图相关增长驱动因素的基础上进行决策的？

虽然图 10-10 已经显得很复杂而抽象了，但在真实的商业环境中，没有任何一项业务只有四个控制杆，它们会受到很多控制杆的交互作用。不过，如果你认真地跟着我们从本书的开头阅读并练习到现在，我确信你已经可以看到一项多重控制杆的业务是如何绘制在这幅图上的，而且你也会看到拥有不同增长引擎的业务是如何描述出来的。

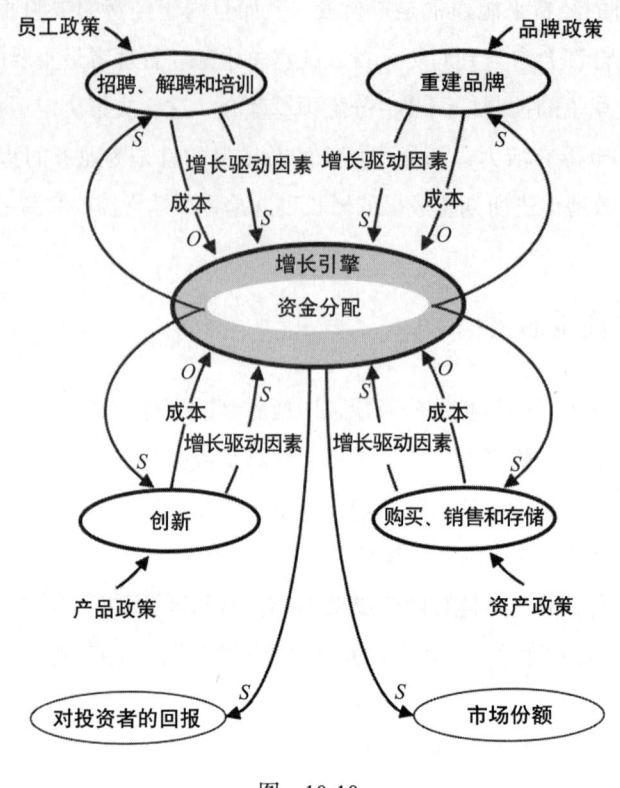

图 10-10

然而，这并不仅仅是一幅图，它同时也是进行计算机仿真建模的桥梁。根据本图所包含的逻辑，你就可以构建出自己的拥有各种不同"控制杆"的"控制面板"。这个模型也保证了我们可以对业务进行动态仿真，并得到类似于图 5-5、图 8-4、图 8-10、图 8-11 这样的图。计算机仿真会将静态的纸面模型变为动态的"电影"——这种"电影"才当之无愧地配得上"系统动力学"这个词。我将在第 12 章和第 13 章进一步剖析这一主题。因为各个控制杆相关的通用结构的行为基本一致，所以构建一个战略系统的系统动力学模型并不像你想象得那么困难。原则上说，你只需要构建两个通用模块，其中一个就是增长引擎，另一个就是控制杆的通用结构。然后复制控制杆模块，进行适当的修改，并辅以合适的数据，就可以轻松地完成工作了。

相对于构建各个控制杆的模块逻辑而言，为它们填上合适的数据更为困难。对每个控制杆而言，最重要的因素就是"××对吸引和保留客户的作用"，而这一关键因素却是非常模糊的。这类因素和你在会计报表上看到的内容属于完全不同的范畴，它们只存在于睿智的战略家所描绘的系统动力模型中。系统动力学模型对模糊变量的承受能力非常高，这是因为即使无法清晰地描述它们，但系统思考理论仍然认识到了模糊变量至关重要的意义。

绩效评测

"如果你无法测量它，你就无法管理它。"这句话非常有道理。从另外一个角度看，所有绩效评测系统的目标都是去评测那些你需要管理的因素。

它们真的能做到吗？

系统思考的精髓就是去处理这种复杂性，从而透过森林找到合适的树木，并分辨出最重要的因素。因此，系统循环图中所描述的那些因素就正是你要管理的内容。然而，如果你浏览了本书中的大多数图，你会发现图中的一些因素（比如"销售收入"和"利润"）能够在会计记录中找到。但是很多因素，尤其是像"优秀的员工对吸引和保留客户的作用"这样的成长驱动因素就很难在会计记录中找到踪影。

因此，业务评测系统难道仅仅是记录那些易于测量的因素，而放过了其他因素吗？实际上，它应该是测量所有真正重要的因素，即使它们非常难以测量。绘制系统循环图的另一项好处是，在绘制过程中有助于辨识出需要控制的关键因素，而睿智的组织就会开始着手解决如何测量的问题。在这方面取得成功的企业将会获得丰厚的利润回报。

10.10 完整的图像

在这一节里，我会把迄今为止我们所遇到过的图中两类看起来关系不大的因素使用悬摆连接起来。

首先是关于控制杆目标状态的问题。在至今为止所有的图中，控制杆的目标状态（比如"新的目标员工总数"或"新的品牌形象"）都是标明调节回路目标状态的输入悬摆。那么，这些目标来自何方？

其次是成果的目标状态问题，这一问题在至今为止所有的图上都没有出现过。以前图上出现的所有这些成果因素，比如对"投资者的回报"和"市场份额"，都是代表着当前业务运行成效的实际成果，而不是目标状态。

实际上，控制杆和成果这两类看起来关系不大的因素可以在同一张图中连接起来，如图10-11所示。通常，"改变一个或多个控制杆目标状态的决策"都是由"目标成果"和"实际成果"之间的"差异"所确定的。

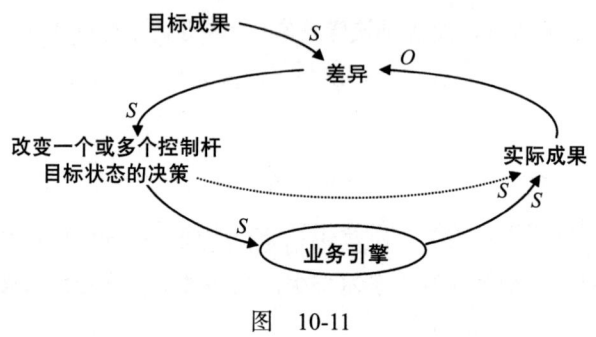

图　10-11

这幅调节回路图驱动着"实际成果"向"目标成果"逼近。业务引擎代表了前面那些图的内容，它有一个输入悬摆，代表着所有控制杆目标状态的集合，它也有一个输出悬摆，代表了所有实际成果的集合。

实际上，在大多数业务中，依照所选取的时间尺度的不同，图10-11的调节回路可能会在三个层面上运作。在最短的时间尺度上，即一个会计年度之内，尤其是在接近会计年度结束时，"目标成果"就可以具体化为"本年度的预算"，而"实际成果"则具体化为"本年度的累计"，它可以从最近一段时间的管理会计记录中得到。由"差异"所驱动的行动就是寻找各种"短期修正措施"，比如削减培训经费（短期内重设员工总人数的控制杆），或者是一场新的促销活动（短期内重设市场份额的控制杆），或者其他方式，期望能够将年度实际费用与年度预算保持一致，如图10-12所示。

从中期来看，可以使用一幅类似的图来描述确定下一年预算的过程，如图10-13所示。

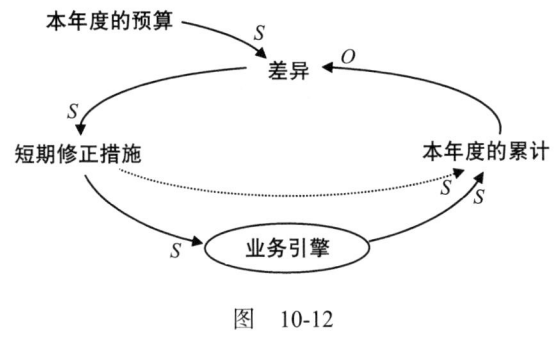

图　10-12

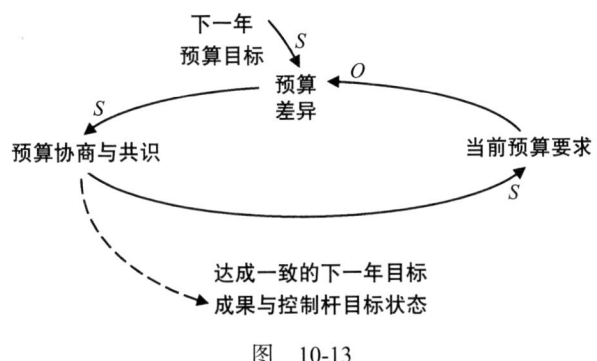

图　10-13

这一过程在不同业务中的运作方式有所不同。那些采用"自上而下"方式的公司，会从"下一年预算目标"开始；那些采用"自下而上"方式的公司，会在汇集了所有部门预算之后，再从"当前预算要求"开始。无论采用哪种方式，所有的组织都会经历这个循环，通过协商、争论、交涉，直到最终达成协定，并具体体现为"预算"，它既代表了下一年业务发展的目标成果，也代表了下一年业务控制杆的目标状态。一旦已经就控制杆目标状态达成一致，就会将它们同控制杆当前状态进行比较，见图10-11。图10-13底部所示的箭头采用虚线形式，以表示这中间存在的一条信息流，而不是因果关系；同时，这个箭头上面没有 S 型连接或 O 型连接的标志，这是因为"随着围绕预算的协商和争论的增加，达成的下一年目标成果和控制杆目标状态是增加还是减少"这一问题并没有实际意义。这是高层次系统循环图的特点，它们通常都在处理一些比较抽象的概念。

从结构上说，这幅图同样适用于战略层次。当然，这里的时间尺度就更长了一些。尽管所使用的词语相差甚远，但是图形本身，无论是结构，还是概念，都是一样的，如图10-14所示。

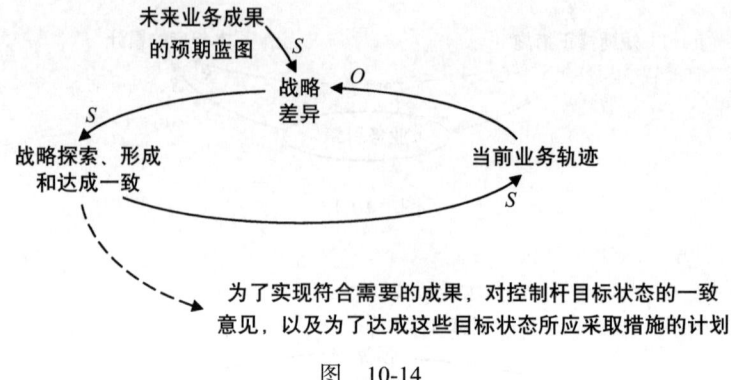

图　10-14

这幅图表达了这样的意思：从本质上说"战略探索、形成和达成一致"的过程的驱动因素是本图中所称的"战略差异"，即"未来业务成果的预期蓝图"与"当前业务轨迹"之间的不匹配。正如我们所见，经理能够采取的惟一相关措施只能是重设控制杆状态，也就是"为了实现符合需要的成果，对控制杆目标状态的一致意见，以及为了达成这些目标状态所应采取措施的计划"。

然而，"未来业务成果的预期蓝图"从哪里来？在我看来，它有一个而且只有一个驱动因素，那就是高层管理团队的"雄心、远见和想象力"，如图10-15所示。

把上面三段内容结合起来，就可以画出一幅真正的"大图"，如图10-16所示。

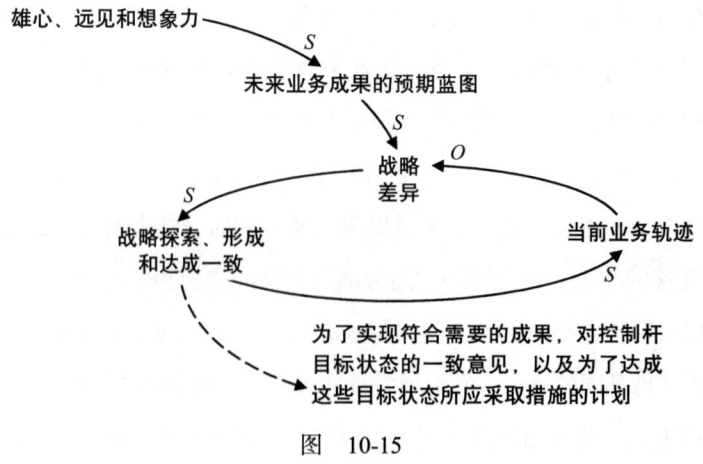

图　10-15

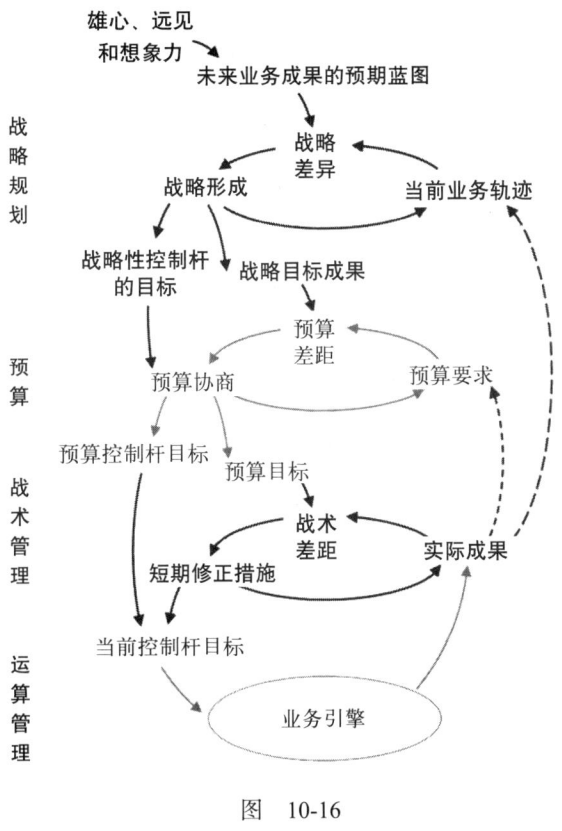

图 10-16

组织如何确定战略

图 10-15 揭示了三种不同的战略形成方式：

- 方式 1：对"当前业务轨迹"的总体评价是"好的……真的不清楚……可能正常吧"，这样的组织没有多少"雄心、远见和想象力"，从而"战略差异"相对较小。

- 方式 2：业务正在接近危机，对"当前业务轨迹"的总体评价是"我们可能会陷入一片混乱"。这种情况下，尽管没有多少"雄心、远见和想象力"，但"战略差异"仍然非常显著，只是其驱动因素是危机，而不是"雄心、远见和想象力"。

- 方式 3：组织具有高度的"雄心、远见和想象力"，而且业务走势良好。"战略差异"非常显著,但是这主要是由于拥有非常宏伟的"未来业务成果的预期蓝图"所致。

你所在的组织目前是哪种方式?

10.11 激发雄心、远见和想象力

图 10-16 指出,业务战略的根本驱动因素在于组织(或者更准确地说是领导者)的"雄心、远见和想象力",它会具体表现为"未来业务成果的预期蓝图"。相反地,"雄心、远见和想象力"越小,战略就越平庸,这一点在商界教父盖瑞·哈默尔(Gary Hamel)最近的《启动变革》(Leading the Revolution)一书中得到了明确阐述:"让计划人员去创造战略,就像要求砖匠去塑造米开朗基罗的圣母像一样。"

大量理论研究指出,远见和想象力这类特征是来自于个人的性格,只有很少的人生来就具备这种特质。我当然同意有些人具有惊人的领袖魅力,他们是真正的远见家;但是我也不同意其他人在这一点上都一无是处。在我看来,我们每个人都具有透视未来景象的能力,都可以激发自己的想象力,从而拥有伟大的想法。只要拥有勇于尝试的意愿,掌握相关的工具和技巧,了解相关的知识,充满自信,就可以提高这些特质。

所以,请允许我用介绍一种能够激发雄心、远见和想象力的方法来结束这一章。我在前文已经提到,战略管理方面有无数的书,还有更多的方法、工具、技巧和分析手段。不过,我打算在这里介绍的是情景规划(scenario planning)方法。

支持情景规划的思维模式其实是一个很简单的想法,即没有一个人能够预测未来。令人悲哀的是,这一想法可能导致有些人在制定长期规划方面无所作为,因为未来总有很多坏消息在等待着你。因此,我们所能采用的最佳方式似乎就只是根据不断出现的情况而进行一系列的日常决策。这种"守株待兔"式的战略决策方式被很多人(包括情景规划专家)认为不仅仅是一种管理缺位,同时也是一种严重的逻辑缺陷。因为一些决策必然需要很长时间去实施才能取得成果。例如,你希望开发一个新市场,新建一个重要的工厂,或者开发一种新药,这些决

策都需要很长时间才能看到结果，这通常超出了人们预测未来的能力。然而，这样的预测却非做不可。

对预测问题的另一种反应就是"我可以让未来成真"。我可能无法预测所有的事情，但是，至少就我的业务而言，"我可以用我自己的方式做到这一点"。持这种观点的人通常都是非常强力而富有支配感的人物，而且有时候他们也确实能够发挥影响力，但有时候他们也做不到这一点。

情景规划专家则采取了中庸的态度。尽管未来充满了不确定因素，但是仍然必须制定决策。有些事情我能够控制，但也有很多东西超出了我的控制。因此，我们所能采取的最佳措施就是，在现在这个时点上，对一系列可信的、可能出现的未来情景进行决策，并反复检验。这样，一旦这些未来情景真的发生了，我们就可以采用已经验证过的决策。积极地重复这一行为，我们就可以最大限度地降低因为突然面对意料之外的事件而陷入慌乱的可能性，并最大限度地增加"抓住下一波浪潮"的机会。

上帝、赌徒、学究和向导

/ Seeing the Forest
/ for the Trees

下图展示了从个人风格和信念两个角度，对计划方式的另一种划分结果。纵轴代表"风格"，包括"控制"和"授权"两种；横轴代表"信念"，包括"预测"和"探索"两种。

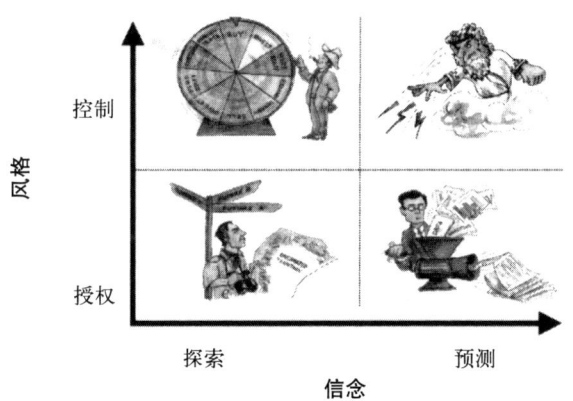

那些相信自己可以预测并控制未来的人是上帝。他们踌躇满志，而且知道一切问题的答案。他们根本不需要任何计划方法——他们就是有决断力。

那些在预测未来上不够自信但同样具有强烈控制感的人是赌徒。他们明白自己不会每注必赢,因此他们希望了解成功的机会。赌徒们需要而且很欣赏财务分析。

那些希望授权但认为他们能够预测未来的人是学究。他们偏爱分析、方法、数据和技术,因为他们总是在寻找"正确的"答案。学究们是深受欢迎的咨询顾问,总是会有很多人愿意为最新的"管理潮流"买单。

最后一角留给了向导。和学究们不同的是,向导们不相信仅仅因为掌握了正确的技术就能够自然地发现"正确的"答案。相反,他们知道未来无法预测,因此他们试图睿智地引导着自己的组织在各种不确定性之间穿行。向导们发现,情景规划是一种非常有帮助的工具。

我认为,进行情景规划的最简单方法就是完成一张如图 10-17 所示的表。列代表着变化的世界,第一列是当前世界,另外那些列则是几种可能的未来世界。三个行分别代表着环境、控制杆和成果。

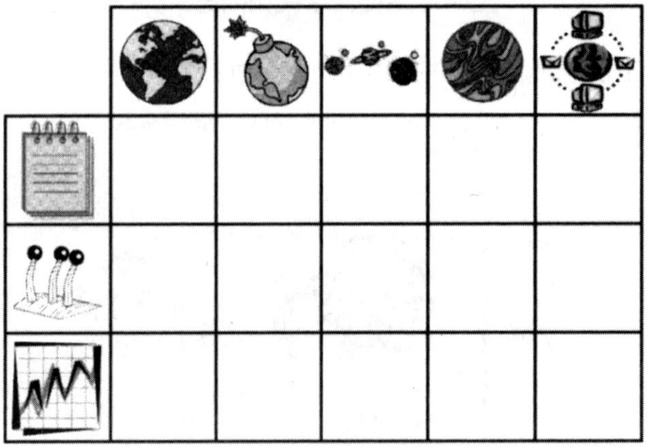

图 10-17

我们首先来看第一列,当前世界。这一列的中间和最下面两个空格不需要作进一步的解释,它们分别包括你所列出的所有控制杆和成果的名字及当前状态,这是本章前面几节讨论的内容。

无论如何,你的业务必然存在于一定的环境下——存在于当前世界的特定环境中。因此，环境空格应该包括对当前环境的描述。对当前环境的最佳描述方式就是结构化的要点列表，每一点都是当前业务环境的某一具体特征。描述的重点不在于你的业务特点如何，因为这一内容基本上可以通过控制杆和成果的名称及状态得知。相反，环境描述的重点在于外部环境的特点，比如政治环境、行业结构、竞争对手活动、人口等社会因素，以及影响你的业务和客户的技术趋势等技术因素。

这些描述需要大量深入的思考、讨论和思路的清晰化，它必须能够通过所谓的"火星人测试"，即如果你给一位正向地球进发的火星人发一封电子邮件，为他描述地球的景色，而他一降落就发现你所描述的正是他所看到的，那么你就通过了"火星人测试"。同样地，这些描述还必须非常具体，打个比方说，就是要画一幅工笔花鸟，而不是一幅泼墨山水。因此，如果你在"行业结构"、"政治环境"、"人口"以及其他条目下列举了几百条因素，根本不必惊讶。

10.12　如何具有创造性

到目前为止，我们所描述的过程只填充了情景规划表中第一列的空格，也就是说，只完成了当前的世界。接下来的步骤就是想象力发挥作用的时候了，因为它正是定义一系列可能的未来世界（五年、十年或者二十年后，你的业务所处的运行环境）的关键技能。

新事物至少要有一点与众不同

Seeing the Forest for the Trees

考虑一个你很熟悉的简单情形——比如，下国际象棋。假设你已经使用要点列表的方式完整地描述了棋局，而且在细节方面足以通过火星人测试，这样当一位火星人降落在地球上时，他仅仅依靠你的描述就能发现这是在下国际象棋，而不是在踢足球、玩牌或者开董事会。

现在想象一下，如果你还有对另外一个游戏的类似描述——比如说，西洋跳棋。你能根据自己的描述将这两种棋类游戏区分开来吗？它们很相似——都有黑白格子；都是两个玩家，在桌子边上，在一块板上面玩；使用的板子也是一样的,都是 8×8 的方格棋盘;都是老少皆宜、男女不限的游戏。国际象棋和西洋跳棋之间的不同之处,在非常底层的细节上:它们的棋子不同,而且移动的规则也不一样。

现在想象一种不存在的游戏。"疯狂的想法,"你可能会这样说,"我怎么能想象出一种不存在的游戏呢?"

事实上这还是有迹可循的。以一种现有的游戏(如国际象棋)为蓝本,列举出它的特征。然后,选择其中一个特征并改变它。一旦改变了这条规则,这个游戏就不再是国际象棋了,因为你改变了它的特征。这个游戏你从来没见过,因此它可能是一个新游戏。比如,国际象棋的一个特征就是"所有的方格都是一样的",这意味着没有"特殊"方格,如果你创造了一个特殊方格,一切就都变了(在中国象棋中,就有"米"字形帅府的"特殊"方格)。

如果国际象棋中出现了一个或多个特殊方格,会发生什么事情?你可能永远都不会被"将"死;也可能两个棋子会占据同一个格子;或者是同一方的"王"和"后",可以生一个孩子——一个"王子"(它可能成为一个"骑士"),或"公主"(一个新棋子?比如一个小一些的"后"——可以任意方向移动,但是每次只能走两格?)……

上面这个文本框中略述的这一过程,在帮助你激发想象力方面具有非常强大的帮助作用,它可以提高你的创造力,使你新的思路喷涌而出。上述方法的作用可以归结到以下两个根本方面:

- 业务中的创造和创新从来不会无中生有地出现,也不会在完全不熟悉的领域出现。也就是说,它们总是在你熟悉的领域出现,从那些你已经获得成功的领域出现。因此,任何从一张白纸开始的做法都忽视了你已经拥有的知识——这是创新最重要的养分。
- 其次,上述方法揭示出,一旦提出了一个新想法,新想法和现有想法之间的差异只是一些细节上的差异。

因此,这一过程的出发点并不是一张白纸,而是对你所了解的当前的一切以要点列表的形式的综合描述。一旦形成了这张列表,下一步就是选择某项特征并质疑："可以怎样改变这一特征？"这就迫使必须就差异进行交流，而差异正是创新的来源。"新的必然是不同的"，这句话千真万确，"不同的未必是新的"，这句话我们也都明白。然而，就差异进行交流确实是一个好的出发点。

这一过程被称作"创新行动"（InnovAction），在我的另一本书《创新和创造须知》（Smart Things to Know about Innovation and Creativity）中有详细介绍。如果你希望找一些类似的例子，在那本书中可以找到很多，但是，对于试图了解如何应用情景规划而言，你现在的基础已经足够了。对当前世界的各种描述进行整理的过程给你提供了一个良好的出发点，比如你对当前世界的描述是"行业结构的特点是有 4 家全球性机构，在英国有 16 家大公司和很多小公司"，这一描述本身就为你想象不同点提供了广阔的舞台。

如果 4 家全球性机构合并了会怎样？如果英国的 16 家公司分拆了怎么办？如果小企业联合起来怎么办？所有这些都有可能发生。如果某种情况发生，而我们静观待变，会对我们的当前业务产生怎样的影响？我们会变得更强大，还是遭到削弱？如果会遭到削弱，我们现在应该做些什么才能变得强大？可能我们需要启动一项关于合并的讨论，从而改变我们"合并和收购"控制杆的状态。这实际上就是战略的素材。

通过依次选择当前世界的特征并质疑"如果它有不同的选择，世界会变得怎样"，你可以获得很多很多对未来世界的描述——特别是在 12 人左右的研讨会上，这一效果更为明显。实际上，一两天的研讨会效果比较理想。理论上可能得到成百上千种结果，暂时看起来会是一团糟，但是当不同的主题逐渐汇聚到一起的时候，就会逐渐形成多个自身一致的主题组。这有助于对一系列未来世界的可能描述进一步达成一致。

再经过一定的整理，就完成了情景规划表中的第一行，我们已经就可能的未来世界进行了深具见地的分析和描述，它们既与对当前世界的描述保持一致，又存在着不同。

这一过程的一个重要特征就是没有做出任何判断，无论是对某种特定情形出现的可能性，还是我们所希望的未来世界，都不做出判断。我们实际上只是在列举可能发生的情况，而不是在判断各种可能性，或者列举我们希望发生的事情。

10.13　回到控制杆和成果

目前我们已经达到的阶段是：我们已经完成了图10-17第一行中的各种环境的描述，它们代表了我们所选择的世界，而且和当今世界一样，它们也有控制杆和成果。

下一步的工作就是针对每个可能的未来世界提问题，"如果各控制杆仍然保持在当前世界中的位置，相应的成果是'好'还是'坏'？"这就是用各种可能的未来世界对控制杆当前状态进行测试。在某种意义上，这是一个想象力和直觉的问题：我们能否想象，在任意给定的未来环境下，运行于现有的政策框架下的业务绩效会变得怎样？

我们中只有很少一部分人能够依靠直觉回答这个问题，大部分都办不到。这些控制杆和成果之间的联系在时间和逻辑上都被割裂了，而且最终结果严重依赖于相应的环境。这就是系统思考真正的帮助意义的所在：它提供了一种强有力的分析框架来处理这一切。而且，在得到计算机仿真支持的情况下，这一工具的作用就更加有力，因为这样就可以追踪业务的演进过程，可以看到业务是如何从当前的世界演进到未来的世界的。实际上，情景规划中的"情景"二字指的就是这些讲述业务如何经过几种可能途径，从当前世界演化到未来世界的故事。

假设你认为在某种未来世界中，使用当前世界中的控制杆的状态会让你的业务成果获得"坏"的评价。你下一步会做些什么？你会重新设定控制杆的状态，并力图找到为了获得"好"的成果，应该将控制杆状态设定成什么样子。这就是雄心发挥作用的地方，因为可能需要将控制杆设定到一个与当前状态差距很大的目标状态，或者引入一个新的控制杆——全新的产品、全新的市场或者全新的方法，或者以上都引入。实际上，这些控制杆一直都存在，只是在此之前它们的目标状态和实际状态之间的差异一直是零而已。控制杆状态的设定再一次需要直觉的支持，或者需要参照系统循环图，再或者需要计算机仿真模型的支持。

因此，在审查了每一个未来世界之后，你会获得一张完整的图表。你拥有对当前世界和可能的未来世界详细而完整的描述，在每一个世界中，你在最下面一行都列举了最"好"的成果；在中间那行，你指明了为了获取这些好的成果，控制杆的状态必须设置成什么样子。

接下来，有趣的故事将开始上演，因为这将是你开始决策的起点。正是在这一点上，不同的企业采取了不同的方式。有些企业倾向于低风险，它们试图在多种不同的未来世界中选择尽量一致或者相似的控制杆状态，这意味着在这种选择下，尽管未来可能沿着很多条路径向前演进，但组织的业务都将保持相对稳健。另外一些企业则会采取风险较高、把握较小的方式：管理团队制定了一个奋斗目标，然后奋力拼搏。情景规划练习可能会指出，如果未来沿着某条特定路径演进，企业会取得辉煌的成功；沿着其他一些路径前进，则会取得一定程度的成功；而在另外一些情况下，则可能会走向灾难。在这种选择下，虽然有些情景下后果不佳，但至少部分结果非常有吸引力，从而使整个团队拥有为它奋斗的雄心、远见和想象力。他们会投入地去做——当然，是靠睿智的分析，而不是匹夫之勇。

情景规划过程指出，选择特定战略路线将决定企业在什么样的外部环境下会带来一场战略成功，而在另外一些外部环境下会产生负面影响。因此，随着未来逐渐演变成真，组织就可以跟踪当前发生的一切，尽早就当前环境变化趋势是好是坏进行预警。如果趋势利好，那么一切都很好；如果不好，那就可能需要重新考虑战略。无论如何，这种做法都不再是对特定外界事件的"膝跳式"反射；相反，这表明，我们清楚地认识到我们并不能控制一切事情。

这项练习的成果可以归纳为四点：

- 借助于对未来世界的描述，它令人关注未来的情况。
- 它清楚地指明了在某一特定未来世界中，各控制杆应处的状态。
- 将这些战略控制杆目标状态同实际状态相比较，它指出了为了弥补这些差距所应该采取的措施。
- 它有助于形成对未来和当前情势的深刻认识，培养积极性和奉献精神。

第 11 章

SEEING THE FOREST
FOR THE TREES

公 共 政 策

11.1 系统思考同样适用于公共政策事务

本书中至今为止的绝大多数例子都和商业相关，都是在处理诸如如何平稳地增长业务、如何形成战略这样的事情。然而，系统思考绝不仅仅限于商业和商业组织。杰伊·佛睿斯特的大多数开创性工作都和公共政策有关，比如他在《城市动力学》(1969)中讨论了城市中心衰败的问题，在《世界动力学》(1971)中强调了人口增长和环境污染问题。而由彼得·圣吉和他的研究小组最近出版的《学习型学校》(*Schools that Learn*)(2000)一书中所探讨的也完全是教育问题。

因此，在本章中，我们将通过分析人口增长、"全球变暖"等问题，来演示系统思考如何应用于公共政策领域。"全球变暖"，即地球温度逐渐上升，虽然每年上升只有零点几度，但它对这个星球上的所有人都具有重大意义。这一问题最近也常出现在报纸的头条，例如，美国总统布什拒绝签订《京都议定书》。这份于 1997 年在联合国的支持下签订的条约声明，39 个签约国（包括美国、英国、法国、德国、日本、俄国和中国等）承诺，减少从汽车和工厂中排放的温室气体（大多数环境学家和科学家认为温室气体是地球变暖的主要原因）。和其他协约一样，这一协议需要各成员国定期再次签署，而美国于2001年拒绝在《京都议定书》上签字。由于美国是世界上最大的温室气体排放国（占世界排放总量的25%），布什总统拒绝限制它们的排放量显然具有深远的影响。

布什总统的决策明智吗？他是否正在协助某些组织和个人对这个行星施虐？

我相信，阅读完本章之后，你会形成一个更为全面的看法。接下来的几页中将会展示一些反映我的思维模式的系统循环图，它们展示了我对这一复杂系统行为的理解。你可能不赞成，没问题！希望这会激发你绘制出自己的系统循环图，而且如果你这样做了，请告诉我！

11.2 重提人口

这一问题的出发点就是人口增长的系统动力学模型。我们在第8章已经看到，"人口"的增长可以使用一对相互连接的反馈回路来表示：一个被"出生率"驱动的增强回路和一个被"死亡率"驱动的调节回路。图11-1是对图8-13的一个更通用的表示，这里的"人口"现在指的是全球总人口，不分年龄，不分城市人口还是农村人口。

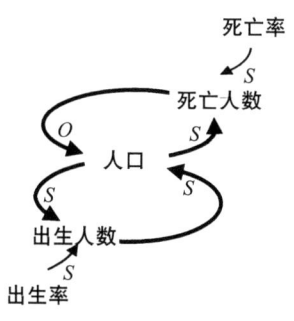

图 11-1

这个增强回路本应是指数增长，但是却因为调节回路而受到了抑制。由于"出生率"和"死亡率"都是速率悬摆，而不是目标悬摆，因此这个系统并不会向某个目标汇聚，而是会不断增长、减少或者稳定，这完全取决于"出生率"和"死亡率"的动态作用。除了自然衰老过程之外，影响"死亡率"的主要因素就是"疾病"了，如图11-2所示。

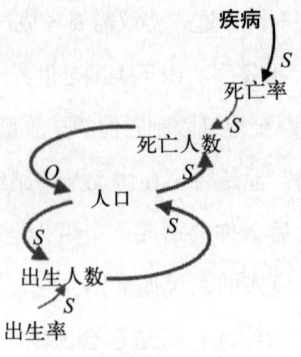

图 11-2

随着"人口"的增加,各种类型的经济活动水平也会提高:不仅基于城镇的制造和贸易活动水平在提高,基于农村的农业活动水平也在提高。在这些活动中,一些是出于生存的需要,如粮食生产;还有一些则是因为人们"对财富的欲望"所致,如图 11-3 所示。

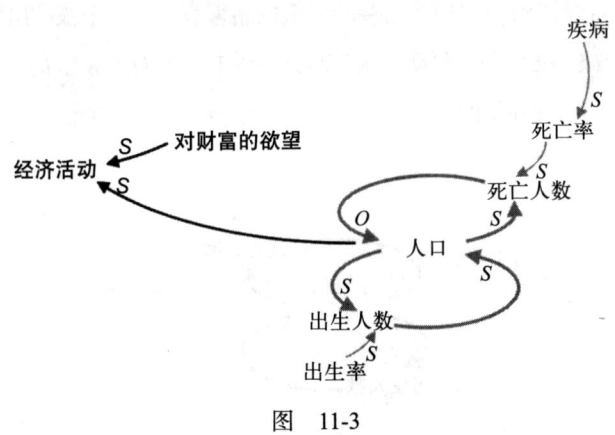

图 11-3

11.3 经济活动的后果

"经济活动"确实能够创造财富、改善生活的质量,但这并不是惟一的结果。随着"经济活动"的增长,"资源消耗量"也在上升。当资源很充裕时,当然天下太平;但是,当存在因"资源总量"限制,资源(如土地、水、石油、矿产等)不够充裕时,就引发了"对稀缺资源的竞争",进而引发"饥荒"和"战争"。这将会提高"死亡率",从而打乱了增强回路的指数增长。另外,随着人口的增长,"污染"也日益严重,这不仅是指产生的垃圾越来越多,而且还包括广义的对污染的定义,如过度拥挤、生活质量退化等。这当然会增加"疾病"的发生率,如图11-4所示。

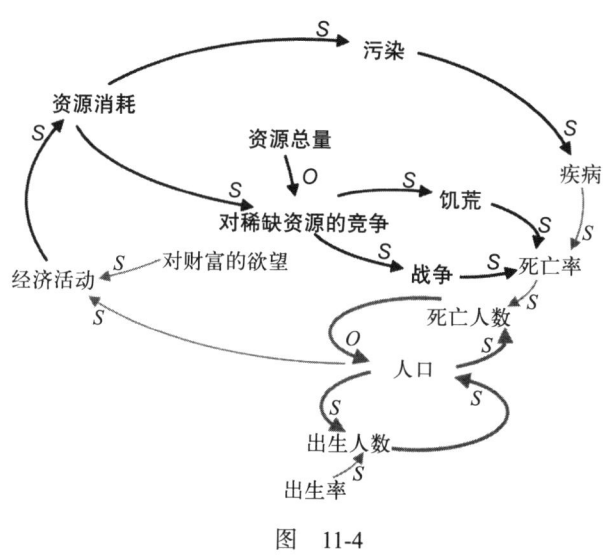

图 11-4

11.4 系统的结构和行为

在上面这个结构中,存在一个增强回路——连接着"人口"和"出生人数",以及四个调节回路,它们起着一定的"刹车"作用。其中,从"人口"经过"死亡人数"回到"人口"的调节回路代表着自然衰老的过程,其他三个分别经过"疾病"、"饥荒"和"战争",都大大提高了死亡率,使其远远超出了自然衰老的死亡率水平。

这四个反馈回路都可以在人类历史上找到痕迹。实际上,1498年阿尔布莱特·杜雷(Albrecht Düer)的木刻《天启四骑士》(*Four Horsemen of the Apocalypse*)所描绘的正是饥荒、瘟疫、战争和死亡(见图11-5)。

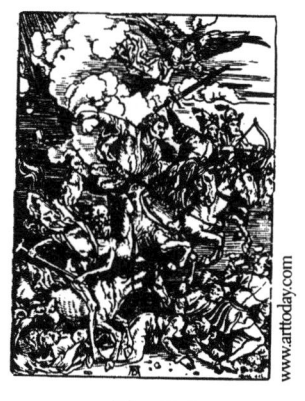

图 11-5

惟一能够最终对增长起到约束作用的就是"资源总量"目标悬摆，无论人口在这四位"骑兵"的影响下增长、减少还是稳定，"资源总量"都保持不变。几个世纪以来，尽管这四位"骑兵"为人类带来了各种浩劫，但是出生率始终都领先于死亡率，因此世界人口始终在增长，不过非常缓慢。1000年，全世界人口估计在3亿左右；到了1800年，已经上升到了10亿，如图11-6所示。

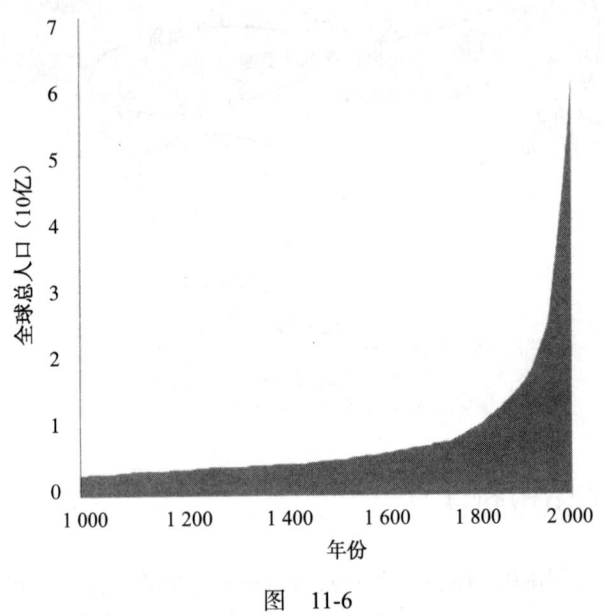

图 11-6

然而，自1800年以来，人口增长的速度迅速快了起来，而且越来越快：1927年增长到20亿；1960年达到30亿；1974年达到40亿；1987年达到50亿；1999年达到60亿。预测表明，到2013年，地球总人口会达到70亿；2028年达到80亿；而到2054年，则会达到90亿。

对于这种戏剧性的增长，有两种主要解释。一种解释是因为农业水平迅速发展，它减轻了食物供应"资源总量"的约束，至少在部分地区是这样；第二种解释是"卫生保健"条件得以改善，这缓和了另一个约束，如图11-7所示。

通过改善饮食和营养结构、加强公共卫生建设（比如自来水工程）、临床医疗技术的发展，以及过去60年中抗生素的使用，"卫生保健"得到了改善。这不仅降低了"死亡率"（降低新生儿死亡率，延长人均寿命并战胜疾病），还提高了"出生率"，因为育龄期妇女的健康状况得到了很大改善。

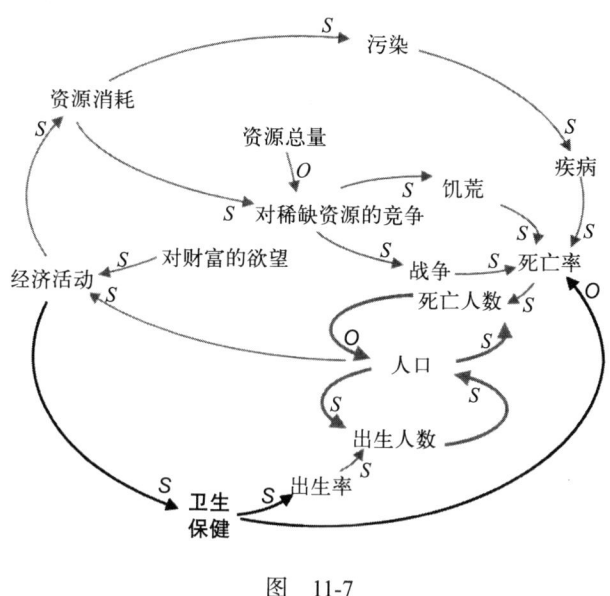

图 11-7

出生率和死亡率之间差距的逐渐拉大带来了戏剧性的效果。假设出生率为15‰，而死亡率为12‰，人口增长的关键驱动因素就是这个净差值3‰。假设现在死亡率从12‰下降到了10‰，而出生率从15‰上升到了16‰，那么净差值现在就变成了6‰：变为原来的两倍！死亡率和出生率的微小变化带来了净差值的较大变化，一旦这个指数增长引擎开始转动，它就会越来越快……

一项可以用来减缓人口增长的措施就是降低出生率，比如推广避孕措施和家庭计划生育。然而，过去三四十年的经验表明，推广避孕措施只是一种速效疗法，只起有限的作用，这在最需要控制人口的发展中国家尤其明显。一个更为睿智的政策就是"妇女教育"——尽管社会可能需要很长时间才会愿意这样做，如图11-8所示。

这幅图就是基于我的思维模式对过去五十年左右所发生事件的解释。但是，还有些不同：过去20年中还发生了其他一些事情，为了揭示这个问题，我们需要到火星上做一次旅行。

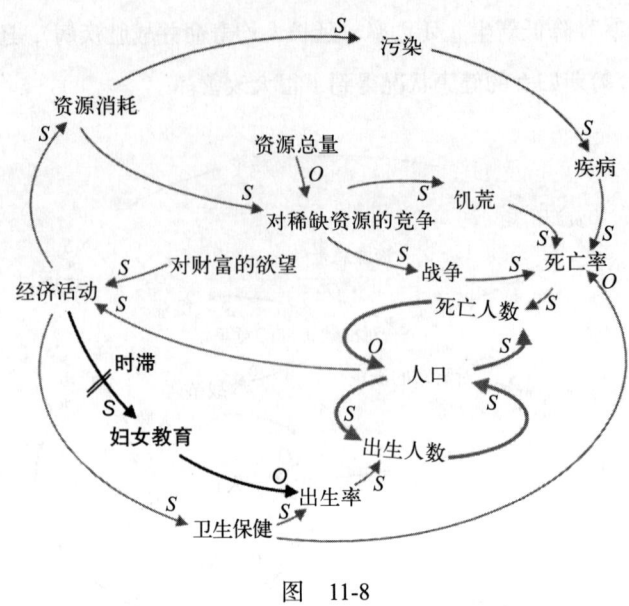

图 11-8

11.5 盖亚

如果你准备去火星，你会立刻发现它和地球之间有着几个明显的不同。比如，火星上非常冷：它的表面温度大概在 −53℃，而地球的平均地表温度则为 14℃。不过这一点你肯定可以理性地接受，因为火星与太阳的距离比地球到太阳的距离要远得多。和地球相似，火星也有大气层（不过比地球大气层要薄得多），由我们所熟悉的氧气、氮气和二氧化碳组成。尽管火星大气层的化学成分和地球大气层相似，但是这两种大气层的总体组成却相去甚远。地球大气层有 21% 的氧气，78% 的氮气，0.03% 的二氧化碳，其他大部分是氩气；火星大气则只含有 0.13% 的氧气，2.7% 的氮气，以及高达 95% 的二氧化碳，剩余部分也基本上是氩气。

还有一点区别：地球上充满了生命，而火星上只有死寂的石头。

地球和火星大气的差异引起了一位年轻的英国科学家的兴趣，他就是詹姆斯·拉佛洛克（James Lovelock），于 20 世纪 60 年代为美国的空间项目工作。拉佛洛克的项目就是设计出能够从地球或者宇宙飞船上探测遥远的星球上是否存在生命的方法。他很快就认识到，对于任何一个星球，从很远的距离就能够观测到的显著不同就是其大气层,因此他提出了这样一个问题:"行星的大气层是否存在一些能够暗示生命存在的特征?"他获得了一些数据。地球上有生命,大气层中富含氧气和氮气,但是只有少量的二氧化碳;火星上一片死寂,大气层中富含二氧化碳,只有少量的氧气和氮气。这种关联是偶然的,还是暗含着什么线索呢?

詹姆斯·拉佛洛克

Seeing the Forest for the Trees

詹姆斯·拉佛洛克是当今最杰出、最有影响力的科学家、哲学家之一,是一位充满原创思想的人。他拥有交叉学科的学术背景。他的第一个学位来自于化学,博士学位来自于医学,而他的科学博士学位来自于生物物理学——这样的背景正符合人们所期望的能够拥有整体、系统、打破界限的观点的人所具备的特征。1954 年他离开英国,在哈佛医学院访问 4 年,继而前往耶鲁大学,然后于 1961 年成为得克萨斯州休斯敦的贝勒大学医学院的化学教授。1964 年之后,他成为一位独立科学家,并在其后的日子里沐浴在各种奖金和奖励之中。

他个人发展中一个标志性事件就是 1957 年的"电子捕获探测器",这种仪器能够探测出各种微量存在的化学物质。他使用这种仪器证明了可以在各种地方发现残余的杀虫剂,包括南极企鹅的体内、母亲的乳汁里,从而为雷切尔·卡逊关于环境的巨著《寂静的春天》提供了有力的证据。20 世纪 70 年代,拉佛洛克的探测仪在证明大气中含有氯氟烃的过程中发挥了重大作用,并指出这一用于气雾剂和制冷剂的人造化学物质是破坏大气中臭氧层的元凶。臭氧层起到了抵挡紫外线照射地球表面的"盾牌"的作用,而紫外线具有致癌作用,对人体有害。从整体上看,我们正合力在臭氧层中钻一个孔——这在南极已经发生了,你可以从报纸上了解到这一点。在我看来,这可不是一个好消息。

拉佛洛克现定居英国康沃尔郡,是牛津大学格林学院的一位高级访问学者。

拉佛洛克的化学知识使他能够注意到火星大气层的一个重要特征。火星大气层中的混合气体正处于化学家们所说的"化学平衡"之中。这个科学术语的意思是说，无论它们混合在一起多长时间，它们相互之间都不会产生化学反应。他同样还认识到，地球大气则远远称不上是化学平衡。实际上，他的计算表明，如果地球大气达到化学平衡，则空气中会根本没有氧气，含有1.9%的氮气，98%的二氧化碳，0.1%的氩气，它们大概会处于240℃。这种大气组成非常类似于火星，而温度较高，则是地球距离太阳较近的缘故。

拉佛洛克同样知道，从地质学和化石来看，地球大气的组成结构维持在我们现在这种状况已经长达几亿年了——这比达到"化学平衡"所需要的时间要长得多得多。那么，为什么地球的大气组成被维持在这种远离"化学平衡"的状态这么长时间呢？

回答这个问题的最佳方式是回顾我们已经遇到过的一个奇怪的非平衡状态的例子。在第1章，我们讨论了一个由自行车和骑车人组成的系统，并了解到其自然的平衡状态就是自行车和骑车人都平躺在地上。只有在系统表现为开放系统，并由骑车人的腿部运动使得能量持续从中流过时，这个系统才会展示出动态平衡的行为：一种高度有序、自组织的状态。在这种状态下，自行车和骑车人保持着直立的姿态前进。

拉佛洛克伟大的洞察力体现在他认识到，地球大气层同样也遵循着类似规律。地球是一个开放系统，太阳不断为它提供能量，而且在全球范围内存在着大量的反馈。其结果就是，地球作为一个整体取得了高度有序的自组织动态平衡，从而地球的大气组成、地表温度和生命就变成了我们现在所感知到的这样。

然而，整个地球作为一个系统远比自行车和骑车人这个系统复杂得多。而且，将整个地球作为一个系统就意味着，地球上所有的东西都是这个系统的一分子：岩石、海洋、大气层、天气和生命。所有这一切都通过相互关联的、全球范围的反馈回路连接到了一起。

我们对地球的很多动态特性都很熟悉，而且也能感觉到这些全球性的反馈回路的存在。比如，海洋中的水蒸发后形成了云，最终会变成雨，或者直接回到海洋，或者通过河流回到海洋。氧气同样也有自己的循环：大气中的氧气因为动物的呼吸作用而被消耗，但是又通过植物的光合作用而被释放。这些个体过程通常会成为地质学家、生物学家、气象学家或者其他什么学家的研究对象，他们都只会孤立地看到"自己"的过程,并使用本学科的术语来研究、表述它们。与之相反,拉佛洛克提出,地球就是一个高度有序、自组织的系统,其中的每种事物都和其他事物联系在一起。

拉佛洛克用古希腊神话中大地的母亲的名字将这种一致性命名为"盖亚"(Gaia),这个名字是他的朋友和邻居戈尔丁(William Golding)建议的,戈尔丁本人是《蝇王》(Lord of the Flies)的作者,1983年诺贝尔文学奖得主。拉佛洛克最初于20世纪60年代晚期构思"盖亚"这一概念,于1971年给出了关于这一主题的第一次谈话,并于1973年发表了第一篇关于"盖亚"的文章,从此一直研究"盖亚"理论。他写了不计其数的文章,并著书四部,其中我最喜欢的是《盖亚:行星医学的实践科学》(Gaia: The Practical Science of Planetary Medicine)。毫无疑问,拉佛洛克的思想在过去那些年代里曾经引发了大量的争论,尤其是在那些眼界狭隘的科学家中最为猛烈。然而,在2001年7月世界最优秀的科学家们提出的《全球变革阿姆斯特丹宣言》(Amsterdam Declaration on Global Change)中,"盖亚"理论得到了大力推崇。这是从宣言的第一篇文章中摘录的一段话:"地球系统作为一个自我调节的系统,由物理、化学、生物和人类组成。各种组成部分之间的相互作用和反馈非常复杂。"

如果整个地球是一个系统,那么,根据系统理论,当你推动"这里"的时候,"那里"就会发生一些事情。从全球的角度来看,这就可能会导致显著的后果。

11.6 全球变暖

地球最重要的特征之一就是地表温度,当前是14℃左右。这是一个像我们这样的生命感到适宜的温度,几亿年(或者几十亿年)来一直保持着相对稳定,只有一到两度的变化,即使是在温度一度下降的所谓"冰河时代",地球温度也一直在11℃左右。

决定地表温度的是什么

/ Seeing the Forest
/ for the Trees

地表温度是地球从太阳接受热量的速率和地球向太空中散发热量的速率

之差所造成的动态平衡的结果。比如，如果太阳变得更热了一点，地球接受的热量就会更多一些，如果其他一切保持不变，则地表温度就会上升；同样地，如果其他因素提高了地球向太空中散发热量的速率，则地表温度就会变低。

一系列的因素在影响着地球向太空中散发热量的速率。其中之一就是地球被冰雪所覆盖的总面积和海洋与森林所覆盖的面积之比。由于冰雪是白色的，这会将热量反射到太空中去，而海洋和森林的深色则会多吸收一些热量。假如两极的冰融化了，那么这个行星上冰雪的比例就会下降，减少了地球向太空反射的热量，使得温度上升，从而融化更多的冰雪——这就是被称为反照率效应的增强回路。

另一个影响因素就是二氧化碳分子。因为太阳的表面温度非常高，大概5 500℃，因此从太阳散发出来的热量就以非常短的波长辐射出来。相反地，由于地表温度仅为14℃，所以从地球辐射出去的波长非常长。就像蓝色的玻璃只能让短波长的蓝光通过，而不能让长波长的红光通过一样（这就是蓝玻璃呈现"蓝色"的原因），二氧化碳可以让"太阳热"（短波）通过，而"地球热"（长波）通过起来却比较困难。

这一现象的效果就是大气中的二氧化碳就像一个单向的毯子，它让太阳的热量长驱直入，而减缓了地球将它的热量散发到太空中去的速率。空气中二氧化碳的数量越大，"毯子"就越厚，地球就越温暖；相反地，二氧化碳越少，"毯子"就越薄，地球就越凉。这就是温室效应，而二氧化碳和其他一些自然产生的气体如甲烷就被称为温室气体。

几十亿年来，地球温度始终保持着恒定的温度，变化不大，但是，与此同时，也发生了另外三件事。实际上太阳正在变得越来越热，这是恒星成长、衰老的表现。与此同时，大气中的二氧化碳也在稳定降低，大概从十亿年前的0.1%变为现在的0.03%——尽管火山爆发这种增加大气中二氧化碳含量的行为经常发生。然而整体上它们之间仍然得到了平衡。虽然太阳逐渐变得越来越热，但我们的二氧化碳"毯子"变得越来越薄，因此，地表温度基本上仍然没有明显的变动。在过去非常漫长的时期里，并没有证据表明其中哪段时间的地表温度非常高或者非常低。

那么，这是什么原因呢？是不是存在着一种由某种神秘力量所控制的全球空调设备在不停地运作着——就像无论是在夏天还是冬天，只要我们设定了家用空调的目标温度，就可以保持家中温度的恒定？

地球有空调设备吗

Seeing the Forest for the Trees

我们已经看到，地表温度已经在14℃这一水平上稳定了几百万年了。同样，就更小的范围来说，你的体温基本稳定在36.9℃。地表温度以及全体人类的体温为什么会保持总体上的稳定，而且稳定在这些特定的温度上呢？

答案就是："这就是融合的作用。"系统复杂程度越高，其融合属性——系统某一层次的一种属性，无法通过对该层次系统各组成部分的观察而推知这一属性——的表现就越令人惊讶。就像非常简单的自行车——骑车人系统的"位置"属性会稳定在"竖直"这一数值上一样，地球这一复杂得多的系统在"温度"这一属性上会稳定在"14℃"这一数值上，而人体系统在"温度"属性上则稳定在"36.9℃"这一数值上。

地球和人体是两个高度复杂系统的例子，它们都由不计其数的、相互关联的反馈回路组成——比本书中任何一个例子都复杂得多得多。当这么多反馈回路非常和谐地运作着的时候，就会出现各种融合属性——在地球和人体这两个例子中，温度就是融合属性之一——这在计算机仿真中可以观察得到。我们对这些复杂系统理解得越透彻，就越能理解为什么温度会停留在那些特定的数值上，但是，到目前为止，惟一的解释就是"融合"。

即使太阳在不断变热，长期以来地表温度都仍然维持在14℃左右，这是一个非常壮观的例子，它阐释了我在第1章所介绍的一个概念：自组织系统的自修正能力。就像一位骑车人能够调整自行车的摇晃一样，复杂自组织系统中大量反馈回路的交互作用起到了保护系统免受外部冲击影响的作用——至少可以在一定程度上降低这种影响。如果自行车的摇晃过于严重，骑车人可能会摔倒，稳定的动态平衡自组织状态就会突然失去秩序，进入混沌状态，最终达到静态平衡的状态，这时骑车人和自行车就会静静地躺在地上。很多自组织系统都具备这种融合出来的自修正机制来尽量维持它们的自组织能力，但是，这种能力通常总会存在一定的极限，超过了这一极限，这种机制就会遭到破坏。

与自组织和自修正原则相对应的就是，地球总是在尽力维持它的"自然"温度，一旦出现了扰动，就会激发一定的反馈机制来恢复稳定。这可以用一幅调节回路的系统循环图来描述，如图11-9所示。

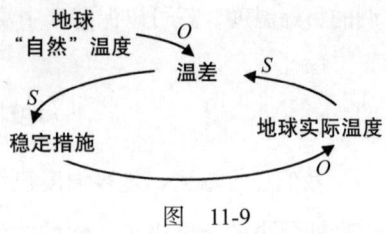

图 11-9

在本图中，S型连接和O型连接都是以图中"温差"的定义为基础的，即

$$温差 = 地球实际温度 - 地球"自然"温度$$

因此，当地球过于温暖时，这个差值就是正数，这就触发了某些"稳定措施"来降低"地球实际温度"，使其回归到"地球'自然'温度"。

几百万年以来，逐渐增高的太阳温度倾向于不断提高"地球实际温度"，使得"温差"变为一个正数，从而触发了某种"稳定措施"，它降低了"地球实际温度"，使其回归到"地球'自然'温度"。这一措施就是降低地球大气中的二氧化碳含量，从而将地球的"毯子"不断变薄。

这种机制之一就是光合作用——无论是陆地上的大树和小草，还是海洋中的海生藻类，只要是阳光下的绿色植物，都会从大气中吸收二氧化碳以制造糖类。这就是所有生物截获碳元素的主要途径，而当前鼓励栽种新针叶林的政策正是在利用这一效应来降低大气中二氧化碳的含量。然而，这种通过增加生物量来截获碳元素的做法实在是一种短期行为。一段时间之后，这些截获下来的碳元素仍然将通过各种途径以二氧化碳的形式返回到大气中去：或者通过呼吸作用——主要在动物身上发生，作为食物的植物所包含的糖类和氧气反应，生成二氧化碳；或者在动物或植物死亡、腐烂的时候发生。只有在死去的动植物没有完全腐烂的时候，它们才会转变成各种化石燃料，比如泥炭、煤炭、石油和天然气。只有在这种情况下，从空气中截获下来的二氧化碳才会稳定的固定下来。

另外一种非常有效的去除大气中二氧化碳的长期措施就是通过某种机制将大气中的二氧化碳用泵抽取出来，然后把它以岩石的形式掩埋起来。这个泵的运作涉及天气、海洋、地理、物理、化学——最重要的是——和生命本身。拉佛洛克在《盖亚：科学医学背后的实践科学》一书中非常生动地描述了这个泵的工作方式。下面是我对它的简单总结：

生物泵

/ Seeing the Forest
/ for the Trees

随着雨点从大气中落下，二氧化碳溶解到雨水中形成了碳酸。当这种弱酸落到包含硅酸钙的岩石（大多数岩石都包含碳硅酸盐）上时，就会发生化学反应，生成重碳酸钙和硅酸。这是一种自然的化学过程，一般称之为岩石侵蚀，在缺乏生命干预的情况下，通常进行得非常缓慢。

然而，由于花草树木以及土壤中的细菌等各种陆生生命的存在，这一进程会加速大概 1 000 倍。比如，一棵大树会通过它的叶子从空气中吸取二氧化碳，其中的一部分二氧化碳就会被传递到根部。因此，根部附近的二氧化碳含量就要比没有植物存在的情况高得多，而由于根部和岩石会有接触，这时侵蚀的速度就明显加快了。

侵蚀所产生的重碳酸钙溶于水中，从而可以被地表水带入河流，并最终进入海洋。海洋中存在着大量依赖光合作用的微生物，其中一种就是颗石藻，它们会吸收这些溶解的重碳酸钙，将它们转变为不溶解的固体碳酸钙，从而构成它们的壳和骨架。当这些微生物死掉的时候，它们的壳和骨架落到海底，沉淀下来，最终被挤压进被我们称为白垩和石灰石的岩石中去。

结果就是，最初来自于大气的二氧化碳被变成了白垩和石灰石，中间经历了岩石侵蚀这个泵，而陆生生命和海生生命则成了中间的媒介。固定在岩石中的二氧化碳会被保留上千万年，但是其中的一部分会进入火山内部并在惊人的喷发中再次逃逸到大气中去。至此，轮子转了一个完整的圈：每样事物最终都是和其他事物联系在一起的。

图 11-10 就是展示这个生物泵机制的系统循环图，其中考虑了日照强度和火山活动。

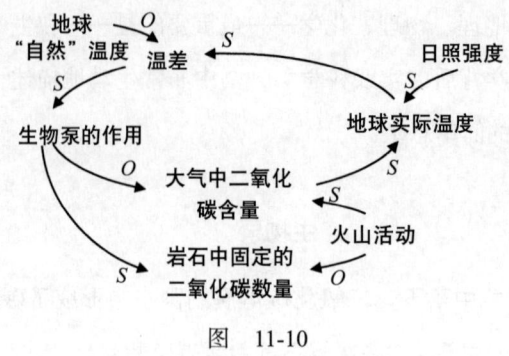

图 11-10

这是一个单一的调节回路,有四个悬摆:一个目标悬摆,"地球'自然'温度";两个输入悬摆,"日照强度"和"火山活动";一个输出悬摆,"岩石中固定的二氧化碳数量"。这个调节回路起到了保持"地球实际温度"与"地球'自然'温度"一致的作用。而这一切正是通过"生物泵的作用",才能在降低"大气中二氧化碳含量"的同时,达到提高"岩石中固定的二氧化碳数量"的目的。但是"生物泵的作用"本身又是由当年海生微生物的数量决定的,而这又受到盖亚的自组织属性的控制。

11.7 将回路连接到一起

在过去的岁月里,这个机制一直起到了保证地表温度恒定的作用。与此同时,过去的几百年中,人类活动的范围日益扩大,因此盖亚的调节回路就和人类经济增长的受约束增强回路共同发挥作用。这两个回路的大部分环节都是独立发挥作用的,因为人类还没有什么活动能够达到扰乱盖亚的地步。我们可以用图 11-11 来表示这两个互不关联的回路,其中为了简洁起见,我省略了日照强度和火山活动这两个因素,并且,由于一个我们很快就会看到的原因,我还改变了图形的样式。

每样事物最终都是和其他事物联系在一起的,因此这些回路也并不是相互独立的。最重要的联系之一就是在由经济活动带来的"污染"和大气中二氧化碳含量之间的联系。我们已经看到,盖亚从大气中截取二氧化碳的方式之一就是通过光合作用将它固定在生物体中;我们同样看到,当植物或动物死亡并腐烂之后,除非是不完全腐烂，不然无法形成泥炭、煤炭、石油或者天然气。但是，当泥炭、煤炭、石油或天然气燃烧的时候，二氧化碳又回到了大气之中。这一过程可以是自然发生的，比如，由于闪电导致的森林大火。但是它也可以是由于人类的活动而引起的：一旦人类发现了火以后，燃烧树木，或者泥炭、煤炭、石油及天然气，就成为了一种"逆向泵"，它不断地将一度固定下来的二氧化碳返回到大气中去，不断地加厚那张"毯子"，如图 11-12 所示。

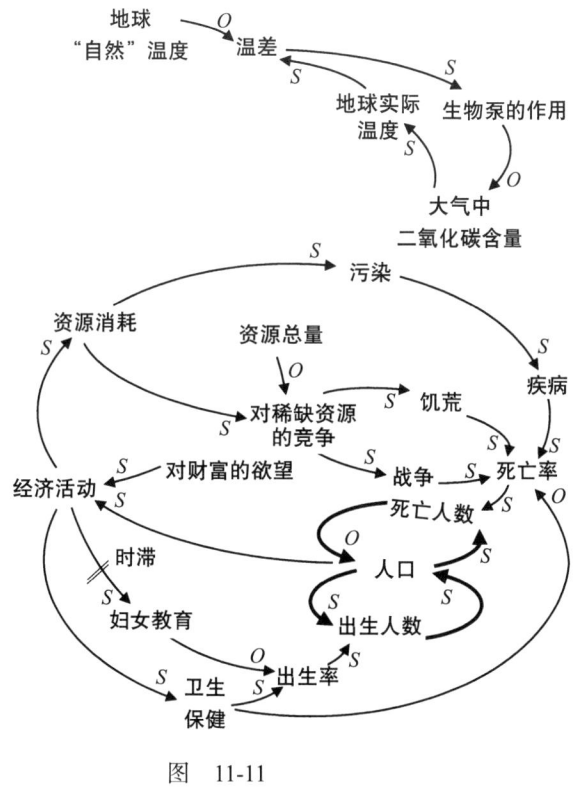

图 11-11

在人类历史的大部分时间里，通过燃烧木材、泥炭、煤炭、石油及天然气而释放到大气中的二氧化碳完全处于盖亚通过生物泵重新吸收的能力范围之内，因此地表温度始终维持在一个恒定的数值上。然而，最近二十年来，二氧化碳排放速率增加了。为了拓荒烧掉的森林和为了能量而烧掉的化石燃料已经超出了这个生物泵将大气中的二氧化碳以岩石的形式埋到地下的能力，从而导致"大气中二氧化碳含量"稳步上升，从而导致"地球实际温度"也在稳步上升。这就是全球变暖的含义。

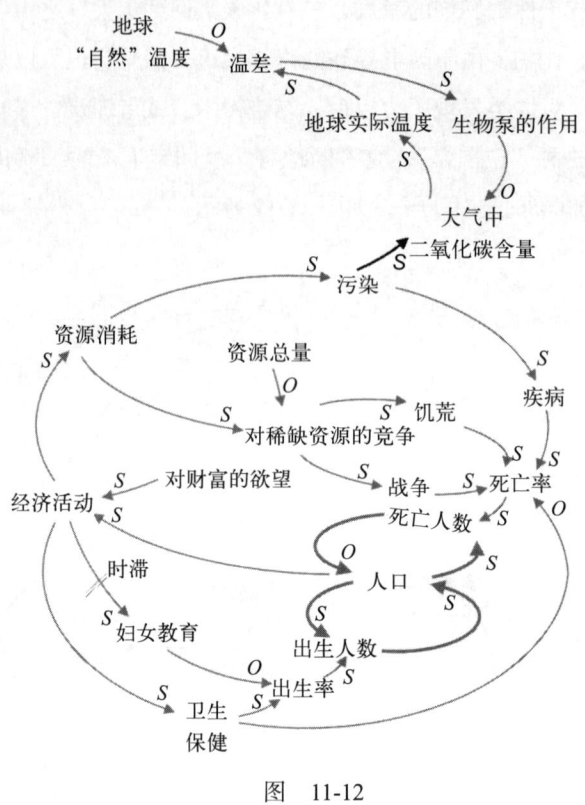

图 11-12

采用生物泵的盖亚自然自修正机制已经无能为力。那么，会发生什么呢？对于自行车—骑车人系统而言，当骑车人在一次颠簸中无法自修正的时候，系统就会受到破坏。因此，一个可能的答案就是我们正在见证一场即将到来的大灾难，盖亚将在这场灾难中崩溃，而作为其结果，所有的生命也将会遭受灭顶之灾。

然而，盖亚毕竟比自行车—骑车人系统复杂的多得多，而且也拥有更多的反馈回路。处理这种情况的一种方式就是既然一个反馈系统无法处理，那么就再激活另外一个反馈系统。实际上，这正是在你感觉你的体温升高的时候所发生的事情。我们知道，人体有五种控制体温的机制，如果你太热了，一种机制会让你流汗，另外一种会增加皮肤的供血。这些机制会共同运行以将你的体温带回到正常范围。

因此，在盖亚崩溃之前，必然会激发另外一些机制。那么，是哪些机制呢？

我认为最可能的事情就是暴风雨。暴风雨会消耗掉大量的能量和热量，就像每次闪电、每次雷鸣、每次飓风过境一样。暴风雨是盖亚另一种降低地球温度的方法，如图 11-13 所示。

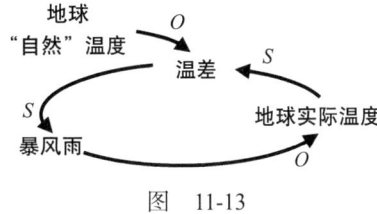

图 11-13

这是另一条调节回路，同样起到了维持地球"自然"温度的作用。"温差"越大，"暴风雨"越活跃，"地球实际温度"就相应下降得越大。这个调节回路和那个慢得多的生物泵共同作用，都起到了控制"地球实际温度"的作用。

图 11-14 展示了共同运作的几个回路，其中我使用虚线来表示生物泵的作用那个连接，用以暗示它比暴风雨回路的作用过程慢得多。

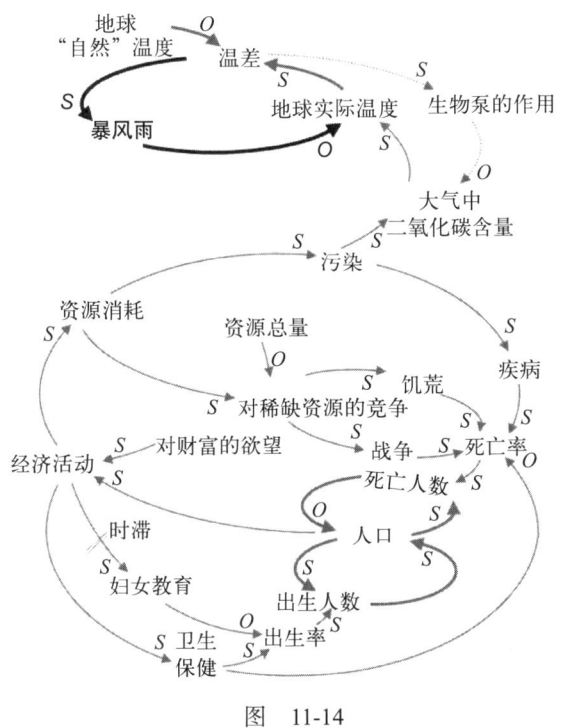

图 11-14

11.8 暴风雨的影响

暴风雨直接消耗能量和热量，从而降低了局部的温度，但是，这是惟一的影响吗？从人类促进经济增长的受约束增强回路，到盖亚试图维持稳定温度的调节回路之间，是否还存在着其他的连接？

实际上确实还在存在着一些连接。第一条就是从"地球实际温度"出发，经过"洪水"，到"资源能力"和"资源消耗"的连接，它抓住了"地球实际温度"稳步增长的两个主要后果：海洋变暖导致巨量海水膨胀以及冰雪的融化。它们都会抬高海平面的高度，淹没富饶的沿海耕地，毁坏人类的家园，首先导致消耗掉各种资源用于阻止洪水泛滥，其次还耗费各种资源用于收拾残局。还有两个连接，就是从"暴风雨"到"洪水"、再到"资源消耗"的连接，它代表了暴风雨本身就会引起洪水，毁坏庄稼、森林和财产，进一步的结果就是增加了"对稀缺资源的竞争"，进一步的结果就是"饥荒"和"战争"，如图11-15所示。

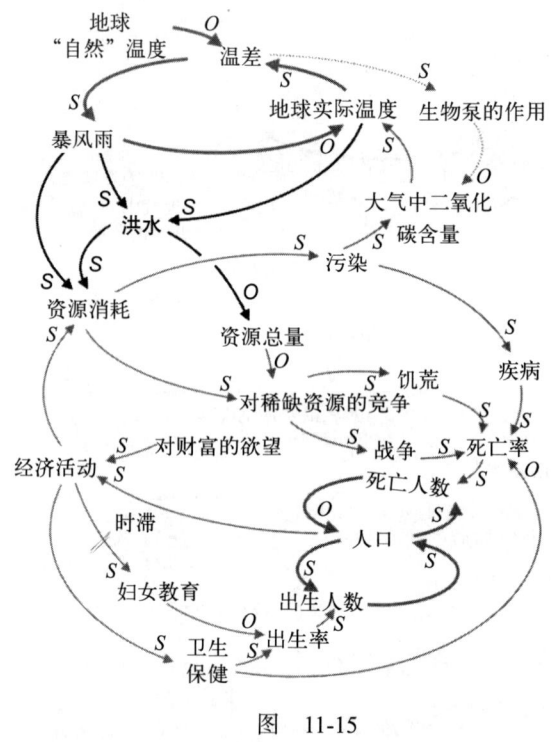

图 11-15

11.9 "天启四骑士"再次降临

盖亚这一维持"地球'自然'温度"机制的总体效果就是催动"天启四骑士"

掀起一场削减"人口"的运动,直到将人口水平降到"经济活动"不再扰乱"地球实际温度"为止。

因此,暴风雨的作用就不仅仅是为了降低局部温度:向一种暴风雨发生更加频繁的气候的转变具有更深层次的意义。地球温度升高的最终原因就是人类活动对盖亚全球平衡的破坏。人类是一种刺激因素,他们会引发一种"全球疾病"。在我们使用抗生素、杀虫剂和飞机喷洒农药以帮助我们消除那些我们认为讨厌的有害物的同时,可能盖亚的自修正机制也在做同样的事情——它正在消除破坏地球温度平衡的刺激物。而这刺激物却正是我们人类。

图 11-15 中以"地球'自然'温度"为输入悬摆的调节回路展示了这一点。比如,经过如下路线的回路:"地球实际温度"、"温差"、"暴风雨"、"洪水"、"资源容量"、"对稀缺资源的竞争"、"饥荒"、"死亡率"、"死亡人数"、"人口"、"经济活动"、"资源消耗"、"污染"、"大气中二氧化碳含量",并回到"地球实际温度"的这条回路中,它包含三个 O 型连接,因此它是一个调节回路,这一点正符合我们的期望,它会以"地球'自然'温度"作为目标进行寻的。还有很多其他的调节回路,我数了一下,有 10 条直接由"地球实际温度"或"暴风雨"驱动的调节回路,而且还有一些更为复杂的调节回路。

11.10 超越全球变暖

关于全球变暖的这个案例研究只是盖亚自修正机制用于维持稳定性的一个例子,而温度也只是盖亚众多系统属性之一。因此,图 11-15 只是在由人类欲望所驱动的增强回路开始影响到盖亚的某条自然调节回路(尽管确实是最重要的一条回路)时所发生的事情。从这幅图中得到的重要推论就是,这幅图只由人类"对财富的欲望"以及"地球'自然'温度"两个悬摆所驱动。这两个悬摆现在开始短兵相接。在人类历史上,这还是人类第一次与盖亚短兵相接——不过,似乎盖亚的反击更为强烈一些。

当然,我们可以准确地绘制类似的图形来描述人类对盖亚其他主要属性的影响,比如关于臭氧层遭破坏(会导致癌症)、森林被砍伐(最终会导致土壤退化,使得一度肥沃的土地变成沙漠），以及对生物多样性的破坏（谁知道最终会导致什么结果）。每幅图都有两个悬摆："人类追求增长的欲望"以及"某项盖亚属性的'自然'值"，这些相互对立的悬摆呈现短兵相接的状态。

实际上，根据人类活动是否会提高某项特定盖亚属性的数值的不同，还可以画出两幅类似的通用图表：对于提高的情形，可以参见全球变暖的例子；对于降低的例子，可以参见臭氧层遭破坏的例子。在第一种情况下，人类的活动提高了某一特定属性的数值，其通用系统循环图可以通过对全球变暖的系统循环图进行归纳而得到，如图 11-16 所示。

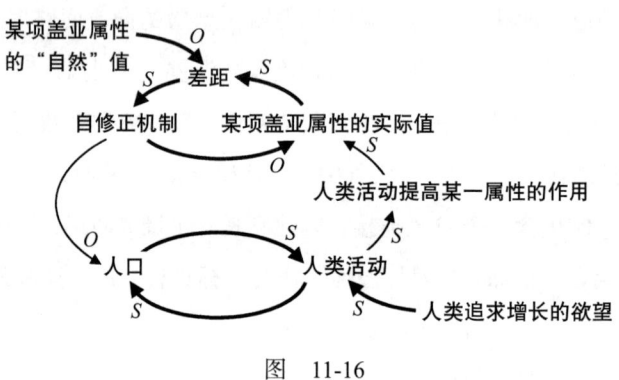

图 11-16

然而，如果人类活动降低了某项盖亚属性的数值，比如臭氧层遭破坏、森林被砍伐，以及生物多样性的破坏，则使用图 11-17 所示的系统循环图描述对应的实际情况会更为恰当。

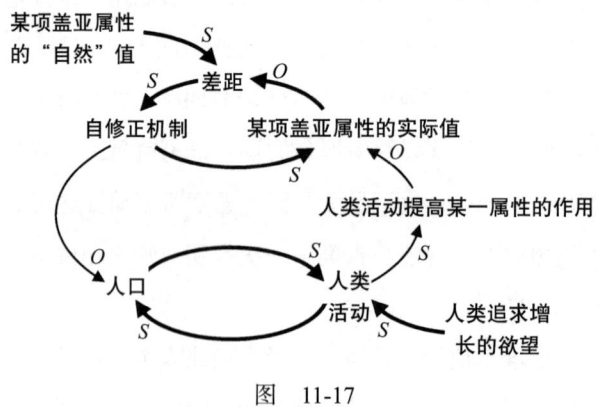

图 11-17

两幅图之间惟一的不同就是四个 S 型连接和 O 型连接的变化，我会进一步介绍这些变化，从而力图使第二幅图的含义更为明白。在第二种情况下，"人类活动"增长所造成的影响通常会造成"某项盖亚属性的实际值"的下降，暗示着这个连接是一个 O 型连接。进一步地，由于相对于负"差距"而言，大多数人在处理正"差距"时更为得心应手，因此将"差距"定义为"'自然'属性"减去"实际属性"更符合常理。一个逐渐变大的"差距"自然会触发某种形式的自修正行为，从而逐渐提高了"实际值"，并向"自然值"逼近，以此维持了系统的稳定性——因而最后也是一个 S 型连接。

当然，这两幅图的行为实际上完全一致。一旦"人类活动"对盖亚的影响大到足够的程度，盖亚的"自修正机制"迟早会发挥作用，从而降低"人类活动"水平。如果这种行为的结果是降低人口数量，那么对人类而言就太悲惨了。盖亚已经将地球上的生命维持了 36 亿年了。最早的原始人类出现于 300 万年前后，而现代人的历史则只有短短的 35 万年左右。盖亚并不是离不开人类——但是人类肯定离不开盖亚。

11.11 我们能做些什么

全球变暖已经成为事实。图 11-18 展示了自 1870 年以来地球平均温度的变化曲线。

随着人口的增长，人类活动对盖亚的影响也在稳步增长，图 11-18 就表明，地球平均温度在稳步升高，这在最近 20 年表现得尤为突出。变动的幅度尽管非常小（只有零点零几度），但这只是测量系统给出的数字，其发展趋势非常明显，而且具有深远的灾难性影响。难道世界范围内不断增加的灾害天气——从全球泛滥的"厄尔尼诺"现象，到西伯利亚和蒙古的异常寒冷气候，再到英国、莫桑比克以及澳大利亚的洪水泛滥——只是一种统计上的涨落吗？它们是不是盖亚的自修正机制在维持地球温度恒定的过程中必然发生的事情呢？如果由于温室效应的阻挠，使得盖亚无法通过向太空中快速散逸热量的方式来维持地球温度恒定，可能还会有其他方式来去除这一切的源头——人类。暴风雨和洪水的最终作用就是降低人口数量。

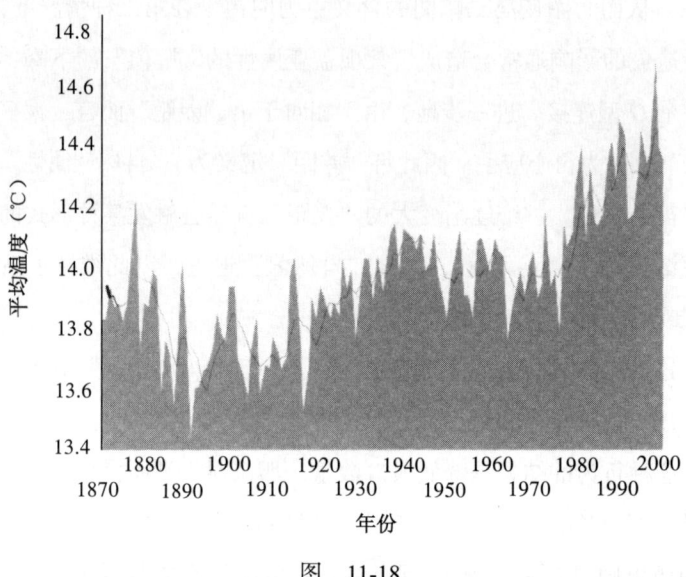

图　11-18

注：阴影区域的边界表明了年度平均温度；图中的曲线指明了每5年的平均温度。

那么，我们能做些什么呢？一种方式就是否认这正在发生着的一切。还记得青蛙的故事吗？在它们的家园被睡莲完全占据的10天之前，那些预警信号是多么渺小啊！

我并不知道我们现在是否已经错过了时机，是否将无藏身之地。然而，在我们毁灭盖亚之前，还是能够找出大量的政策来帮助我们避免被这个系统所毁灭的命运。即使最终表明盖亚实际上并没有我们所想象的那样处于危机之中，这些政策仍然具有深刻的意义。其中的两个政策可以如图11-19所示。

"可再生资源"的发展具有非常重大的意义，因为它可以降低总的"资源消耗"，并可以缓和"对稀缺资源的竞争"，"污染"程度也会降低，与此同时，"资源总量"也可以得到提高。因此，我们也许应该将我们的部分"经济活动"投入到寻找"可再生资源"上去。类似地，"更多的教育"，尤其是发展中国家的"妇女教育"将会在一定时期之后得到收益。当然，不仅仅女性需要接受教育——我们所有人都应该接受教育。本书的大部分内容都是关于如何管理成长的，从局部地区的观点来看,这通常都是一件好事。然而,从全球的角度来看,这可能未必是一件好事,我们可能不得不调整总体经济活动水平,否则,我们就可能重蹈青蛙的覆辙——或者重蹈复活节岛的覆辙。

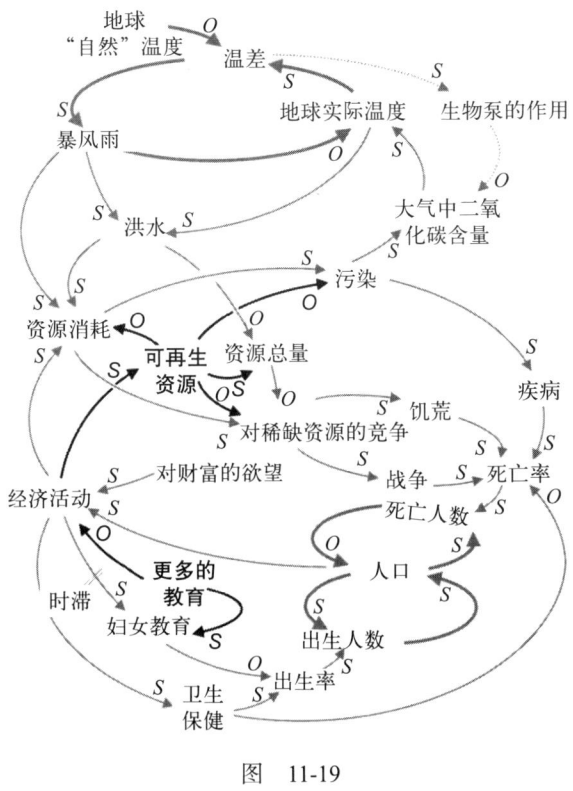

图 11-19

复活节岛

Seeing the Forest for the Trees

1774年3月14日早上,在詹姆斯·库克船长第二次伟大的地理发现航程中,他踏上了太平洋上一座小岛的海岸,这座小岛就是我们现在所说的复活节岛。库克的船并不是第一艘到达这座小岛的欧洲船只:荷兰探险家雅可比·罗格文于大概50年前来到此地,准确地说,是1722年的复活节;而西班牙的唐·费利佩·左扎乐兹·阿埃多则于1770年拜访此岛。下面是库克自己关于这座岛的一段描述:"一片不毛之地,没有树木……一片干旱的土壤,地上到处都是石头。"

确实,石头是当地地貌的一大特征:"岛东边靠海的地方有三个石工场所的平台,或者准确地说,是三个石工场所的废墟。每个废墟上都曾经立着四个巨大的雕像,但是它们现在都倒了……我们很难想象这些从未接触过任何机械装置的岛上居民是如何将这些巨大雕像竖起来的。"

这些巨石像的来源以及它们的建造方式多年以来一直是个谜。有很多稀奇古怪的解释,甚至包括外星生物的帮助。但是,最近的研究提供了一个更易被人接受的故事。

当库克抵达复活节岛的时候,岛上居民2 000人。他们的人数非常少,这里并不是波利尼西亚人的天堂。然而,大概在500年前,也就是1200年,情况就完全不同了:岛上人数大概两万人,岛上的地貌也并不是"一片不毛之地,没有树木";相反,岛上被森林所覆盖,而且还有各种蔬菜、鱼类和鸟类。棕榈树是造独木舟的原料,岛民们使用独木舟去打鱼;托罗米洛树是岛民们取火的材料;蒿蒿树是绳子的来源。这些资源的组合,以及石凿的使用,足够用来解释这些石像是如何采凿、搬运和竖立起来的了。

然而,岛民们使用这些资源的速度超出了这些资源自然再生的速度。在1400~1500年间,棕榈树首先从这个岛上消失了,从此,岛民们再也无法制造独木舟去捕鱼了;蒿蒿树也绝迹了,因此岛民们也无法制造和搬运那样的雕像了。自然环境的破坏使得岛上的陆地鸟类也逐渐灭绝,而海鸟也不再到岛上来觅食和栖息了。食物逐渐稀缺起来,以至于最后只剩下一种富裕的食物——人。由此而来的战争导致了这些雕像的毁坏,因为每个部落都会将对手崇拜的石像破坏掉。

因此，当库克到达复活节岛的时候，岛上人口已经从高峰时期的 2 万人降到了 2 000 人左右，而且生活都很穷困。在经历了欧洲流传过来的疾病之灾以及被诱拐出去变卖为奴之后，到 1877 年，岛上的人口只剩下了 111 人。

最后一点想法。再看一看图 11-15 所示的全球变暖的系统循环图，并和图 10-9 所示的业务战略图进行一次比较。你有没有看到某些惊人的相像？

两幅图都是在描述调节回路和一个受约束的增强回路之间的交互作用。在业务战略的例子里，有很多调节回路，每一个都代表着一个政策控制杆，其目标就是设置目标政策控制杆，从而推动受约束的增强回路的增长。

在全球变暖的例子里，同样有一个受约束的增强回路，即人口增长的增强回路，它受到饥荒、瘟疫、战争和死亡这"天启四骑士"的约束。这幅图中有两个调节回路，一个代表着生物泵，另一个则代表着暴风雨的影响，二者都和全球变暖有关，但实际上盖亚不只需要维持地球的温度，因此还有关于二氧化碳和很多其他因素的调节回路。

两幅图之间最大的差异就在于连接的方向。在业务战略的系统循环图中，总的方向是从调节回路到受约束的增强回路，这是经历通过变动各种政策控制杆来推动业务增长的体现。但是，在全球变暖的系统循环图中，失控的受约束增强回路正在力图打破"地球'自然'温度"这一盖亚自修正机制的"政策控制杆"约束，尽管这一自修正机制正在力图维持现状。

谁将取得最终的胜利呢？是盖亚，还是人类？

第四部分

创建"未来实验室"

在这一部分，我们将注意力从系统思考和系统循环图转移到系统动力学建模和水管图（Plumbing Diagrams）上来。

第 12 章提出了系统动力学建模的关键原则，并展示了一个使用水管图建立的系统动力学模型及从系统思考角度进行的描述，我们也将讨论它们与系统循环图之间的对应关系。

第 13 章使用我们在第 8 章中用过的一幅关于业务增长的系统循环图作为系统动力学模型的框架，展示如何在实际中使用系统动力学模型。例子的背景是关于如何提高当地汽车代理权的问题，其中的关键决策都是非常真实的，在很多现实业务中也很常见。

SEEING THE FOREST
FOR THE TREES

第 12 章

加速系统思考

到目前为止，本书一直在强调如何使用系统思考来提升我们对复杂系统的理解，帮助我们建立起拥有整体而非局部视角的信心；通过清晰阐明、共享和欣赏彼此的思维模式来建立团队；获取深刻的见地，从而制定睿智的政策，使其能够经历住时间的考验，并避免因不可预期的环境变化而遭受损失。同时，我们也了解了系统思考是如何在各个层面上有效发挥作用的——从特定业务的细节（例如内勤系统和电视公司的例子），到对业务战略的支持（情景规划案例），到重大公共政策的制定（全球变暖），等等。

我们的主要方法就是绘制系统循环图，借助于相互连接的增强回路和调节回路所组成的网络，把系统内在的因果关系表示出来。增强回路的作用是导致指数增长或者指数衰退，而调节回路的作用是抑制增强回路的旋转，有时则扮演了驱使系统朝向特定的任务或者目标靠近的角色，这些任务和目标通常以政策输入悬摆的形式来表示。

就像我们多次看到的那样，即便是非常简单的系统循环图也可能表现出非常复杂的动态特性。在此之前，我们很难理解这一点，而且也无从预言任何确定性。

管理的作用在于借鉴过去，制定当前的决策，并尽可能地影响未来，使之达到我们的目标和目的。控制业务和组织系统的动态特性是我们的主要目标。尽管系统循环图对于了解内在的因果关系非常有用，但是很少有人能够想象，在由竞争、政府行为和消费需求构成的高度复杂的环境下，那些关键变量（诸如客户群和市场份额、员工士气和流失率、股价和声望等）的动态特性随时间变化大致会是什么样子。

这就是基于计算机的仿真模型的意义所在，计算机模型可以称为"未来实验室"，帮助扩展你的思维能力，使你能够在政策或决策付诸实施前检验其结果。

有大量的定制软件包可以帮助你完成这些事情，绘制系统循环图，或者对业已存在的模型进行处理，将其转换成能够对系统时间特性进行仿真的计算机模型。仿真的结果是一组二维图形，水平轴是时间，垂直轴是关注的变量（客户、利润、声望或者其他任何指标）。这样就可以了解在系统循环图所描述的逻辑下，这些变量随时间的变化趋势。如果对其中的某些变量做出更改，例如增加广告投入，在一段时滞后，将会产生新的客户，从而增加利润，模型可以仿真出这些变化，并展示出以下结果：在客户和销售经历了一段时期的增长后，会有短暂的回落，这是因为员工招聘和培训的速度无法满足客户群的增长需要，从而导致服务质量的下降，使得客户满意率开始变低——这就是广告投入所带来的一系列变化。

本章的目的在于介绍如何基于系统循环图得到计算机仿真模型。作为例子，我们所使用的软件产品是 ithink，当然这并不是惟一的选择，同样著名的还有 Powersim 和 Vensim。和所有软件工具一样，必须掌握很多的技巧才能有效地使用它们。然而，我的目的并不在于写一本程序使用手册（ithink 本身的产品手册已经相当完美了），而只是让大家去见识一下这些产品是如何使用的。

12.1 系统动力学

用于支持系统思考的计算机模型有其特有的名称——系统动力学。如同系统思考一样，系统动力学有一段漫长的历史，第一代专门的系统动力学编程语言，如 Dynamo 产生于 20 世纪五六十年代。在系统动力学的发展过程中，杰伊·佛睿斯特起了关键性的作用。佛睿斯特原本的专业是电子工程，一个与正负反馈概念有紧密联系的学科。基于这样的背景，他在研究国防系统的复杂性时形成了有关系统动力学的最初想法。系统动力学的主要概念总结如下。

系统动力学

系统动力学是一项计算机建模技术，能够对真实系统进行仿真，得出其时间特性。因此，借助于系统动力学，静态的系统循环图可以转化为动态的"未来实验室"。

类似于系统思考，系统动力学阐明了许多重要的发现，例如所有的变量在事实上都可以分成两类：存量和流量。

- 存量（Stocks）是随时间累积的变量，它的值能够在任意一个时间点上被测量。
- 流量（Flows）是增加或减少存量的值，其本身的值只能在一段时间内统计得出。

系统动力学可以涵盖所有财务科目，资产负债科目是存量，而损益科目则是流量。当然，系统动力学所能办到的远不止财务分析和财务建模，很多财务模型所不能包括的变量也能够在系统动力学模型中轻松地表达出来。像"知识"、"员工士气"以及"客户满意度"这些变量绝对是经营业务的重要驱动力，但却很少能够在正式出版的年鉴或会计报表中得以体现。

同一个系统内，存量和流量之间的内在联系可以用"水管图"（plumbing diagram）或者"存量–流量图"（stock-and-flow diagram）加以描述。水管图完全可以在系统循环图的基础上移植得出，但通常需要更多的变量和更为精确的语言。

水管图是计算机仿真的基础，展现了系统随时间的变化情况。

12.2 系统动力学和电子数据表

计算机建模技术，特别是使用电子数据表软件（如Microsoft Excel），如今已经被业务经理广泛使用。考虑到电子数据表格的无所不在，人们自然会问："为什么还要费力气去理会别的建模技术？难道 Excel 还有什么办不到的吗？"当然，到今天为止，不管是 Excel，还是 ithink，或者其他相关软件，都是程序语言。我们也确信，它们都具有足够的灵活性去解决各种难题。但打个比方，尽管我们可以想方设法使用锤子起螺钉，但如果直接用改锥则会方便得多。所以，不同的工具总是针对不同目的设计的，手工器械如此，软件也是一样。接下来就让我们花点时间了解系统动力学模型和电子数据表之间的区别。

首先是应用范围的不同。电子数据表更多被用来进行数据分析，处理来源于生产、市场和流通环节的大量数据，建立起通用的会计账目，从而为下一年的预算做好准备。电子数据表向"下"能注意到任何增长的细节，向"里"则透视到组织机构内的每一个角落。与之相反的是，系统动力学模型的角度却是向"上"和向"外"：向上——尝试了解宏观的概念，打破边界的限制，从整体角度看问题；向外——超越组织自身，考察市场以及与业务相关的整个环境。系统动力学模型可以用来计算资产负债和损益账目，但它所能做的远不限于此。本书中所提到的任何系统循环图，都可以看成是构建一个系统动力学模型的模板，从而实现对相应系统动态特性的深刻理解。而在电子数据表里，我们能得到多少类似的信息呢？

其次是结构上的区别。尽管从电子数据表中也可以洞察反馈回路，但事实上却很少这样做，通常也很难。系统动力学则不然，它天生就是用来干这个的。系统动力学可以方便快捷地抓住业务增长的本质，对基本增强回路的驱动力以及调节回路的刹车效应进行仿真。为了对此有个更直观的感受，先让我们回想一下大多数电子数据表是如何组织和工作的。

Excel 及其之前的产品，如 Lotus 1-2-3、Supercalc 以及 Visicalc，是最为常见的电子数据表软件，它们是由行、列组成的网格构成的会计账页的电子化形式。通常列代表连续的时间分块（周、月或者其他），行则用来表示相关变量，如"客户"、"销售量"、"单位生产成本"、"净利润"、"税率"等。电子数据表中的每个单元格（行列交叉的地方）既可以是输入的数据，也可以是某一数学计算公式，如"将该列第七行的销售量，乘以该列第八行的单位价格，其结果即销售收入，填入这个单元格"。软件并不如此啰唆，你所要做的只是在单元格 D9（对应于 D 列中的第 9 行，代表了某个月的"销售收入"）中填入"=D7*D8"。

电子数据表具有各种功能，比如将某一列的规则复制到其他列中。举个例子来说，"2月"（列 D）的规则和"3月"（列 E）的规则很可能完全一样，其他各月也是如此。因此，在为第一列每个单元格设定好自己的逻辑之后，就很容易将这种逻辑复制到其他各列中去。

在大部分情况下，电子数据表会首先沿着第一列计算所有的行，然后计算下一列，如此继续下去。这种逐列计算的方式（从 1 月到 2 月，然后是 3 月、4 月、5 月……）被称为序时仿真（time slice simulation）。这种模型遵照电子数据表中定义的规则，以指定的时间间隔（在这里是一个月）划分时序，来对系统行为进行仿真。

在大多数电子数据表中，计算规则主要用来操作同一列里的不同行（"销售收入"="销售量"דe单位价格"，每个月都是如此），对任意时间段里的所有计算制定统一规范。当然，除此之外，还有些（通常比较少见）规则是与不同的列相关的，用来定义模型随时间是如何运行的。这些规则通常有两种类型：第一种，将某一列的期末余额（如债务、债权、资产等）转换成下一列的期初余额；第二种，是一些预先确定的规则，例如"销售量每月增长 1.5%"，"一般管理费随着通货膨胀每月增长"等。在电子数据表中，第二种类型的规则主要通过对同一行中相邻列之间标注函数关系进行表达。以销售增长为例，我们可以对列 E（"3月"）中的第七行（"销售量"）指定其与列 D（"2月"）的相关函数：

$$E7=D7\times(1+0.015)$$

增长率（这里是每月 1.5%）通常是需要输入的变量，具体值可以来源于市场研究、评价或者是实际需求。

在结构上，大多数电子数据表有两组逻辑规则：一组沿着列展开，另一组则是基于水平穿越数据表的行展开，如图 12-1 所示。

系统动力学模型同样使用序时仿真，但是它用另一种不同的方式。正如上文提到的，电子数据表计算 3 月份的销售量，是在 2 月份的销售量基础上，通过给定的增长率进行计算后得出的。而典型的系统动力学模型的计算方式不是这样，它综合考虑各种因素的效果，如 2 月份（或者更早）的广告费用，然后通过某种模糊变量进行计算，比如"广告对客户增长的作用"。系统动力学模型正是通过这种方式，刻画实际推动业务发展的反馈回路，如图 12-2 所示。

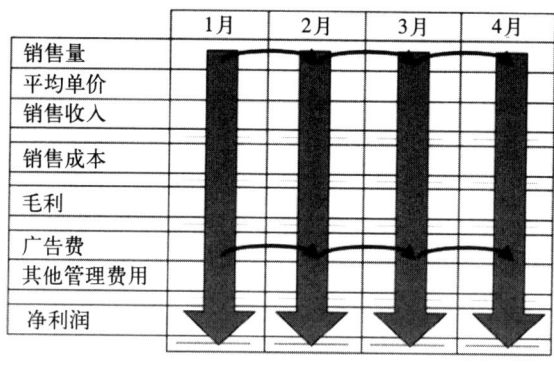

图　12-1

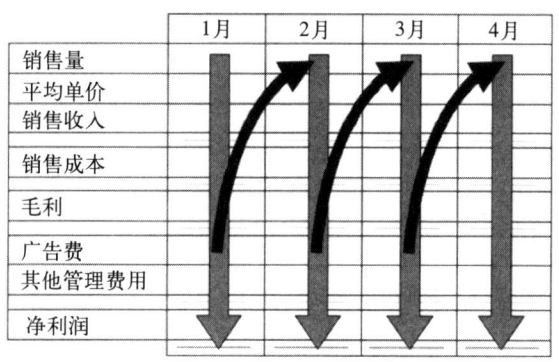

图　12-2

由此可见，和电子数据表相比，系统动力学模型的结构截然不同。正如我们已经提到的，它所涉及的范围更广，包含了电子数据表很少关注的概念和变量。所以，为了使本章及后续章节发挥最大功效，你应该把从电子数据表中所学到的一切都忘掉。

忘掉电子数据表

忘掉所有的行、列以及单元格。

忘掉所有的公式，例如 D9=D7×D8。

代替它们的是"存量"和"流量"。

12.3 存量和流量

存量和流量是系统思考中的基本概念。

存量和流量

存量是任何随时间累积的变量。

流量是任何导致存量增加或减少的变量。

想象一下给一个底部塞子漏水的浴缸加水。你打开水龙头，水流进浴缸，但因为塞子漏水，水同时也会流出浴缸。如果水龙头的流量大于漏水的流量，浴缸的水位会逐渐上升。如果关掉水龙头，水位就会逐渐下降。某一时刻，当你觉得水位刚刚好的时候，只要调节水龙头使入水流量和漏水流量相平衡，浴缸的水位就能保持在一个恒定位置。

根据系统动力学，在任何时候，"浴缸的水量"（单位是立方米）和"浴缸的水位"（单位是厘米）都是存量——它们是随时间累积的变量；而"水龙头入水的流量"（单位是立方米/分钟）和"塞子漏水的流量"（单位也是立方米/分钟）都是流量——它们导致了上面两个存量的增加或减少。

上述系统可以用通用的符号图形化表述出来：方框代表存量，带有龙头的管道代表流量，如图 12-3 所示。

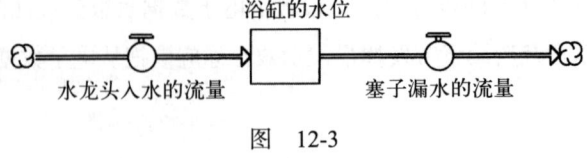

图　12-3

图 12-3 中两端的"云"代表输入流量的源头或者输出流量的去向，属于被考察的系统边界外的内容。的确，水龙头的水肯定来自某个地方，从塞子漏出去

的水也必定流向了某处，但仅就研究浴缸这个系统来说，我们不用理会这些细节——毕竟，水龙头总是能提供足够的水量，而漏出去的水也永远不可能把下水道装满。

当时间停止时会发生什么

Seeing the Forest for the Trees

想象一下，时间突然停止。在这一瞬间测量一下这些变量，你会得到什么？
- 浴缸的水量？
- 浴缸的水位？
- 水龙头入水的流量？
- 塞子漏水的流量？

在时间停止的一瞬间，两个存量可以得到测量值。"浴缸的水量"或许是 0.25 立方米，"浴缸的水位"则是 23 厘米。但是，在时间停止的时候，两个流量却无法测量。本质上，流量是依附于时间的变量，在某个静止的瞬间，不具有任何值。

区分存量和流量的另一种方法

Seeing the Forest for the Trees

存量可以在某个时间点被测量。

流量只能在一段时间内被测量。

通常来说，任何存量至少都有一个输入流量和一个输出流量，很多实际的存量都有多个输入流量和输出流量。有些偶然情况，在某一特殊环境下，你可能会看到只有一个输入流量或只有一个输出流量的存量。

存量、流量、浴缸、水龙头、下水道和人

Seeing the Forest for the Trees

下面这段文字引自 2001 年 3 月 5 日的《时代》杂志：

扎得湖曾经是非洲第四大湖，但在过去的 38 年里，它的容量减少了近 95%。气候变化和用水需求的不断增长，使得这个湖泊的面积不断减小，到现在几乎只能用"水坑"来形容它。扎得湖流域为其周围的国家，包括扎得、

尼日尔、尼日利亚、喀麦隆、苏丹、中非共和国，总计为至少2 000万人口提供了宝贵的淡水资源。但不幸的是，扎得湖流域是一个封闭的水系，只能靠季风带来的雨水补充更新。湖底很浅，这意味着水位随雨水的增减变化很大。在20世纪60年代早期，当地经历了一次大规模的降雨，险些引发洪水。

12.4　商业中的存量和流量

在商业中有哪些存量和流量呢？

试着想一下，在商业中有哪些存量？对应的流量是什么？把你所想到的填入下面的表格里。

存　　量	输入流量	输出流量

商业中最明显的存量就是库存，包括"产成品"、"半成品"或者"原材料"的实物库存。任何一个工厂经理都知道，即便时间停止，库存依旧在那儿，并且是实实在在可以测量的。根据库存所处的环境不同，它的输入流量和输出流量可以有不同的名字。如果你是一个零售商，你的库存就是"待售商品"；输出流量包括"每月商品销售数量"、"每月商品过期数量"和"每月商品失窃数量"；输入流量则是"每月供应商供货数量"，或许还包括"每月客户退货数量"。对生产而言，"原材料"库存的输入流量是"每周从供应商收货数量"和"每周生产车间退料数量"；输出流量则包括"每周往生产车间发料数量"、"每周向供应商退货数量"以及"每周原材料损耗数量"。在所有这些例子中，存量都不受时间的约束，而流量都是对于一段时间而言的。

图12-4显示了"原材料"库存主要的输入输出流量。"每周往生产车间发料数量"的输入对象是"半成品"，它同时也是"每周生产车间退料数量"的来源。这样，"原材料"和"半成品"这两个存量就联系起来了。同样，"每周原材料损耗数量"和"每周半成品损耗数量"都增加了"损耗数量"，需要企业对其做进一步的处理。还有，通过"每周产成品生产数量"，将"半成品"的数量转成"产成品"数量（见图12-5所示）。

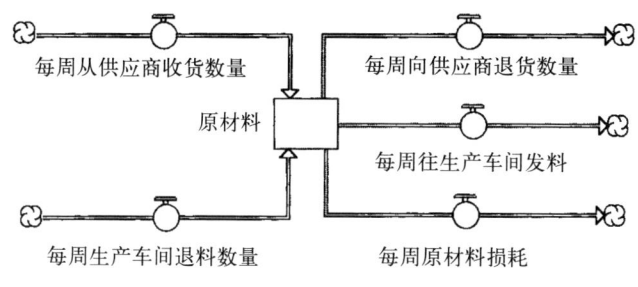

图　12-4

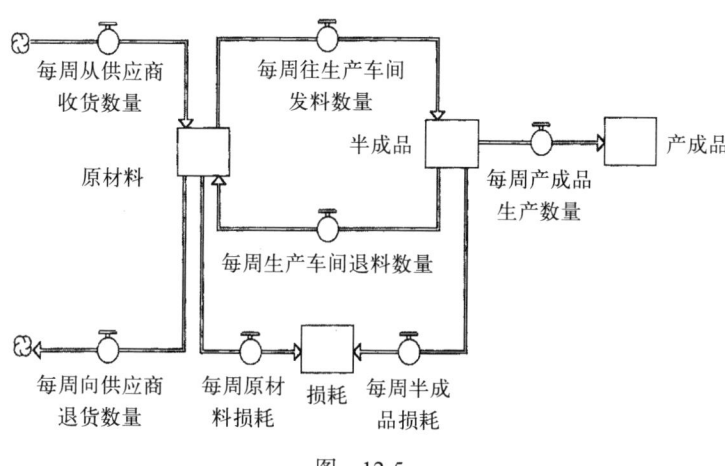

图　12-5

这种表述了存量和流量之间内在联系的图形，被称为"存量——流量图"（stock-and-flow diagrams），更通俗的叫法是"水管图"（plumbing diagrams）。我们稍后就会看到，水管图和系统循环图之间有着非常紧密的联系。

系统动力学建模需要精确的思维和清晰的语言表述。举例来说，在日常语言中，"损耗"一词既可以被用来表示一种存量（堆在工厂后面的报废料库存），也可以指一个流量（每周材料报废的数量）。而在绘制水管图时，需要区分到底是存量还是流量，并且恰当地描述变量。有时候用文字来表述会显得十分笨拙，但却保证了图形的清晰性。

要区分一个变量是存量还是流量，可以想想你平时是怎样去度量这些变量的。当描述一个存量时，通常使用的词语包括"材料数量"、"吨"等；而对于流量，描述的词语换成了"每周报废的材料数量"。这里，"每周"这个词突出了流量的特性。在日常业务中,存在很多词语既可以指存量,也可以指流量。所以,在实际问题中,必须掌握每个词的确切意义,否则很容易搞混。

存量、流量以及计量单位

如同实物库存那个例子所示,存量和流量所应用的计量单位是不同的。举例来说,葡萄酒批发商的库存通常以产品的单位来计量,如12箱;而销售量则用单位时间的产品数量来计量,如每周3箱。正因为流量是依附于时间的变量,所以,选择多长的时间段来统计就非常重要。一旦统计的时间段改变,流量的具体值也会随之变化——例如,每周3箱、每月12箱或每年150箱。

存量的数值则不依时间的变化而改变。库存数量在一年中任何时候,一周、一个月、一个季度或者是一年之后都维持在12箱(当然,这是建立在一个非常精确的库存控制系统之上的)。这也成为区分存量和流量的一个标准:如果变量的值随时间段的变化而改变,那么它就是流量,否则就是存量。

实物库存仅仅是企业存量的一个例子。表12-1列出了其他一些存量,对与之相关的流量,我们姑且用最常见的"每月"作为计量的时间段。

表 12-1

存　量	常见的每月流入量	常见的每月流出量
库存	采购/收货	销售/发货
员工	招聘/转正	离职/开除
固定资产	采购	报废
固定资产净值	采购	报废、折旧
借方	销售	现金收入
客户数量	新客户数	客户流失数量
知识	培训和经验	人员老化
价格	提价	降价
利率	利率上升	利率下降
税率	税率提高	税率降低
品牌形象	品牌形象提高	品牌形象降低

存量、流量和会计科目

/ Seeing the Forest
for the Trees

所有的资产负债类科目都是存量。

所有的损益类科目都是流量。

以上陈述是基本的事实，并且已经在会计术语中得到确认：资产负债类科目反映的是特定时间点（某一天）的状况，而损益类科目则反映一段时期内的盈亏状况（强调在某个时间段上的统计）。任何形式的会计账户都可以用系统动力学模型加以描述，而正如表 12-1 中所示，系统动力学所能做的远比会计账户要多得多。例如，对于"知识"，在很多业务中都是非常重要的存量，但先前却很少有人能认识其价值。

虽然"知识"很难被度量，但不能因为我们缺乏足够的能力去衡量它，就去忽视知识是存量这一事实。即便时间停止，"知识"依旧在那里，能够以一种目前不为我们所知的方法测量。"知识"的水平可以通过"培训和经验"来获得提高，也会随着"人员老化"而逐渐退化、流失，为了防止退化导致的思维能力下降，可以增加阅读专业著作、参加会议的机会或者增强同事间的相互交流。

利夫·埃德温松

/ Seeing the Forest
for the Trees

知识或许难以度量，但也并非完全不可能。迄今为止，在评价智力资本方面，20 世纪 90 年代的瑞典产生了很多极富创新性的工作，其中特别突出的是斯堪的纳保险公司（Skandia）。在 1991 年的一些相关研究基础之上，斯堪的纳公司于 1995 年成为世界上第一个同时出版两份正式财务报告的机构：一份是传统的财务报告，包括常见的管理措施和会计报表；另一份是补充报告，叫做智力资本图，主要用来评价企业的智力资本。现在，斯堪的纳公司的这两份报告每 6 个月出版一次。

这一开创性工作背后的推动力来自利夫·埃德温松（Leif Edvinsson），他是斯堪的那维亚公司的副总裁，同时也是智力资本方面的主管。作为该领域世界公认的专家，利夫·埃德温松目前是隆德大学知识经济专业的教授。他经常在各类相关学术会议上发表演讲，并且与迈克尔·马隆（Michael Malone）合著了《智力资本：通过测量隐形智能来创造真正的企业价值》

(*Intellectual Capital: The Proven Way to Establish Your Company's Real Value by Measuring its Hidden Brainpower*)一书。

如果需要了解更多斯堪的纳公司的相关信息，可以参考其网站www.skandia.com。

如同"公司声誉"一样，"员工士气"同样是一个存量。从更实际的层面看，"价格"是最为重要的存量之一。即便时间停止，价格依旧存在并且可被度量。但是因为没有特有的词描述与"价格"相对应的流量，所以不得不将其表示为"提价"或"降价"。

另一个重要的存量是"利率"，因为"率"字常常在流量的名称中出现，这容易引起混淆。再加上利率的定义通常也总是和时间联系在一起，例如"年利率6%"，所以更增加了混淆的可能性。事实上，"年利率"是存量，因为它所扮演的角色其实就是价格，是钱的价格。这里，"率"并不指与时间有关的速率，而是指与资金总数相关的比率："年利率"决定了每100英镑每年的利息数。

如果还不够清楚，请试着用我刚刚在"存量、流量以及计量单位"那个文本框中介绍的方法。如上所述，随着统计的时间段不同，流量的值也会发生改变。而在6%的固定年利率下，无论你把钱存6个月还是12个月，"年利率"依旧是6%，不发生任何变化。改变的只是某段时间内所获得的利息数量。例如，如果你按照6%的年利率存入100美元，那么，3个月后能得到1.5美元的利息；6个月是3美元；12个月是6美元。这里，"资金总量"是一个存量，"每年所获利息"是输入流量；"年利率"是另一个存量，它将参与决定输入流量的值，如图12-6所示。

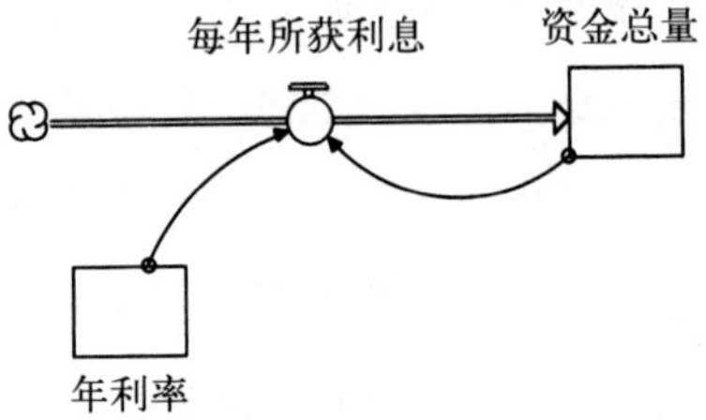

图 12-6

细心的读者会发现，这张水管图包含了新的元素，"曲线箭头"或称为"连接器"（connector），用来表示图中的变量是怎么联系的。从"年利率"和"资金总量"指向"每年所获利息"的曲线箭头表明，"每年所获利息"的大小是由"年利率"以及"存款总量"所决定的。图中并没有指明三者之间的具体关系，但可以在 ithink 软件的"方程视图"中指定如下：

$$每年所获利息 = 资金总量 \times 年利率 / 100$$

类似地，税率也是存量，而非流量，在这里，"率"所指的同样不是与时间有关的速率，而是指每 100 美元所应交纳的税款。总之，"率"这个词容易造成误解：所有的流量都是"率"，而"率"并不都是流量。

12.5　另外两个概念

任何一个变量，不是存量，就是流量。

这又是一个系统思考中令人吃惊的观点，换句话说，在系统动力学中，所有的变量不是存量，就是流量，除此以外没有别的类型。下面是另外一个观点：

存量、流量、目标和措施

> Seeing the Forest for the Trees

大多数的经营目标（实际上囊括了所有相对重要的部分）可以表示为对存量集合的优化。

而管理者所能够采取的措施，便是实现对流量的调整。

或许需要思考一下这个观点正确与否，但它的确是对的。大多数的经营目标都可以归纳为诸如"市场份额最大化"、"股东利益最大化"、"良好的公司声誉"或者"保持员工士气高昂"等，这些全都是存量。对其中某个存量的优化，可能会与其他存量的优化相矛盾，因此，有必要将所有的存量统筹考虑，并做出权衡。

与之对照的是，管理者所能采取的措施，例如招聘、解聘、购买资产、设立公司、花钱做广告等，都是流量。这就好像在管理一组由水管、水龙头和下水道组成的复杂网络相连接起来的浴缸。我们的目标是保证每个浴缸里的水同时保持一定的水位，或者更理想地，能够同时稳定上升。但是，我们所能做的只是通过调节水龙头和塞子，从而控制水的流量而已。

这个比喻十分类似于我们在第 10 章中关于控制杆和成果的讨论，只是前者是从系统动力学的角度，后者则是在系统思考的框架下。业务成果都是存量，而行动控制杆都是流量。

12.6 系统循环图和水管图

图 12-7 所示的系统循环图，我们曾在上一章中见过。其中的哪些变量是存量？哪些是流量？

这张图有三个存量和两个流量。存量是“人口”、“出生率”和“死亡率”；而流量是“(每年) 出生人数”和“(每年) 死亡人数”，它们分别增加或减少了“人口”这一存量的值。类似于利率，不要去管“出生率”或“死亡率”这两个词里面出现的“率”字，它们是存量而非流量。在这里，“率”不是指与时间有关的速率，而是指与总人口数相关的比率——“出生率”是指每千人每年的新增人口数，“死亡率”也类似。可以用下面的数学方程来表示它们之间的关系：

年出生人数 = 人口 × 出生率 /1 000

年死亡人数 = 人口 × 死亡率 /1 000

图 12-8 用水管图表示了这种关系。

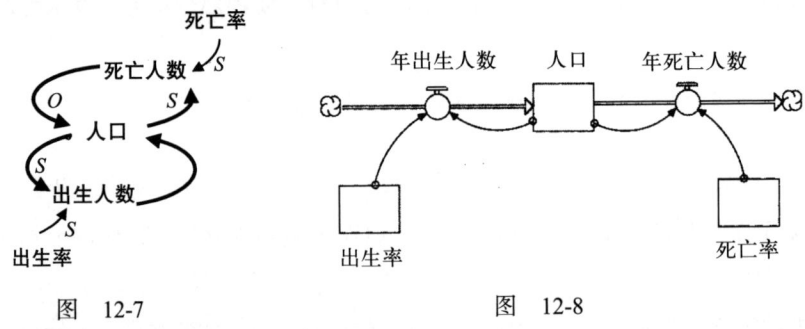

图 12-7

图 12-8

曲线箭头指明了量化关系，例如，从“出生率”和“人口”指向“年出生人数”的曲线箭头，表明了“年出生人数”是由“出生率”和“人口”决定的，正如上面的数学公式描述的那样。

比较系统循环图和水管图

Seeing the Forest for the Trees

仔细观察这两幅图，直到你确信它们是一致的为止。特别注意两个反馈环和两个悬摆。系统循环图是如何刻画 S 型连接，特别是 O 型连接的呢？

在水管图中，我们用流量和曲线箭头的组合来表示系统循环图中的两个反馈回路：从"年出生人数"指向"人口"的流量，再通过曲线箭头返回；"年死亡人数"和"人口"也类似这样。两个悬摆，"出生率"和"死亡率"，在两幅图中都很清楚。在系统循环图中，由"年出生人数"指向"人口"的 S 型连接表明"人口"会随着"年出生人数"的增长而增长，因此，"年出生人数"是"人口"的输入流量。类似地，由"年死亡人数"指向"人口"的 O 型连接表明，"人口"会随着"年出生人数"的增长而减少，反映在水管图中，"年死亡人数"就是"人口"的输出流量。在系统循环图中，由"出生率"指向"年出生人数"、由"死亡率"指向"年死亡人数"的 S 型连接没有在水管图中精确描绘出来，但会借助相关的数学方程进行表达。

通常来说，所有水管图中的输入流量与相应的系统循环图中的 S 型连接相对应；所有的输出流量与 O 型连接相对应。除此以外的 S 型连接和 O 型连接，并不一定在水管图中精确描绘，这需要根据上下文推断，或者借助于隐含的数学公式表达。

回顾单向连接

Seeing the Forest for the Trees

在图 4-7 和图 8-12 中，我们曾介绍过两个特别的系统循环图。第一个是关于倒咖啡的过程，反映了"向杯中倒入咖啡"与"当前杯中咖啡水位"之间的联系；另一个则描述了"出生人数"和"城市人口"之间的联系。这些联系的特别之处在于，它们只在一个方向上起作用。以人口出生为例，当"出生人数"增加时，"城市人口"随之增长，表明了这是一个 S 型连接；但当"出生人数"减少时，"城市人口"还是会增长，只不过增长的速度变慢了而已，这就又不是 S 型连接了。

在此，我用真实世界内在的单向性来解释这些反常现象。向杯中倒入咖啡只可能增加杯中咖啡的量，决不会减少它；同样，出生人口也只能使人口总量增加，而非减少。既然真实世界表现出了这种单向性，那么相应的系统循环图也必然是单向的。

这些反常现象能够用存量和流量来做更为简洁的说明。这两个例子所涉及的都是存量的输入流量。"向杯中倒入咖啡"是"当前杯中咖啡水位"这个存量的输入流量，而每年的"出生人数"也是"城市人口"的输入流量。更进一步，这些流量只能在一个方向上起作用——它们必定都是单向流量。作为输入流量，它们的角色是使相对应的存量增长，因此在系统循环图中是 S 型连接。但是因为这些流量只能在一个方向上起作用，相应的系统循环图也就只是单向连接。

同样，输出流量也会出现单向流量的情况，例如每年"死亡人数"。在图 12-7 的系统循环图中，当每年"死亡人数"增加时，"人口"数量会下降，两者反方向变化表明了这是一个 O 型连接。而当"死亡人数"减少时，"人口"数量还是会下降，只不过下降的速度更慢了。显然，这是一个单向的 O 型连接，因为"死亡人数"只能使人口数量下降，而非增加。体现在水管图中，每年的"死亡人数"就是"城市人口"的输出流量；而在系统循环图中，这是一个从"死亡人数"指向"人口"的 O 型连接。因为年"死亡人数"必定是一个单向流量，系统循环图也必然只在一个方向上起作用。

以上陈述表明，早在系统循环图中把流量和相应的存量连在一起时，这个流量是否是单向流量、是单向的 S 型连接还是 O 型连接就已经被决定了。如果是输入流量，就是 S 型连接；反之则是 O 型连接。因为流量是单向的，系统循环图也就只能在流量所规定的方向上起作用。顺便说一下，并不是所有的流量都是单向的，比如图 13-19。

在图 12-8 所示的水管图中，"出生率"和"死亡率"这两个存量并没有与之相对应的流量。对于这种情况，在水管图中通常约定用另一种圆圈符号表示，称之为"转换器"（converter）或"辅助变量"（auxiliary）。实际上，按照惯例，它表示不必加以区分的变量，既可能是存量，也可能是流量，如图 12-9 所示。

尽管所有的变量要么是存量，要么是流量，二者必选其一，但水管图实际上使用三种符号：方框代表存量，带有龙头的管道代表流量，圆圈代表辅助变量。尽管存量或者流量可以被清晰地表达，辅助变量则多少需要主观判断，但通常来说，在实际应用中，最好把明确认定为存量的个数降到最低，而把余下的都用辅助变量表示。根据选定的存量，确定出需要明确认定为流量的变量，其他的也可以表示为辅助变量。

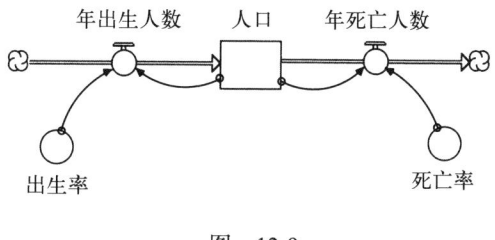

图 12-9

一方面，水管图必须与相应的系统循环图结构一致，包括具有相同的反馈回路和所有相同的变量。但另一方面，除了形状迥异之外，这两者还有如下两个重要的不同。

首先，在本章余下部分我们将看到，水管图通常比相应的系统循环图具有更多的变量。造成这一点的原因在于，系统循环图只需关注主要变量之间的因果作用关系（见图12-10）；但水管图则必须清楚地定义每个连接的属性，所以必然需要增加额外的变量，例如"毛利率"（见图12-11）：

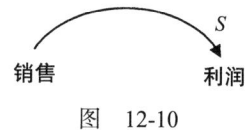

图 12-10

这样，"本月利润"（毛利）就可以根据"本月销售额"和"毛利率"计算出来。

其次，水管图对变量名的命名要求更为精确。举例来说，在系统循环图中，表明人口增长只需标注"出生人数"，而在水管图中则要指明"每年出生人数"，以此强调流量的时间属性。这同样反映了对建模的精确性要求。

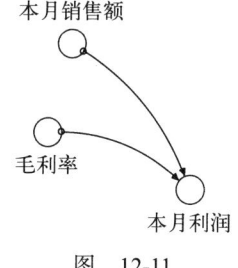

图 12-11

12.7 用 ithink 建模

ithink 是专用的系统动力学建模软件，它所能做的包括：
- 根据模型绘制水管图。

- 给变量定义输入值。
- 定义变量之间的关系。
- 得到图表形式的输出结果。

一旦完成对水管图的绘制、指定输入变量,并定义好变量间的联系,我们就可以对模型进行仿真,模拟系统的时间特性,并输出结果。

在用 ithink 建模的过程中,最开始(同时也是最重要)的步骤并不需要软件的参与,实际上这一步与计算机无关。它的主要任务是问题分析,进而绘制用来获取系统关键因素的系统循环图,也就是本书所强调的主要部分。只有在这些工作彻底完成,并且系统循环图也已被相关团队确认之后,计算机建模才真正开始。

可见,系统循环图是建立 ithink 模型的基础。当然,正如我们已经提到的,因为采用水管图的形式,ithink 模型通常需要更多的变量。

在 ithink 的主视图中,你可以很轻松地绘制水管图。软件提供的各种主要符号(方框、带龙头的管道、圆圈以及曲线箭头)能够被任意拖放。此外还有其他一些工具,其中特别值得一提的是"魔杖",借助这项功能你能够"创建"新的符号。

图形绘制完之后,接下来要做的就是给变量赋值以及定义变量之间的联系。需要赋值的变量包括:

- 所有存量的初始值
- 所有输入悬摆的值

其他的变量则根据水管图中所定义的变量间的联系,通过数学关系来表示。ithink 可以自动"识别"这些联系,因而能很方便地对其进行定义。

为了进一步表达清楚,下面以简单的人口增长模型(见图 12-12)为例进行说明。

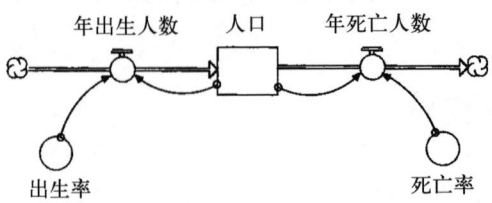

图 12-12

"人口"是存量，因此需要给定一个初值：假定在2000年初，某地区有10 000人口。"出生率"是一个输入悬摆，假定每年每1 000人中会新出生15人；同样，"死亡率"也是一个输入悬摆，假定每年每1 000人中死亡12人。"年出生人数"和"年死亡人数"则根据以下方程计算得出：

年出生人数 = 人口 × 年出生率 /1 000

年死亡人数 = 人口 × 年死亡率 /1 000

在ithink中，变量赋值以及定义代数式都在"隐藏"在水管图后的"方程视图"中进行。在人口这个例子中，方程视图是这样的：

人口 (t)= 人口 $(t-dt)$+(出生 − 死亡) × dt

初始值　人口 =10 000

输入流：

出生 = 人口 × 年出生率 /1 000

输出流：

死亡 = 人口 × 年死亡率 /1 000

年出生率 =15

年死亡率 =12

第一行看起来显得有些复杂，但实际上却非常简单。它定义了"人口"是怎样计算的：当前（t）的人口数等于之前某个时间（$t-dt$）的人口数，再加上这段时期 dt 内输入流量与输出流量的差（年出生人数 − 年死亡人数）。例如，2005年年末的人口数等于2004年年底（也就是2005年年初）的人口数，加上2005年全年出生人数与死亡人数的差。

这些在会计师眼中看起来似曾相识：某科目的期末余额等于该科目的期初余额，加上核算期内的变动净值。而在数学家眼中，这是一个有限微分方程。从更为直观的角度看，这就像是5分钟以后浴缸里的水量，等于现在的水量加上5分钟内流入的水，再减去5分钟内流出去的水。

接下来的那行给出了"人口"的初始值（2000年年初有10 000人），再往下的两行定义了"年出生人数"和"年死亡人数"是如何计算的。最下面的两行给出了"出生率"（每年每千人中出生15人）和"死亡率"（每年每千人中死亡12人）的值。

模型根据以上这些算法计算每年的人口数。在给定了2000年年初的"人口"初始值的基础上,模型首先计算2000年一年里的流量,总共是150个新增人口和120个死亡人口。因此,这一年里的人口净增长("年出生人数"-"年死亡人数")就是30人。接着,根据第一行定义的方程,就可以计算出2000年年末的"人口",也就是10 000+(150-120)×1=10 030。其他年份依此类推。

这些计算是自动完成的,只要输入数据并定义相关的方程(这通常很容易),模型就能自动运行,你也不必再去管那些方程了。我们只需要定义一组方程,而不用像在电子数据表中那样去到处复制。程序能随着时间的延伸自动复制这些方程。

现在让我们感兴趣的是,模型运行的结果会是什么样子?图12-13展现了仿真时间为50年的结果。指数增长竟然演变成了线性!

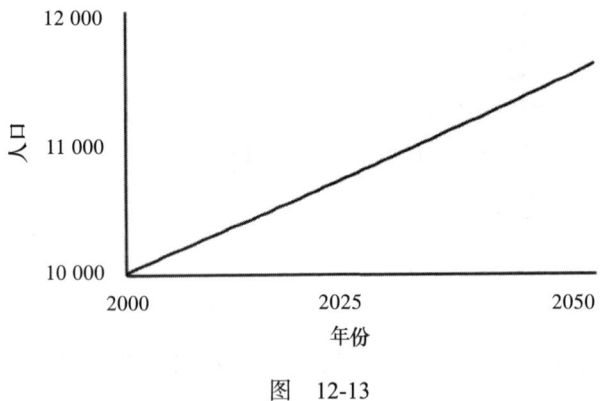

图 12-13

假定你是一位研究太平洋中某个岛屿上人口变化的人类学家。在建立了关于这个岛屿的模型之后,你或许会想着把它用到别处、别的岛屿,而这些岛屿的人口初始值、出生率和死亡率都不尽相同。那么,有没有什么更简便的方法去输入这些基础数据呢?

的确有这样的方法,叫做"控制面板",在这个例子中可能是如图12-14所示的那样。这幅图是直接从计算机屏上复制下来的,上面有一个圆盘形的旋钮和两个滑动杆。旋钮上标明的是"人口初始值",用来指定初始人口的数量,当前指向10 000;两个滑动杆分别是"出生率"和"死亡率",当前指向每年每千人出生15人和每年每千人死亡12人。

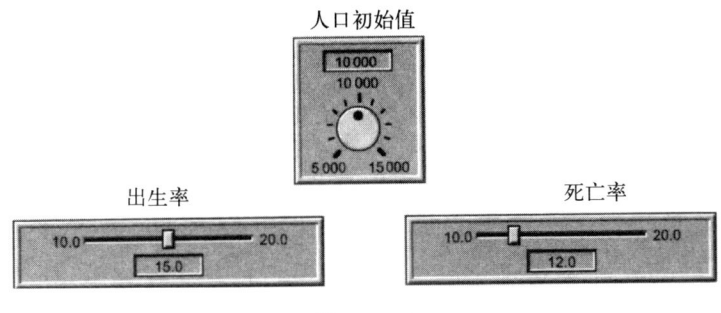

图 12-14

这样,当你在临近的岛屿使用这个模型时,只需要调整旋钮和滑动杆就可以了,如图 12-15 所示。

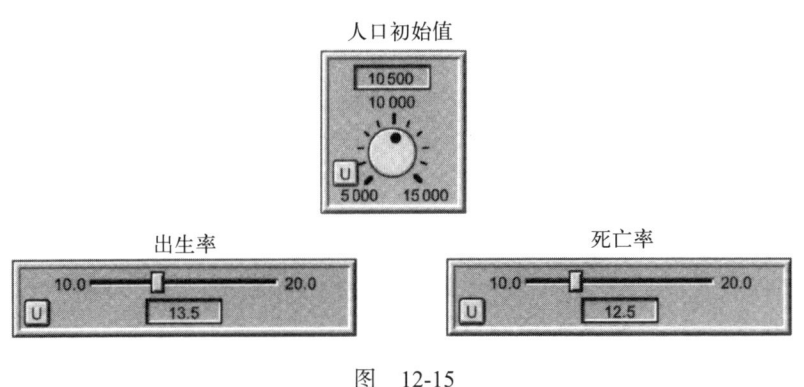

图 12-15

当你调整旋钮或者滑动杆时,有个小小的 U 形符号会出现在控制面板上,用来提示你原先的设置已经被改变。如果这时候单击这个 U 形符号,会恢复原先的设置。假设临近的岛屿"初始人口"稍高(10 500),但食物却相对匮乏,"出生率"和"死亡率"分别是每千人每年 13.5 和 12.5。调整了旋钮和滑动杆之后,模型会显示出两个岛屿不同的运行结果(见图 12-16)。

图 12-16 表明,如果这两个岛屿的"出生率"和"死亡率"都保持恒定,那么大约 25 年之后,第一个岛屿的人口数量会超过第二个岛屿。

那么,如果"出生率"和"死亡率"不随时间保持恒定,会出现怎样的情况呢?假设第二个岛屿在接受了一个旨在提高居民营养水平的项目援助后,"出生率"开始提高,而"死亡率"则出现下降。

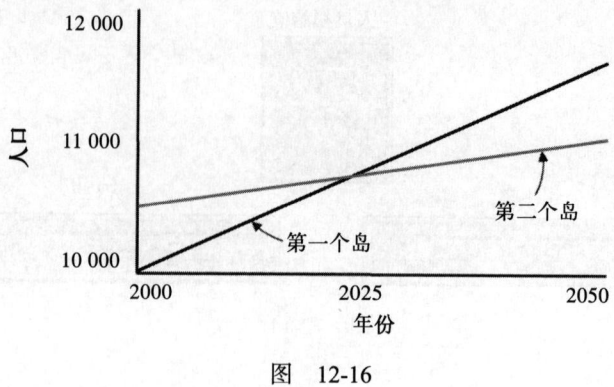

图 12-16

这里，第二个岛屿的"出生率"和"死亡率"不再随时间保持恒定。我们可以直接用鼠标在计算机屏幕上画出这两个变量的变化曲线，如图 12-17 和图 12-18 所示。

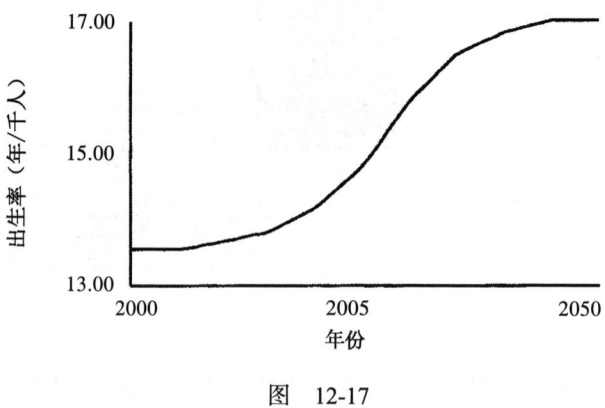

图 12-17

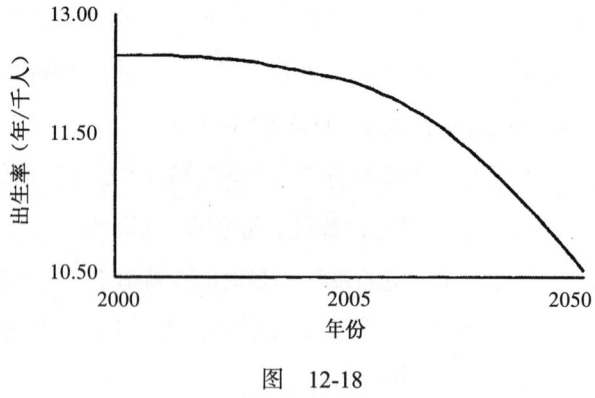

图 12-18

模型运行时,根据这两条曲线获取每年的"出生率"和"死亡率",然后进行计算。运行结果如图 12-19 所示。

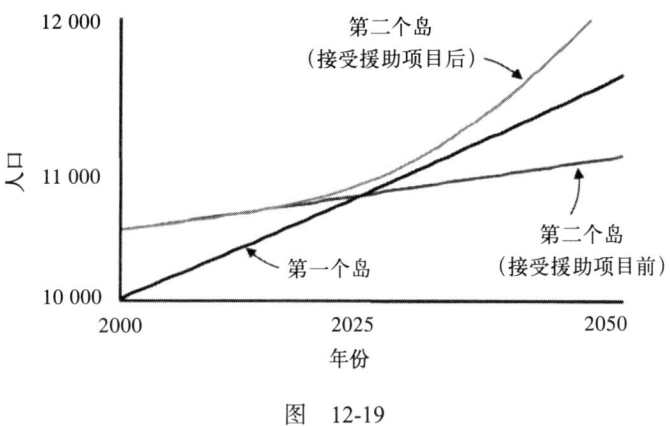

图　12-19

这时候控制面板也已经不同了,原先的滑动杆被刚才输入的曲线所代替,如图 12-20 所示。

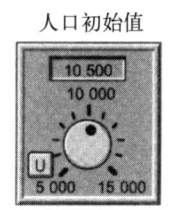

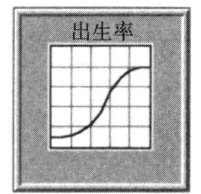
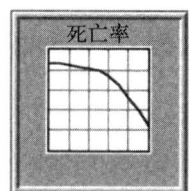

图　12-20

这些输入的曲线表示了一种特殊的变量随时间变化的方式。里面惟一确定的数据是 2000 年的"出生率"和"死亡率",其余的部分都出自人的主观推断。当然,不同的人会有不同的看法、不同的思维模式。也许有人会认为,随着营养水平的提高,年轻妇女的健康水平也不断提高,因此,"出生率"应该增长得更快一些。也有人或许会认为，营养水平提高所带来的最直接效果应该是"死亡率"的下降。事实上，有谁能够说清楚 25 年的时间里会发生什么呢？更不要说 50 年了。

这些观点并无对错之分，只是人们各自的取向不同罢了。因为能够轻松地通过改变输入曲线来具体定义不同的变量，ithink 可以方便地检验基于不同的假设、不同的观点、不同的思维方式所产生的结果。也许这些观点的不同对模型输出结果的影响微乎其微；也许又是异常明显——要想了解模型在不同条件下的特性，最好的方法就是把它们都试一遍。正是这样，系统动力学提供了一个非常强大的实验室，在政策付诸实施前去检验它们的效果。正如同飞行员通过模拟飞行器进行训练、会计师需要大量的灵敏度分析资料去进行投资估价一样，明智的管理者应该对他们的业务进行全面的系统动力学建模。

尽管这个例子非常简单，与商业的联系亦不紧密，但它的确展现了系统动力学建模过程中所有主要的部分。当然，实际的模型要更为庞大，并且复杂得多，但所遵循的基本原则也就是我们提到的这些，再次概括如下。

系统动力学建模　　　　　　　　　　／Seeing the Forest ／for the Trees

所有的变量都可以划分成存量——随时间累积的变量，或者流量——增加或减少存量的值。

真实系统是由存量和流量相互连接而成的复杂网络，就像用水管图所描述的那样。

水管图总是与相应的系统循环图保持一致，但通常包括更多细节，同时也更为精确。

ithink 建模软件在操作上分三个层次。最主要的是图形视图，用来显示所关注系统的水管图。"隐藏"在图形视图之后的是方程视图，用来定义模型运行所需的所有计算规则。图形视图"之上"的是控制面板，它提供了诸如旋钮或滑动杆之类的控件，以方便定义或更改输入变量的值。

另一个有用的功能是，我们可以用图形视图来定义变量，这样就能够任意去定义一些特殊的、随时间改变的输入变量。实际上，大多数真实系统都包含了大量的随时间而改变的变量，但变化的规律却很难用数学方程来描述。但不管怎样，我们至少对这些规律心中有数——是上升还是下降？变化得快还是慢？趋于稳定还是继续变化？这些图形是主观的，是思维模式的反映，而你对这些图形所持的观点将支持你的决策或措施。系统动力学建模能让你精确描述这些"模糊变量"，展现不同措施的效果。这有助于我们制定出明智的政策，并就如何采取措施取得一致。

第13章
业务增长建模

SEEING THE FOREST FOR THE TREES

第12章描述了一些在进行系统动力学建模时应该遵循的原则。本章的目的是展示如何应用这些原则来为你的业务建模。

很明显，你所面临的业务可能和另外一位读者所运营的业务相去甚远，因此我不可能专门为你的业务建一个模型。然而，我能做的事情就是根据第8章中的材料，构建一个系统动力学模型，并展示这个例子是如何体现一般系统动力学建模框架的。在那一章中，我们讨论了一个业务增长引擎，它被现实生活中的一些因素，如市场容量所约束。尽管具体细节可能未必完全符合你的业务，但我相信，其中包含的一般性主题会具有一定的普遍适用性。

13.1 一个业务例子

关于增长的水管图

图13-1是我们在第8章曾经讨论过的一幅系统循环图。

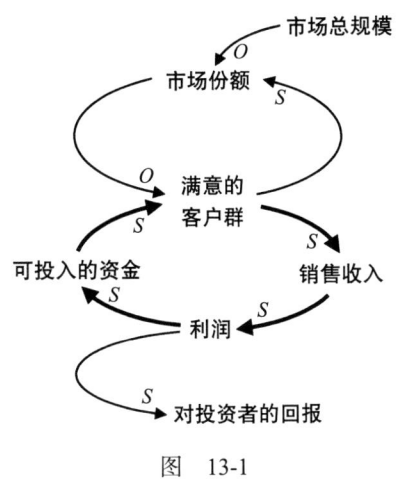

图 13-1

请稍微花几分钟的时间画一画它所对应的水管图。哪些变量是存量？哪些是流量？你认为哪些变量是必须清晰地定义为存量或者流量的，而哪些变量不必清楚地表现出来？

为了完整起见，还需要往存量–流量图里面加入哪些变量？这些变量也许并没有在系统循环图中表现出来。

这个练习可能会有很多合理的结果，因为我们都拥有不同的思维模式。同样地，我们在水管图中所使用的语言以及相对应的附加变量，也会根据具体的业务环境而有所不同，例如服务业的水管图可能会与制造业或零售业有所不同。因此，如果你的反应和我的反应有所不同，那也没有关系。思维的清晰性比这些细节性的差异更重要。

为了给我们的分析提供一个具体场景，不妨想象这是一家区域性的汽车经销商，拥有某一型号汽车的代理权，他正在试图扩大自己的业务规模。业务增长引擎来自于向新客户以及现有客户销售汽车。"满意的客户群"产生"销售收入"和"利润"，从而提供了"可投入的资金"，这些资金又可以用于一系列的市场活动，从而吸引新客户，并维持老客户，进而提高该型号汽车的销售。

我们都知道汽车市场竞争非常激烈，尽管该型号汽车是由一家主要制造商所提供的，但是仍然很难增进当地的"市场份额"。当前的"满意的客户群"，即那些已经在过去 5 年中从这家经销商这里购买了汽车的客户，一共大约 22 000 人，而当前业务情况为每月销售 1 540 辆车，每辆车平均价格 10 000 英镑，而当地市场的汽车总销售量为每月 15 000 辆。这家经销商的雄心壮志就是将"市场份额"（在这个例子里，就是该经销商月销售量与该地区市场月总销售量之比）提高 10%～12%。这个市场份额基本上还是能够达到的。

图 13-2 就是我所画出来的水管图。

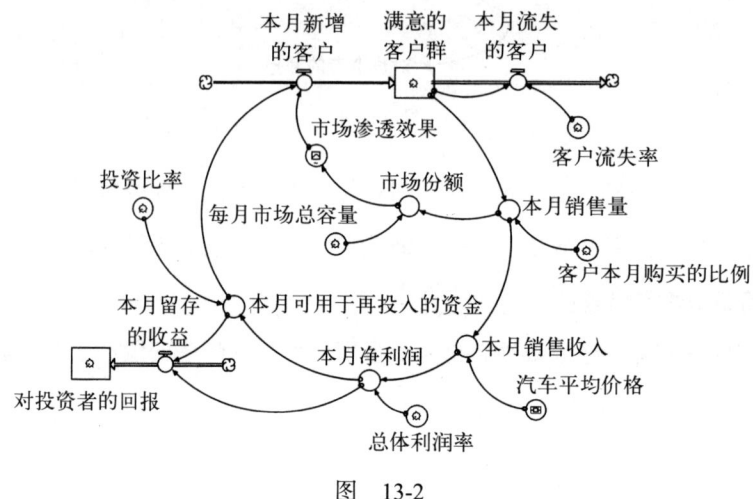

图　13-2

和系统循环图相比，这幅图上标明了我们所需要的全部特征。两幅图的结构相同，都标明了一个经过"本月可用于再投入的资金"的增强回路，和一个经过"市场份额"的调节回路。然而，水管图还包括一些其他附加的变量，用以确切说明所有联系的工作方式，而且语言也更加精确。

另外，水管图中还引入了一项新特征。你可以看到一些具有特殊含义的图标：

☼ a. 旋钮

▣ b. 滑动杆

▱ c. 图

它们代表着图 13-3 所示控制面板上的各种不同形式的变量。

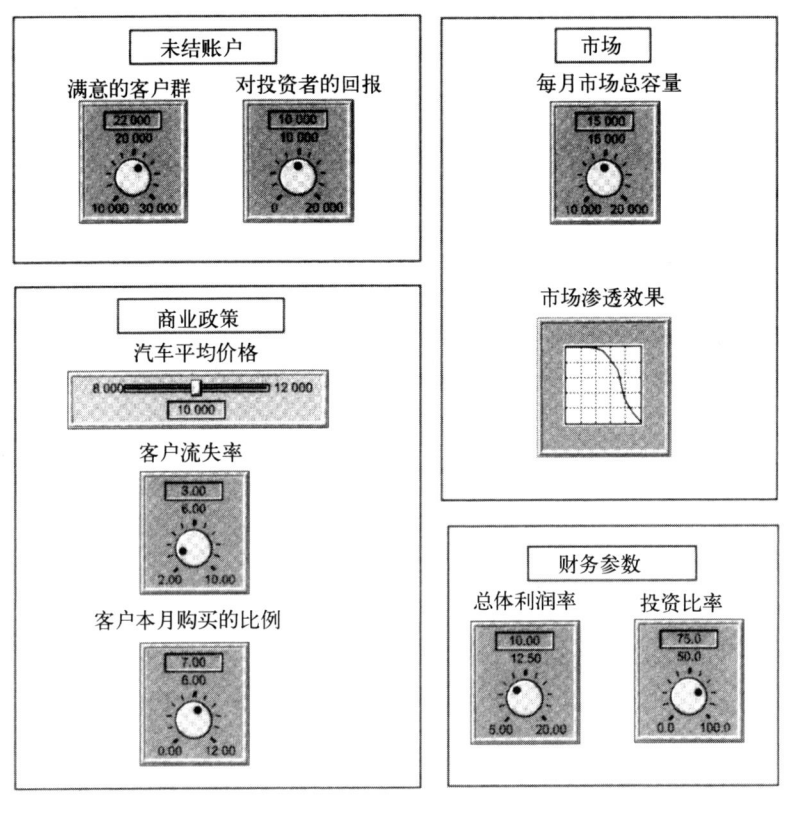

图 13-3

和我们所想象的一样，这些变量对应于我所选择的两个存量（"满意的客户群"和"对投资者的回报"）的各种期初差额，以及所有输入悬摆的各种数值，它们是模型能够工作的必要前提。图中还有另外一种因素，它既不是存量，也不是悬摆，我把它命名为市场渗透效果。

我选择"满意的客户群"作为一个存量，是因为它随时间的变化对于任何业务增长而言都非常关键。有两个流量和这个存量相关，一个是"本月新增的客户"，它是一个输入流量；另一个是"本月流失的客户"，它是一个输出流量。我使用"月"作为仿真的单位时间。这当然只是一种近似，因为每个月的长度并不一致，但是这并不会带来多大的差异：如果我愿意，我也可以用四个星期作为时间单位。

模型采用"序时仿真",即将时间分成若干等份,在本例中就是一个月。在每个月初,"满意的客户群"都有一个具体的数值,是期初余额。第一项计算就是关于"本月销售量"的,它可以通过将"满意的客户群"的期初余额与"客户本月购买的比例"的数值相乘而得到。所谓"客户本月购买的比例"指的是在本月购车的客户占总客户群的百分比,这不仅包括新客户,还包括那些已经通过该经销商购买过汽车,但在本月再次购买汽车的客户。对这一百分比的估计需要历史数据和经验的积累,而且包罗了新老两种客户类型。

"本月销售量"和"汽车平均价格"相乘,就得到了"本月销售收入",如果再和"总体利润率"相乘,就确定了"本月净利润"。对成本的处理在图中被一笔带过,因为除了需要在"本月可用于再投入的资金"中支付的营销成本之外,所有的成本都可以通过"总体利润率"得到体现。当然,如果你愿意,也可以追踪各个不同类别的成本结构,但是,对这一方面过于苛求就可能会将一个系统动力学模型变成一份电子数据表格。

在确定了"本月净利润"之后,就可以通过模型来计算"本月可用于再投入的资金",直接将"本月净利润"与"投资比率"相乘,就可以得到这一数值,它是从"本月净利润"中拨出去专门用于再投资的款项。这意味着投资决策是按月滚动计划的,投资多少完全取决于当月可支配的基金。这种做法非常保守,它所对应的业务模型表明,该企业拥有一部分投资基金,该基金来自每月的现金流,并需要结合每月的评估对其进行管理,根据实际情况对其进行或增或减的调整。

另一项假设是,用于"本月可用于再投入的资金"不会成为"本月留存的收益",并最终累积起来成为"对投资者的回报"。我把这一假设简化为一个只有单向输入流量的存量。当然,我也可以引入一些输出流量,比如分红或公积金。

在汽车零售这个例子中,很多重大市场活动都是由制造商组织策划的。个体经销商一般只能通过当地广告、邮寄广告或者类似行为来刺激购买,因此"本月可用于再投入的资金"一般就花费在类似的活动上。这些花费的目的就是吸引新客户。我们假设经销商已经总结出这样的经验,即平均需要花费1 250英镑才能争取到一名新客户。这就意味着如下形式的联系:

本月新增的客户 = 本月可用于再投入的资金 /1 250

然而，尽管这一公式表明，每争取到一名新客户就需要平均花费 1 250 英镑，但是却没有考虑当前经销商已经拥有了多少客户。这当然有失偏颇，因为随着"市场份额"的增加，吸引新客户的难度会越来越大。这就是系统循环图中调节回路的意义所在。

这一点可以通过我所选用的"市场渗透效果"得到体现。这里我想表达的意思是，随着"市场份额"的增加，"本月新增的客户"的数量会下降。这是一个模糊变量，尽管我知道它的存在，但是我不知道该如何量测它。我们已经看到，系统思考积极鼓励对这种现实进行描述，而且系统动力学为对它们进行处理提供了方便的工具。我们所寻找的其实就是一种根据市场份额变动的函数，当市场份额相对较低时该函数值较大，当市场份额相对较高时该函数值较小。

图 13-4 显示了"市场渗透效果"是如何随着"市场份额"的变化而变化的。当"市场份额"在 10% 左右时，"市场渗透效果"大概取值 1.0 左右，但是当"市场份额"超过 11% 时，"市场渗透效果"迅速下降，在"市场份额"为 12% 时接近于零。

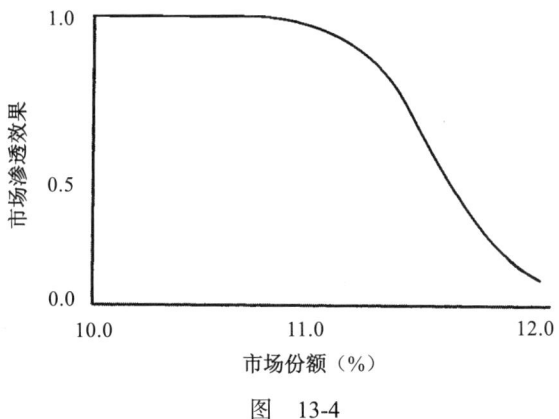

图 13-4

如果我们将本月新增客户的数量定义为：

本月新增的客户 = 本月可用于再投入的资金 /1 250 × 市场渗透效果

然后，当市场份额低于 10% 的时候，"市场渗透效果"接近于 1，"本月新增客户"的数量就对应于每 1 250 英镑的"本月可用于再投入的资金"可以争取一名新客户。然而，在"市场份额"从11%向12%攀升的过程中，"市场渗透效果"迅速下降到接近于零，因此，无论"本月可用于再投入的资金"有多少，"本月新增客户"的数量都会变得越来越小。

因此，"市场渗透效果"的作用就是在"市场份额"接近12%的过程中不断减缓争取新客户的速度。这当然就是系统循环图中调节回路的作用。

从"本月可用于再投入的资金"到"本月新增客户"的计算由于"市场渗透效果"的存在而得到了修正，这就同时体现了增强回路和调节回路的功能。这对应于整个模型的一次完整运行周期，即一个"时间段"，在本例中是一个月。因此，在月末满意的客户群的数量就可以通过下面的公式计算：

期末满意的客户群 = 期初满意的客户群 + 本月新增的客户 – 本月流失的客户

其中的输出流量，即"本月流失的客户"，代表了所有业务都会遭受的损失，这个例子中可以通过下面的公式得出：

本月流失的客户 = 客户流失率 × 满意的客户群 /100

当期结束时的"满意的客户群"就成为下一期开始时的满意的客户群，进入下一循环。其结果就是，在"本月可用于再投入的资金"的支持下所开展的营销活动，吸引了"本月新增客户"，用其数值减去"本月流失客户"的数量，就成为下个月计算销售规模、销售收入和利润的"满意的客户群"初始值。本月的市场营销活动自然会为下个月的销售收入起到促进作用，业务增长的引擎就这样开始旋转起来。

生活不必如此复杂 / Seeing the Forest for the Trees

很多人在碰到模糊变量的概念以及它们在系统动力学模型中的表示方式时，都会感到惊诧不已。像"市场渗透效果"这样复杂的概念怎么能用一个从0～1的数字表达呢？怎么能用图13-4那样的一幅图就把这个概念表示清楚呢？"市场渗透效果"的表现肯定要比这幅图复杂得多，不是吗？我对此表示怀疑。当然，"市场渗透效果"存在的原因以及它的具体表现形式确实要比图13-4复杂得多，不仅仅需要考虑市场情况、竞争对手的活动，甚至天气变化也需要纳入考虑的范围，这一点我也同意。但是，归根结底，你最终试图回答的问题实际上还是:"对于给定的'市场份额',我所能吸引到的'本月新增的客户'最可能是多少?"我认为最直观、也是最深刻的处理方式恰恰就是我在前面所使用的方式。

在巴里·里士满关于 ithink 的使用手册中,有一个关于经济学家和系统思考学家就大问题"农业经济和全球食物供应"进行争论的故事。他们正在讨论如何对全球年度牛奶产量这个特别重要的变量进行建模。"这真是难办,"经济学家说,"我们需要了解正用于放牧的土地的公顷数,以及这些牧地中有多少用于饲养奶牛。然后我们需要考虑世界上不同地区、不同品种奶牛产奶量的差异,这就需要我们去了解不同国家的国内生产总值,以及用于肥料的投资。我们还必须考虑全球气候模式。这是一个非常困难的问题。我们可能需要建立一套非常复杂的计量经济学模型。"

系统思考学家揉了揉自己的脸颊,想了一下,然后回答道:"我们用世界奶牛总数乘上每头奶牛每年平均产奶量怎么样?"

生活确实非常复杂,但是通常总是存在着既能处理复杂性,又不会遗失相关性的处理方式。

图 13-5 展示了对这个模型进行为期两年的仿真所得到的一些结果。

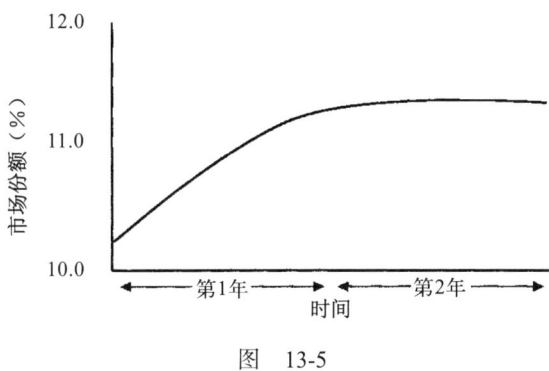

图　13-5

市场份额稳定在 11.4% 左右。由于需要大量的资金去"收买"更多的客户,基本上不太可能超出这个水平。然而,该项业务总体上有利可图,在仿真进行的两年中,每年大概会获得 500 万英镑的稳定收入,如图 13-6 所示。

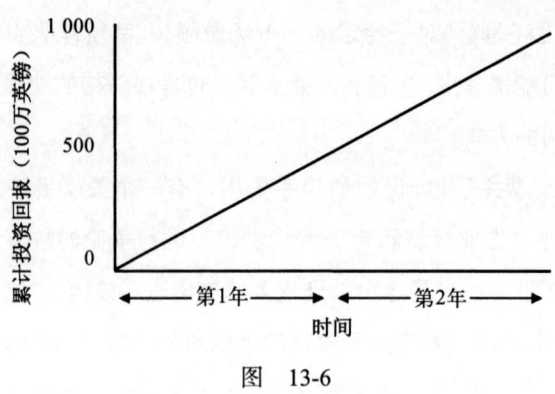

图　13-6

13.2　模糊变量

这个模型的重要特征是引入了"市场渗透效果"这一模糊变量。这也是能够区分系统动力学模型与其他模型如电子数据表的特征。我们已经看到，该变量反映了一个人们听起来非常熟悉的概念，即随着"市场份额"的增加，吸引新客户的工作会变得越来越难。听起来好像确实如此，但是如何度量它、管理它？我们都相信这种效应存在，但我们现有的管理信息系统基本上都无法反映这一效应。它确实很难度量，但这个概念又非常重要，而且在我们的实际业务中，还有很多类似的事情都是很难度量的。

尽管存在着度量难题，我们每个人在日常工作中，仍然在按照自己对这些模糊变量的估计进行决策。系统动力学的意义就在于明确地指出这些模糊变量的存在，但是却不需要收集大量的数据，也不需要启动一项大范围的经济研究。你所要做的全部事情就是画一些图以反映你眼中这个世界的行为方式。这些图形存在于你的脑海之中，但是你可能永远不会把它们画出来，更不会将它们与你同事脑海中的图形相对比。尽管如此，这些图形确实是存在的，否则我们就无法制定任何决策了。我们都拥有自己的思维模式。

为了刻画一个模糊变量，第一步就是定义图上的两个坐标轴。在这个例子中，我们的兴趣点在于"市场份额"的增加对新客户发展难度的影响。因此，我们可以很容易地认定横轴是"市场份额"。但是纵轴是一个问题，因为它究竟代表什么意义实际上并不是很清晰。那么，我们来造一个词——把它叫做"市场渗透效果"好了，我们还可以把它定义为一个从 0 ~ 1 的数。

第二步是填写横轴上的数字。"市场渗透效果"能够发挥影响的"市场份额"大概应该是在什么范围？在这个例子里，我们所感兴趣的范围大概是从 10% ~ 12%，这可以通过咨询有经验的人得知。综合上述判断，可以得到如图 13-7 所示的结构。

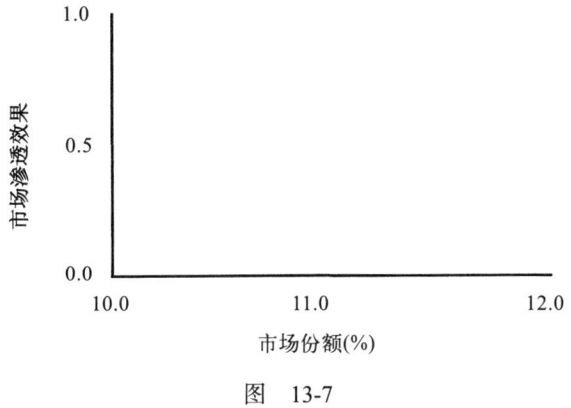

图　13-7

第三步是画出你认为符合现实的曲线：曲线下降的速度有多快？会不会下降到零？如果下降的话，应该在哪个点开始下降？不同的人会有不同的看法，因此，除了图 13-4 可以作为"市场渗透效果"的曲线之外，图 13-8 和图 13-9 都是可能出现的情形。

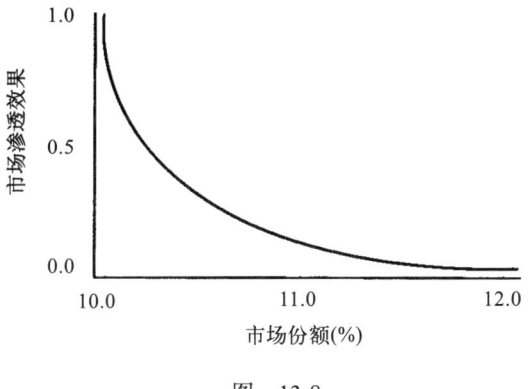

图　13-8

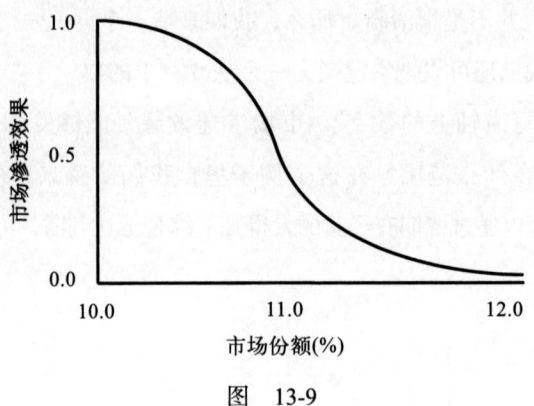

图　13-9

这三个图中,哪一个是"正确"的?这完全取决于你的思维模式。在这个例子里,不同的思维模式确实会带来不同的结果:图 13-10 就展示了与这三种不同的"市场渗透效果"相对应的"本月销售规模"的动态曲线。

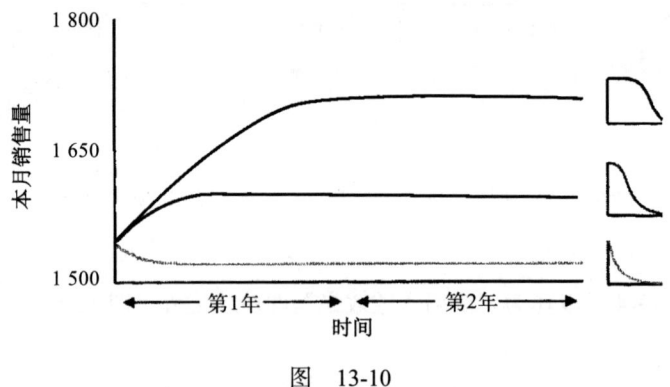

图　13-10

通过帮助你在屏幕上画出自己的图形,借以揭示出你自己的思维模式,系统动力学模型可以帮助你轻松地考察自己的信念所导致的结果,并且可以将这一结果与你同事的观点及结果加以比较。可能不同观点之间的差异对系统只有很小的影响;但是也不排除带来比较重大的影响的可能——无论哪种情况,系统思考模型都会有所助益。如果彼此观点中的差异很具体,那么你们就可以一起讨论为什么彼此对同一个世界会有不同的看法。这种做法可能就会帮助你发现世界的真相到底如何。系统思考图和系统动力学模型可以成为度量重要因素的利器,而不仅仅是度量那些容易度量的因素。

13.3 为答案而建模，为学习而建模

这个例子的第二个特点就是它基本上不需要会计数据的支持。我使用的时间尺度是月，但是月有大小之分，每个月的天数并不一样多；我把所有的成本都归结到一个总体利润率中去体现；我彻底忽略了债务、债权以及相关的时间折现问题，并隐含假设所有的交易都用现金处理；我也没有考虑税收、折旧等问题。任何一位会计人士都不会读到这一段，因为在看到我对销售规模的计算方式时，他们或者早就厌恶地把这本书扔到垃圾堆里去了，或者心脏病发作了。

这里牵涉到三个问题。第一个问题是混乱；第二个问题是"见树又见林"；而第三个问题，则和这个模型的真实用途相关。

我们已经知道，资产负债表上的所有科目都是存量，利润表（以及现金流量表）上的所有科目都是流量。当然，如果你愿意，你可以将所有会计信息都建到系统动力学模型中来，但是这样肯定会让模型变得非常杂乱。系统动力学模型会向"上"看，向"外"看。它们鼓励高层次的视角，而不是低层次的视角；它们鼓励全面的观点、鼓励扩展问题的边界，而不是一种虽然分析深刻，但是视野却很狭窄的观点。电子数据表就是这样的反例：它们向"下"看，向"内"看，它们鼓励深入分析、深入挖掘；如果你希望理解你的企业的行为，还是应该采用系统思考以及系统动力学作为工具。

这就很自然地引到了"见树又见林"的问题。哪些因素是真正重要的？都是什么内容？你是愿意跟踪每个债权人的收据和债务人的账单，从而预测每日银行账户中的现金流，还是愿意去了解应该重设哪个管理控制杆，从而推动你的业务增长？

最重要的还是模糊变量。像"市场渗透效果"这种出现在系统动力学模型中的变量，是基本上不可能在电子数据表单中出现的。我认为，对于这个例子而言，"市场渗透效果"这个变量具有关键作用。然而，大多数业务中都确实存在着很多模糊变量。既然在处理这些模糊变量上已经引入了不确定性，我们何必还要花费巨大的精力去在别的细节上苛求精确呢？

电子数据表最有害的一个方面就是列举了非常精确的结果。在电子数据表中，你可以将任何科目精确计算到小数点后任意位，并且可以进行预测，比如，在每年3%的增长率下，20年后销售收入会达到多少。经过计算，电子数据表可以为

你提供一个精确而且在数学上完全正确的结果。但是，这些数字真的有意义吗？

系统动力学模型并不保证这种精确性。实际上，我所展示的所有输出结果都是以图形的方式表现的：上升或下降、震荡或稳定的曲线。如果你愿意，你也可以打印出各种数据表，但是，系统动力学的主要价值就在于通过各种曲线所体现出来的系统行为模式。当你研究一个模型，并且通过改变旋钮或者控制杆的状态来改变某些参数时，你很快就可以知道这些变动会不会对最终结果带来显著影响。一个良性循环会不会变成恶性循环？一个震荡系统会不会稳定？对增长的约束是否会得到缓和？这就是我们期望中的经理人所能提出的见识，而不仅仅是根据某些具体数字来预测七年内的趋势。

这就牵涉到了第三个问题：我们使用模型的目的是什么？在我看来，模型的用途主要有两种：寻找答案、理解本质。用于寻找答案的模型的最佳例子就是会计人员用来优化纳税额度的模型。税额计算是一项非常烦琐、费时的工作，而且中间有很多可选项。一个例子就是我曾经需要计算某项资本收益税的转滚减免，在进行这种大规模计算的时候，一个好的（而且是准确的）计算机模型是非常有价值的，而且，会引导税务会计取得一个最有利的纳税方案。在这个例子里，计算的内容非常广泛，但是各种规则都是预先定义的，各项数据也都是硬性指标。这种模型可以帮助节省大量的时间，并为我们提供我们所需要的数值解。

用于学习的模型则迥然相异。一个飞行仿真器就是一种模型：它的目标不是为了发现某种"最佳答案"——比如飞机降落的最快方式，而是以安全的方式为飞行培训生提供某种仿真的体验，从而使得他们在驾驶真正的飞机时能够充满信心。这种体验实际上就是去理解如何解释飞机仪表所提供的各种信息，如何根据这些信息，去操控复杂的飞行器上的各种旋钮、控制杆和按钮，并进而决定飞机在空气中行进的路线。这里不存在任何答案——这完全是学习。

这一点对于系统动力学模型也是一样的。它们会给你提供一种仿真的经验，从而使你在管理自己的业务时更加充满信心。这种经验就是去理解如何解释对你的业务成果进行度量所得到的各种指标，以及根据这些指标和解释，去调整这部复杂的"机器"上的各种旋钮、控制杆和按钮，并进而决定你的业务未来的发展趋势。这里面同样也不存在任何答案——这也完全是学习。

因此，如果你乐于学习，那么系统动力学和系统思考就是能够为你提供巨大帮助的有力工具。如果你需要"答案",那么仍然固守着电子数据表好了。

13.4 管理营销组合

现在,我来改进一下这个模型,让它更加符合实际情况。

汽车经销商经营管理中最重要的决策之一就是确定"营销组合",也就是将"本月可用于再投入的资金"分配到广告、促销(比如保险、附加费用或者礼品)、价格折扣和其他类似因素上的比例。在实际业务中,这是一种非常重要的调节杠杆。

我们的模型中已经包括了"本月可用于再投入的资金"这个因素,因此,为了清晰起见,我们来增加两种营销组合,即广告和促销。

广告和促销

广告和促销是存量还是流量?如果是存量,相应的流量是什么?如果是流量,相应的存量是什么?你应该怎么画这幅水管图,才能刻画出广告和促销对业务的作用?

我认为广告是一个存量。随着每个月投入广告的钱不断积累,其总体效果就是会影响我去购买一种产品或一项服务。当广告战结束的时候,我会记住我所喜欢的广告——至少一段时间之内不会忘掉。但是,时间长了我就会开始遗忘,广告对我的影响就会逐步减弱。图 13-11 就是一幅刻画这种关系的水管图。

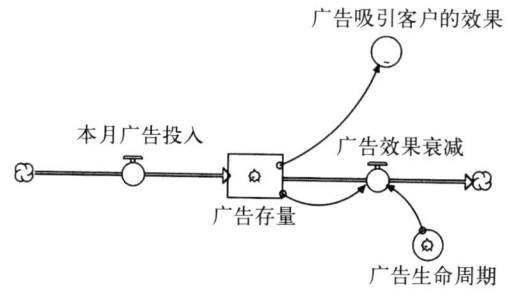

图 13-11

月复一月,"本月广告投入"就逐渐在"广告存量"中积累起来。图中的旋钮就代表了这一科目的期初余额,即该存量在每一期仿真开始时的数值,它会在控制面板上有所显示。该存量的耗尽可以通过"广告效果衰减"这个流量体现,它受到"广告生命周期"的控制,这个变量在控制面板上也有所体现。这里的思路是:"广告存量"具有一定的生命周期,超过了这个时间之后,以往广告的影响就消亡殆尽了。这一时间的长短基本上依赖于广告战的创意和影响,一般可以持续几个月,比如说 6 个月。即在没有新的"本月广告投入"输入流量的情况下,6 个月后"广告存量"就会耗尽,因此,大概每个月会消耗"广告存量"总容量的 1/6。这就为对"广告效果衰减"进行建模提供了一种简单而又有效的方式,即:

广告效果衰减 = 广告存量 / 广告生命周期

"广告存量"的商业影响可以通过"广告吸引客户的效果"得到体现,图 13-12 采用曲线的形式表现了经销商管理团队对这一作用的思维模式。

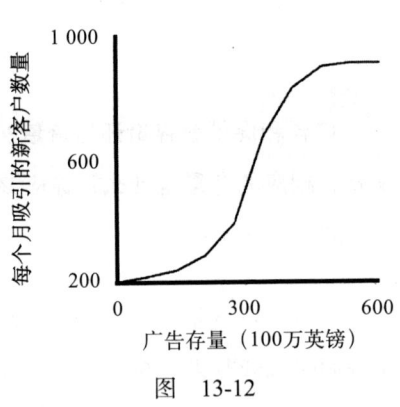

图 13-12

这一曲线指出,如果经销商在广告上没有任何投入,他仍然能够每月销售 200 辆汽车,这是由制造商的广告存量、该系列产品的声誉以及重复购买客户的忠诚度等所带来的客户。广告费用通常非常昂贵,该曲线表明,经销商管理团队认为,如果想让吸引的新客户数量明显超出 200,就必须投入大概 300 万英镑;如果"广告存量"从 300 万英镑增长到 450 万英镑,则会带来非常明显的效果,从图中可以看到,对应的一段曲线快速攀升,但当"广告存量"增长到 500 万英镑时,这个曲线的增长趋势显著变缓,开始进入一个高原期。

当然,这幅图只反映了一种思维模式,而不同的人会有不同的思维模式。很多关于广告的决策都基本上遵循着类似的思维模式,只不过没有明确地做出这个假设而已。就像我早已经指出的那样,系统动力学的一个显著的好处就是鼓励你按照这种方式处理这种事情。可以很方便地在屏幕上直接画出这样的曲线,直接运行模型,通过改变某些模型的参数并再次运行,有助于你获取对系统更深刻的见地。在第 10 章中我们已经接触到了类似于"××在吸引和保持客户方面的作用"这样的概念,它们对于连接描述管理控制杆的调节回路和描述业务增长引擎的增强回路非常关键。这幅图就为这样的变量大概会呈现什么样子提供了一个很好的例子。

另一个因素是促销。图 13-13 是一个水管图，从结构上看，它和关于广告的那幅水管图完全一致。

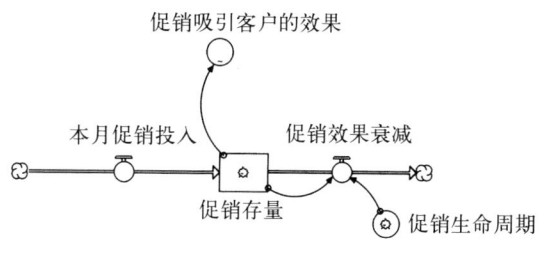

图　13-13

依照我的思维模式，我认为"促销存量"的影响持续时间要比"广告存量"短得多，因此"促销生命周期"同样也要短得多——比如，一个月，或者两个月。同样地，"促销吸引客户的效果"也和广告有所不同——它的曲线可以参看图 13-14。

这说明，在经销商没有任何促销措施，仅靠制造商的促销影响下，每个月可以销售 100 辆车，但随着经销商促销投入的增加，这个曲线开始时上升速度非常快，因为在这种情况下，相对较少的礼物就可以吸引一定的客户。然后就进入了一段较长的平原期，即促销存量从 80 万英镑上升到 250 万英镑这段期间，客户量几乎没有什么增长。然

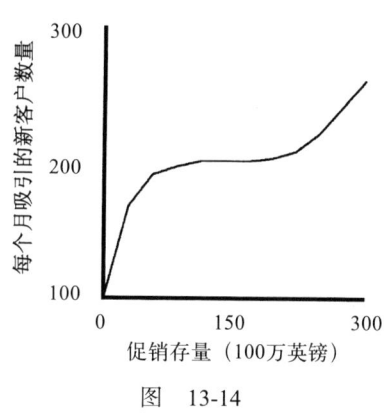

图　13-14

而，超过这个阶段之后，由于客户们被各种大礼包所吸引，曲线再次迅速攀升。

需要再次指出的是，这仍然只是一种可能的思维模式。还有很多其他的思维模式。你的思维模式是什么？

这两个营销组合变量可以在一幅图中得到体现，如图 13-15 所示。图中还包

括了两个附加的概念。

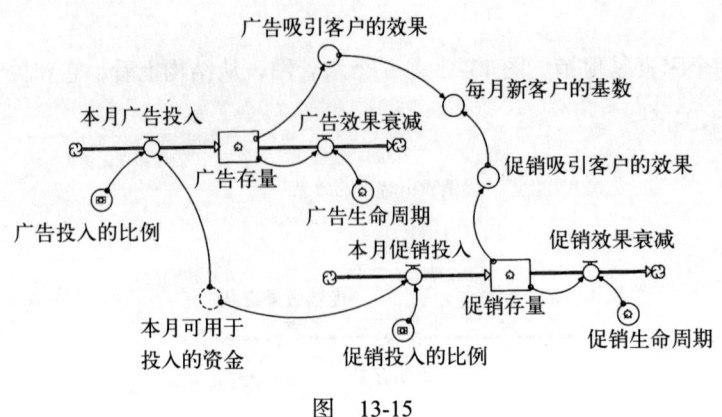

图 13-15

首先,"本月新客户的基数"是"广告吸引客户的效果"和"促销吸引客户的效果"共同作用的总和。随着模型仿真时钟的推进,在任何一个时刻,在"本月广告投入"和"本月促销投入"两个输入流量及"广告效果衰减"和"促销效果衰减"两个输出流量的作用下,"广告存量"和"促销存量"都会产生一个具体的数值。在任一给定时刻,模型都会根据上面的两条曲线,将当前"广告存量"和"促销存量"根据对应关系,转换成每月吸引的新客户数量。这样,每一种营销组合就可以通过新客户的数量表达出来了,这两种方式吸引的新客户之和就是"本月新增客户的基数"。我之所以使用"基数"这个词,是因为在这里还没有考虑"市场渗透效果"的影响。最终的"本月新增客户"数量应该是"本月新增客户的基数"和"市场渗透效果"之积。

图 13-15 所引入的第二个新概念就是营销组合决策本身,即在广告和促销两种方式之间的资金分配比例如何。

对这一问题的一种有效处理方式就是定义两个输入参数,"广告投入的比例"和"促销投入的比例",来表示资金分配政策。这实际上代表了我们对"本月可用于再投入的资金"的分配规则或比例。"本月广告投入"和"本月促销投入"的具体数字可以将其对应的百分比与"本月可用于再投入的资金"相乘得到。

这两个百分比会作为输入参数出现在控制面板上。在这个例子里，对应的是图 13-16 中的滑动条。当然，这两个百分比之和必须等于 100%，而 ithink 提供了非常方便的工具来帮助你将这两个滑动条关联起来，从而时刻保证它们合计起来等于 100%。

图 13-16 表明，在 100% 的投资基金中，广告和促销的资金分配比例为 40∶60。这两个控制杆已经被关联起来了，如果你拉动其中一个控制杆上的滑动条，另一个控制杆上的滑动条也会同时滑动，保持二者之和不会超过 100%。如果二者之和没有达到 100%，则剩下的部分会在"未分配"这一栏中表示出来。

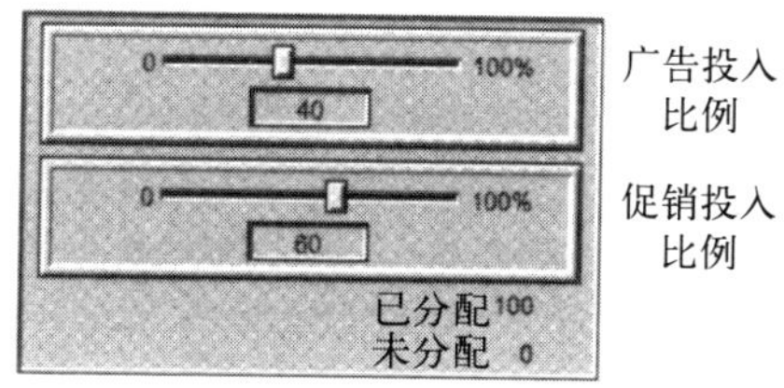

图 13-16

至此，我已经完整地描述了我们是如何对营销组合进行仿真的。由此产生的附加水管图当然会作为一个更大的图的一部分，与我们前面已经研究过的业务增长引擎水管图连在一起。实际上，这种连接非常简洁：它引入了一个输入即"本月可用于再投入的资金"，产生了一个输出即"本月新增客户的基数"。现在，修改后业务增长引擎图就如图 13-17 所示。

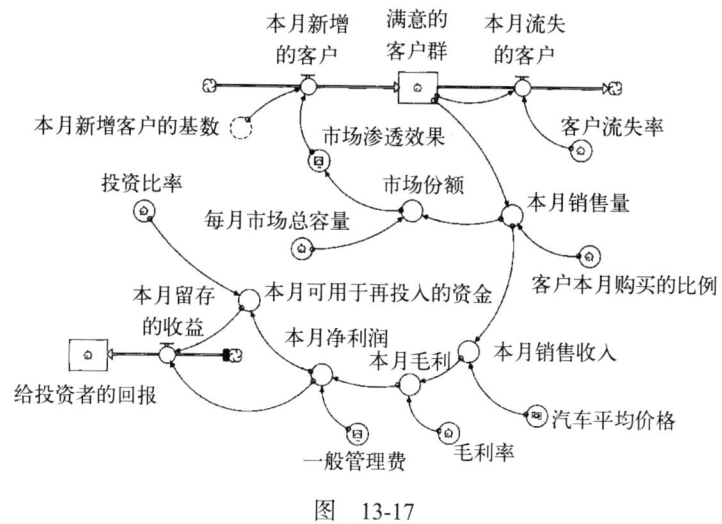

图 13-17

这和图 13-2 非常相似，但还是有一定的差异。

首先,从"本月可用于再投入的资金"到"本月新增客户"之间没有直接的连接。这个连接已经被营销组合图所替代。营销组合由"本月可用于再投入的资金"所驱动,它可以计算出"本月新增客户的基数"。这个名词已经在图 13-17 中出现了,它在经过"市场渗透效果"的修正之后,进一步得到"本月新增客户"。同样,你也会发现和"本月新增客户的基数"相关联的那个环已经变成了虚线,而不是实线,这表示这个变量的作用是联系两个不同的水管图。这种连接方式可以帮助我们将一幅非常复杂的图分解成几幅相对简单的图,从而提高模型的可读性。

从"本月可用于再投入的资金"出发,经过市场营销组合图,再回到"本月可用于再投入的资金"的连接,是对我们在第 10 章中讨论的系统动力学业务增长模型中一个重要环节(连接描述管理控制杆的调节回路和描述业务增长引擎的增强回路)的深入阐述。

这幅图还有一个新特征。图 13-2 中从"本月销售收入"到"本月净利润"之间存在着一条直接的连接以表示总体利润率。图 13-17 则在业务增长引擎中引入了一个新变量"本月毛利",它可以通过将"本月销售收入"和"毛利率"相乘得到。从"本月毛利"中减去"一般管理费"(除去用于广告和促销之外的全部费用),就可以得出"本月净利润"。明确标明"一般管理费"可以帮助明确地核算这一科目。图 13-18 展示了它的曲线。

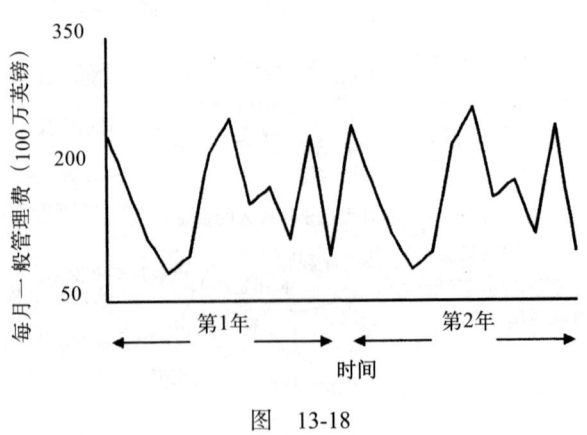

图 13-18

"本月净利润"可以这样计算:

本月净利润 = 本月毛利 − 一般管理费

这一计算带来一个新的可能，即如果"一般管理费"过高，则"本月净利润"可能为负数（亏损）。

这种可能性会带来两个影响：首先会影响"本月可用于再投入的资金"；其次会影响"本月留存收益"。可以通过将"本月可用于再投入的资金"的下限设为零来避免这一点。使用下列条件选择规则就可以实现这一目的：

本月可用于再投入的资金 =
if（本月净利润＞0）
then（本月净利润 × 投资比例/100）
else（0）.

这一规则完全可以实现我们的目的：如果"本月净利润"是一个正数，则"本月可用于再投入的资金"就等于将"投资比例"与"本月净利润"相乘所得；如果"本月净利润"是一个负数，则"本月可用于再投入的资金"为零。这当然符合常识，但是其结果就是"本月留存收益"会和"本月净利润"（一个负数）相等，这样，持续的负"本月留存收益"就会逐渐耗尽"对投资者的回报"。在这种情况下，"本月留存收益"就扮演了"对投资者的回报"这个存量的输出流量，而不是输入流量的角色。

有些流量会根据环境的不同而起到输入流量或输出流量的作用。这样的流量被称为"双向流量"（与"单向流量"相对应），它们的图形化表示方式是一个双头的水管和龙头，如图13-19所示。

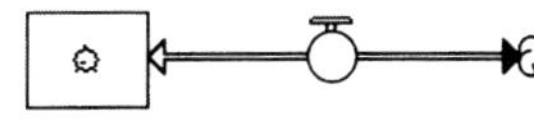

图 13-19

双向流量的运作方式很简单。在每个时间段内，模型会计算"本期留存收益"，如果它是一个正数，"对投资者的回报"就会增加；如果是一个负数，"对投资者的回报"就会减少。

控制面板也相应地发生了一定的变化以和这些新变量保持一致，并且还加入了一些工具来直接观测某些关键输出变量，如图13-20所示。

那么，结果怎么样呢？在图13-20所示控制面板所对应的情况下，某些输出变量的变化如图13-21所示。图中一共有两组结果，一组是将"本月可用于再投入的资金"按照 20∶80 的方式分配给广告和促销,而另一组则是按照 40∶60 的方式分配。

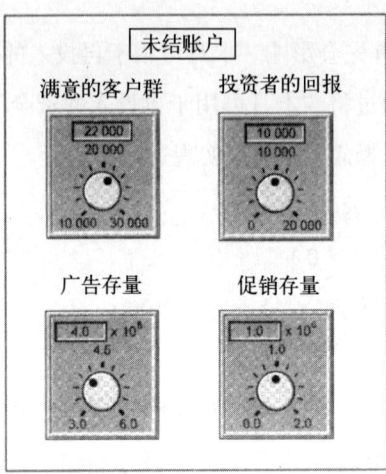
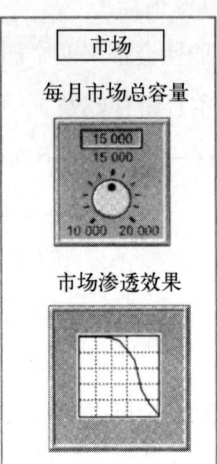
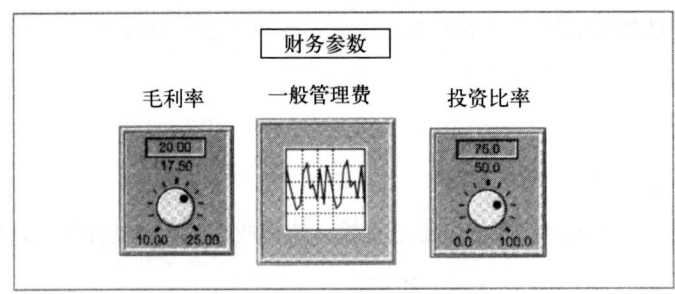
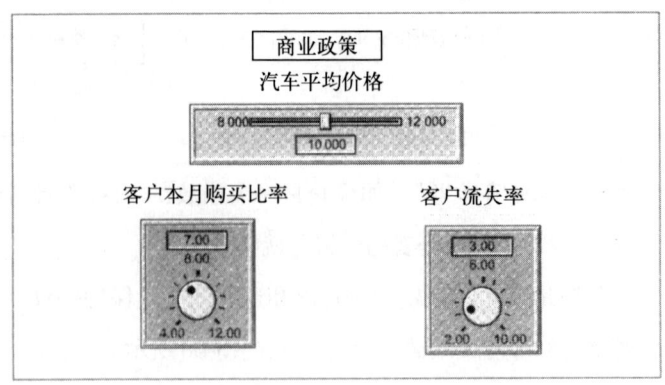

图 13-20

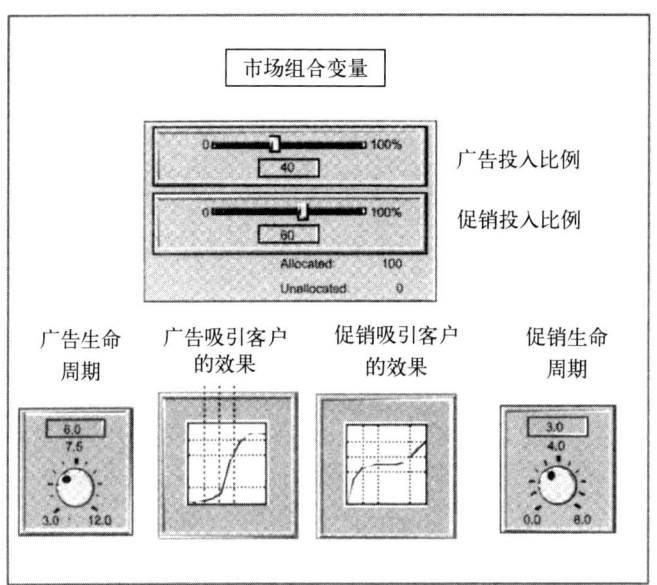

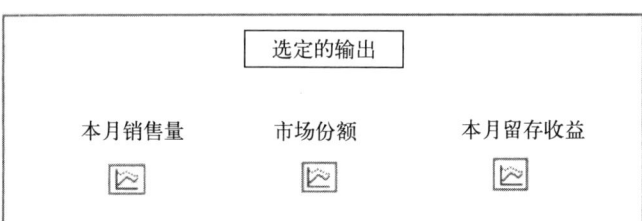

图 13-20（续）

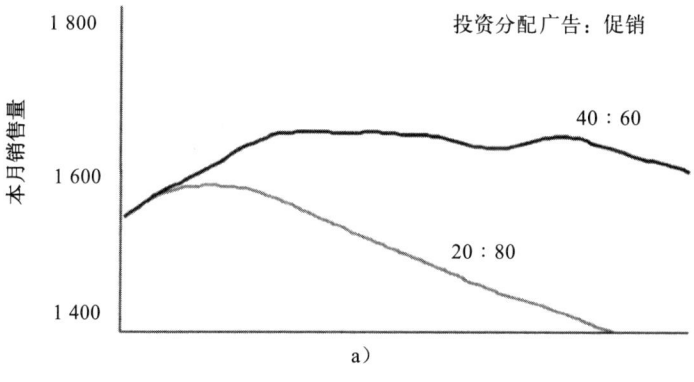

图 13-21

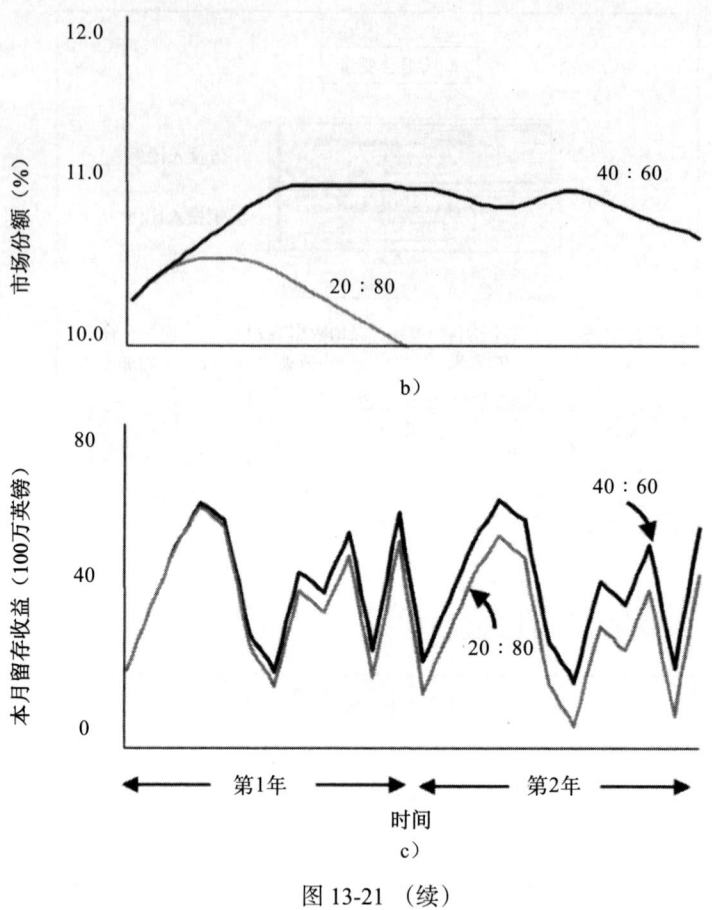

图 13-21 （续）

13.5　寻找优化业务的对策

对于 20∶80 这种侧重促销的分配方式，"本月销售量"在前四分之一时间里迅速上涨，然后稳步下落。变动这一分配方式，提高广告部分的投入比例，使之达到 40∶60，它可以将"本月销售量"稳定在 1 650 辆左右。广告投入比例越高，"对投资者的回报"的输入流量"本月留存收益"也就越高，而前者是对业务健康状况最重要的判别指标。在这两种情况下，这两个数字的波动都很大，这主要是由于每月一般管理费用波动很大所致（见图 13-18）。

总的来说，这些曲线都暗示着，相对于促销而言，广告的威力似乎更大一些，因此你可以做出更加倾向于广告的选择。图 13-22 展示了当这一比例达到 80∶20 的时候所发生的情况。

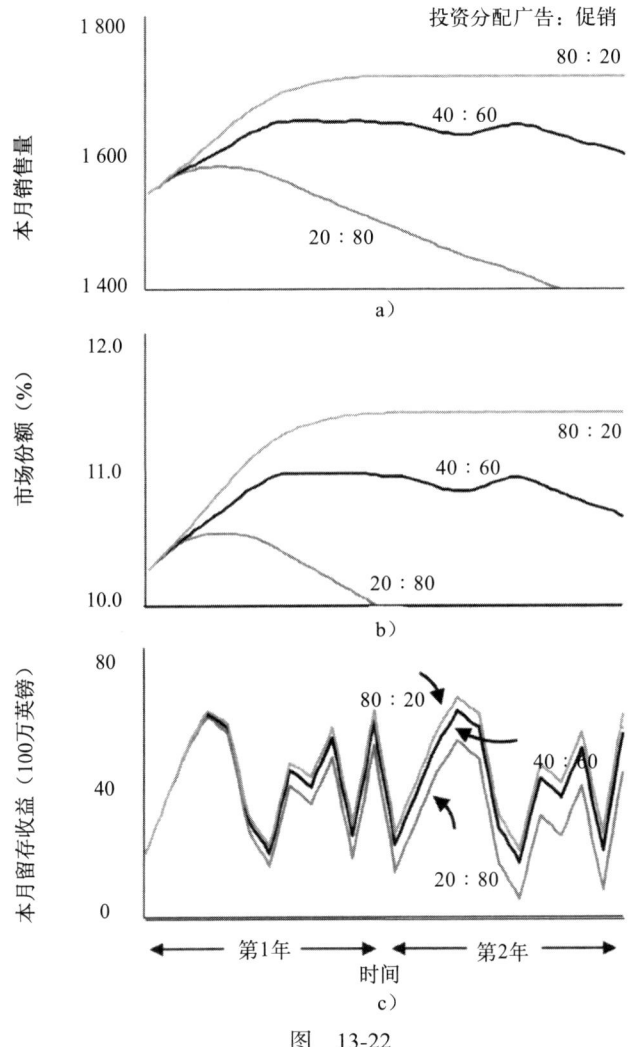

图 13-22

"本月销售量"稳定上升到 1 710 辆左右，而且也彻底摆脱了前面两曲线在"市场份额"上的波动或下降。然而"本月留存收益"却没有得到显著改善。这可能是因为额外的广告非常昂贵，而增加的销售量所对应的边际收益只是稍稍超过相应的投入的原因。同样，这个模型建模时所遵从的原则也非常保守：我们不会花掉那些还没有拿到手的钱。"本月可用于再投入的资金"来自于"本月净利润"，因此，如果利润有所下降，则"本月可用于再投入的资金"也会相应地下降。

13.6　80∶20 的分配比例是否最佳

80∶20 的分配比例是否最佳选择？这还没有定论，也许 85∶15 或者 100∶0 会更好一些呢。滑动控制面板上的滑动条可以帮助我们很方便地验证我们的想法。经过测试，我们发现，一旦广告比例超过 70% 之后，再增加广告比例所能起到的效果是有限的——"报酬递减"现象已经出现了。

怎么看出来的呢？"广告吸引客户的效果"曲线（见图 13-12）就是一个例子：当"广告存量"的投入超过 450 万英镑时，曲线开始变得平滑起来。这和"促销吸引客户的效果"曲线（见图 13-14）形成了对比，后者在进入一段高原期之后又开始继续上升。

然而，这里还有一个约束，即市场份额限制，它和其他变量之间相互独立，互不影响。正如图 13-4 所示，想把"市场份额"提高到超过 11% 会很困难，而且超过 11.5% 之后会更困难。实际上，图 13-22 所示的 80∶20 资金分配比例将"市场份额"提高到了一个比较稳定的状态，即 11.4%，这已经非常接近极限了。

这样，已经有两个独立变量在驱动着"报酬递减"现象了：广告效果，它在"广告存量"超过 450 万英镑之后进入一个高原期；"市场渗透效果"，它使得"市场份额"很难超过 11.5%。

但是哪一个约束首先发挥作用呢？如果是广告约束首先起作用，那么我们就得到这样的判断：市场份额固然会进入一个高原期，但是它的数值会低于 11%。然而，如果市场份额约束首先起作用，那么市场份额会达到 11.5% 左右，并且从此之后，无论在广告和促销上投入多少，都不会带来多大改善。

图 13-22 表明，市场份额被限制在 11.4% 左右，非常接近市场份额的极限。这意味着是市场份额约束首先发挥了作用。

如果是这样的话，我们就能得到一个更有意义的结论：可能我们在广告和促销上的开销太多了，我们在这个注定无法克服的市场约束上投入了一些钱，它们都打了水漂。

我们可以使用模型来验证这个结论。这里的关键变量是"投资比例"，即拿出来再投入的资金相对于"本月净利润"的百分比，它决定了"本月可用于再投入的资金"的额度,而后者又成为"本月广告投入"和"本月促销投入"的来源。如果我们降低"投资比例","本月可用于再投入的资金"的额度也会降低,但这并不会带来多大的影响。惟一的影响就是"本月留存收益"得到了提高,也就是说对"投资者的回报"增加了。

那么,当"投资比例"下降到50%,而"本月可用于再投入的资金"中广告投入和促销投入的比例仍然是80:20时,结果会怎么样呢?

结果如图13-23所示,图中还同时画出了"投资比例"为75%时的结果。

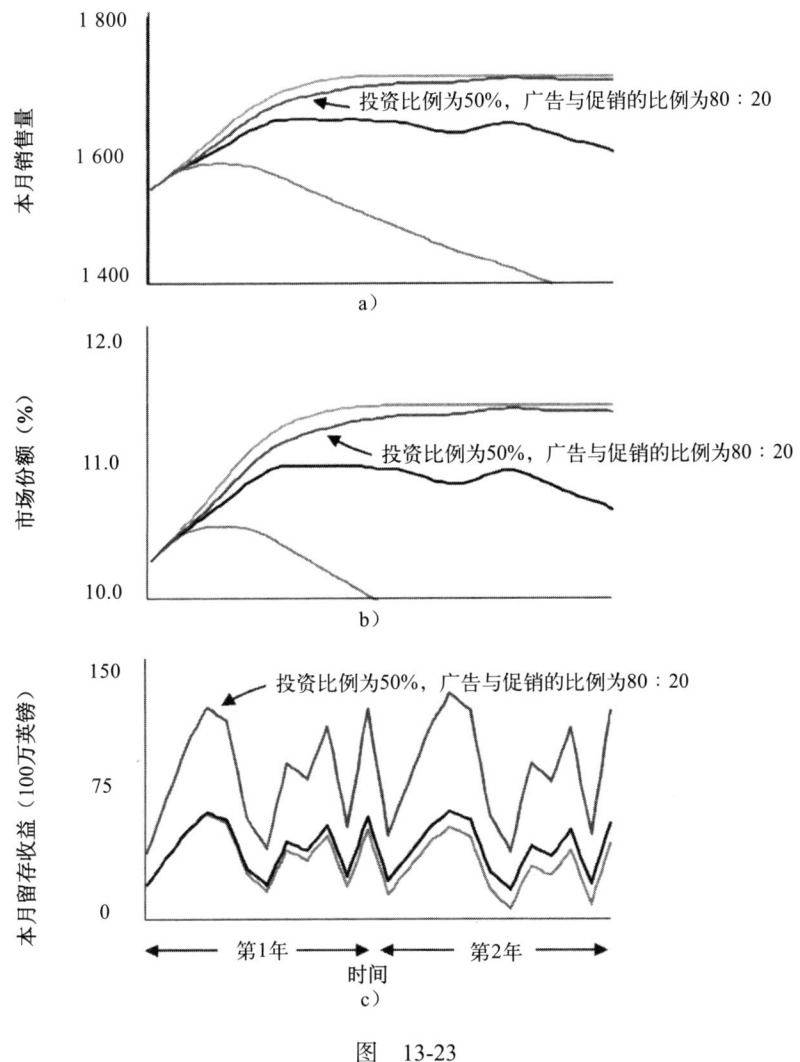

图 13-23

这次模型的运行结果显示，与"投资比例"为75%时相比，"本月销售量"和"市场份额"稍有下降，这是我们能够预料到的，因为毕竟在投入方面下降的幅度很大。然而，结果方面下降有限。当"投资比例"为75%时，大量的投资打了水漂：盲目追加投资以促进业务增长引擎增强回路的旋转，但却因市场渗透效果所在的调节回路的限制而徒劳无功。显著减少投资给销售带来的影响非常轻，但是，看看"本月留存收益"吧！它每个月都几乎增长一倍！当"投资比例"为75%时，只有25%的"净利润"被计入"本月留存收益"。而当"投资比例"减少为50%时，其他25%的"净利润"都被计入"本月留存收益"了。

现在我们可以看到，在这个更为真实的例子里，关键问题并不是如何分配广告和销售的投入比例——实际上，决定应该投资多少才是应该首先考虑的问题，而且这种考虑也更为睿智。

我们在第8章中已经看到，用力推动业务增长引擎旋转是一种非常具有诱惑力的想法。但当增强回路被某些因素制约的时候，这种方式只会让人筋疲力尽，而且徒劳无功！

结束语

驾驭复杂性

好了,事情就是这样!我相信如果你认真地读完了本书,那么在阅读过程中肯定有很多收获,你现在一定相信复杂性不仅是可以驾驭的,而且你本人就可以驾驭它。

证明你能够驾驭复杂性的最佳方式就是动手去做。你下次开会的时候,如果遇上了非常复杂的问题,就试着看看你能不能找出其中的因果关系,并将它们联系起来以构建一个有意义的回路。你可能真的构建出了一个回路,也可能需要几天时间才能获得一些有深度的想法。没关系,尝试一下吧。如果你试着这样做了,你可能会突然发现,你已经能够绘制出一幅意义清晰的系统循环图了,你已经确实能够"见树又见林"了。当这一切发生之后,把这些想法带到会议上,并说:"我可以简单谈谈我是怎么认识这一问题的吗?我会非常感谢大家的反馈。你们和我看待这些事情的思路完全一致吗?"

你会为接下来所发生的事情而感到莫名惊诧。你会激发各种深具建设性的讨论和辩论,因为你已经在思维模式层次上审视这些问题了。在一定业务背景下的共享思维模式确实具有现实意义。它是团队工作的基础,是决策制定的基础,也是智慧的基础。

因此，如果你觉得在读本书时有收获或心得，那么，就在工作、生活或学习中使用这些心得吧。拿起一支笔，走到活动挂图前，说："我是这样看待这个世界的。你们也是这样的吗？"然后，观察随后发生的事情。

我所描述的案例研究全都基于我在此领域 15 年的真实工作经历，我想强调的是，它们全都反映了我的思维模式，而不是别人的思维模式。因此，我对它们负责。如果你觉得它们与你的理解相同，我非常荣幸。如果你认为不是这样，我也同样非常尊重你对这个世界的理解，并且非常乐意与你就此问题进行讨论，所以，敬请您与我联系。我的电子邮件是：dennis@silverbulletmachine.com。

在结束之前，我还想提一个小小的请求：能否让我也知道你的周围所发生的事情？本书中的每一页都体现着我的热忱和热切，相信你肯定已经看出来了，我是一个系统思考的传道士和热衷者。我喜爱收集利用系统思考和系统动力学解决身边真实问题的成功案例，因此，请一定联系我。

睿智，如果作为一种天生的品性，是非常稀少的。但是，每个人都可以通过学习如何绘制系统循环图，如何追踪和理解因果关系，如何探索各种替代措施和决策所带来的不同结果，如何制定经得住时间考验的决策而变得睿智——我们确实可以通过学习而变得更加睿智。

致　　谢

感谢很多人多年来对我的帮助。请允许我特别提到 Alan Budd、Andrew Barton、Bruce Barnard、David Blood、Doug Smit、Harpal Lalli、Harsha Mistry、John Lawrence、John Morecroft、John Rountree、John Taylor、Judith Hackett、Kerry Turner、Michael Ballé、Nick Hester、Paul Deighton、Tessa Lanstein、Tim Beswick、Tony Vernon 和 Warren Gemberling。Nicholas Brealey 出版社的编辑的鼎力帮助不仅使本书的重点更为突出，而且使我的思想和文字都得到了精练。Chris Soderquist 为我提供了很多非常恰当的建议；Ben Russell 在反馈的历史方面给予了慷慨的帮助；Sally Lansdell 是最有效率、最专心的编辑。

特别感谢所有为我写下书评的专家。最后，我还想感谢我的家人 Anny、Torben 和 Torsten。

同时，我要感谢下列允许我使用他们的材料的机构和人员：

多伦多大学科学技术历史与哲学研究所的 Dionysius Lardner；

布隆伯格公司（Bloomberg L. P.）；

金融预测中心（The Financial Forecast CentreTM）；

联合国人口组织经济与社会事务部；

Goddard 空间研究院。

丹尼斯·舍伍德

参考书目

如果想进一步了解本书中所提到的系统思考及其相关主题，以下是我个人推荐给你的一些参考书目。

关于系统思考

1. *Managing with Systems Thinking*, Michael Ballé McGraw-Hill, London, 1994.
这是一本极具可读性的介绍系统思考及其在管理中的应用的书。

2. *The Heart of the Enterprise*, Stafford Beer, John Wiley, Chichester, 1979.

Stafford Beer 是管理控制论的传道者，写了很多书。这是他提出的"可行系统模型"（Viable Systems Model）的主要出处。

3. *The Viable System Model, Interpretations and Applications of Stafford Beer's VSM*, Raul Espejo and Roger Harnden (eds), John Wiley, Chichester, 1989.

该书收录了 Stafford Beer 研究"可行系统模型"（VSM）的相关论文。

4. *General System Theory: Foundations, Development, Applications*, Ludwig von Bertalanffy, George Brazilier, New York, revised edn 1976.

这是 Von Bertallanffy 提出的"通用系统理论"的主要出处。

5. *Systems Thinking, Systems Practice*, Peter Checkland, John Wiley, Chichester,

2nd edn 1999.

这是 Checkland 的"软系统方法论"的经典解释。本书是对 1981 年版的重印,并增加了特地撰写的 30 年发展回顾。

6. *Industrial Dynamics*, Jay Forrester, MIT Press, Cambridge, MA, 1961.

这是系统思考和系统动力学的雏形,至今读来仍令人耳目一新。

7. *Urban Dynamics*, Jay Forrester, Pegasus Communications, Waltham, MA, 1969.

在本书中,Forrester 探讨了有关城市发展的问题,包括过分拥挤和城区的衰败。

8. *World Dynamics*, Jay Forrester, Wright-Allen Press, Cambridge, MA, 2nd edn 1973.

这是 Forrester 一个更大的"画布",在这里,他将系统思考应用于更大的范围,讨论了诸如全球人口增长与污染等问题。

9. *Systems Thinking*: *Managing Chaos and Complexity*, Jamshid Gharajedaghi, Butterworth Heinemann, Oxford, 1999.

这是系统思考领域最新的深具启迪性的论述。

10. *Complexity*: *Life at the Edge of Chaos*, Roger Lewin, Phoenix, London, 2nd edn 2001.

这是一本关于复杂性理论的非数学性阐述,清晰、易懂,其中有一章论述了复杂性在商业中的应用。

11. *The Limits to Growth*, Donella Meadows, Dennis Meadows, Jorgen Randers, & William Behrens, Universe Books, New York, 1972.

这是如何运用系统思考来处理全球范围内的复杂问题的最有力的论据之一。

12. *Beyond the Limits*, Donella Meadows, Dennis Meadows, & Jorgen Randers, Earthscan, London, 1992.

这是对《成长的极限》的更新,回顾了自该项研究开始以来所发生的事情。

13. *The Fifth Discipline*, Peter Senge, Doubleday, New York, 1990.

系统思考作为"第五项修炼",与其他四项修炼(自我超越、改善心智模式、建立共同愿景和团队学习)一起,构成一个整体,有力地说明了系统思考在管理中的重要角色。

14. *The Fifth Discipline Fieldbook*: *Strategies and Tools for Building a Learning Organization*, Peter Senge, Charlotte Roberts, Richard Ross, Bryan Smith, & Art Kleiner, Nicholas Brealey, London, 1994.

《第五项修炼·实践篇》是《第五项修炼》的实践手册，包含大量的案例、解释、讨论和奇闻轶事，并对主要的系统思考基模有清晰的解释。

15. *The Dance of Change*: *The Challenges of Sustaining Momentum in Learning Organizations*, Peter Senge, Art Kleiner, Charlotte Roberts, Richard Ross, George Roth, & Bryan Smith, Nicholas Brealey, London, 1999.

在风格上和《第五项修炼·实践篇》非常相像，包含很多额外的案例。

16. *Business Dynamics*: *Systems Thinking and Modeling for a Complex World*, John Sterman, McGraw-Hill, 2000.

John Sterman 是麻省理工大学系统动力学小组现任主任，这本书厚达千页，并配有 CD-ROM 盘，全面阐述了当今最新的研究现状。

17. *Cybernetics, or Control and Communication in the Animal and the Machine*, Norbert Wiener, MIT Press, Cambridge, MA, 2nd edn 1961.

本书是 Norbert Wiener 1948 年经典之作的新版。

关于创造性和创新

18. *The Art of Innovation*: *Lessons in Creativity from IDEO, America's Leading Design Firm*, Tom Kelley with Jonathan Littman, HarperCollinsBusiness, London, 2001.

IDEO 是美国著名的设计公司，它们的设计从掌上电脑到心脏起搏器几乎无所不包，它们的经验令人欢欣鼓舞。

19. *Story*: *Substance, Structure, Style and the Principles of Screenwriting*, Robert McKee, Methuen, London, 1999.

这是在撰写影视剧本时系统地应用创造力的业内人士的必备指南。如果你喜欢《卡萨布兰卡》或《唐人街》这些影视作品，McKee 将逐字逐句地为你展示一些场景实际是如何工作的，内容十分精彩。

20. *Smart Things to Know about Innovation and Creativity,* Dennis Sherwood, Capstone, Oxford, 2001.

本书重点关注创造性和创新，包括在情景规划中应用 InnovAction 的过程。

关于战略和情景规划

21. *The Living Company*: *Growth, Learning and Longevity in Business,* Arie de Geus, Nicholas Brealey, London, 1997.

对于那些相信组织人格精神重要性的人来说，本书将令人振奋。本书的核心理念是：组织是一个活的生命体。

22. *Leading the Revolution,* Gary Hamel, Harvard Business School Press, Cambridge, MA, 2000.

Gary Hamel 是知名的战略学家，其观点积极向上，具有挑战性，充满智慧。本书把创新作为一条主线贯穿全文。

23. *Scenarios*: *The Art of Strategic Conversation,* Kees van der Heijden, John Wiley, Chichester, 1997.

本书由壳牌石油公司情景规划社团的资深成员撰写，对于情景规划的分析非常到位。

24. *Synchronicity*: *The Inner Path of Leadership,* Joseph Jaworski, Berrett-Koehler, San Francisco, CA, 1996.

Joseph Jaworski 是壳牌石油公司聘请管理集团规划的一位美国律师。在这本主要是传记体的著作中，根据作者的经历讲述了一个迷人的故事，对于组织和管理也具有深刻的见解。

25. *Scenario Planning*: *Managing for the Future,* Gill Ringland, John Wiley, Chichester, 1998.

全面论述了大多数情景规划方法。

26. *The Art of the Long View*: *Planning for the Future in an Uncertain World,* Peter

Schwartz, John Wiley, Chichester, 1996.

Peter Schwartz 是情景规划的倡导者之一，一开始在斯坦福研究院工作，接着在壳牌石油，最近在 GBN、全球规划网络（Global Planning Network）。本书一部分是传记，一部分是情景规划的历史，确实值得一读。

关于盖亚和相关环境问题

27. *Silent Spring*, Rachel Carson, Houghton Mifflin, Boston, MA, 1962.

本书一出版就引来了巨大的非议和攻击。今天，我仍把它看作是真正令我们震惊，从而跳出对环境的传统认识的开创性著作之一。相信至今仍会让一些人感到震撼。

28. "Easter's End," Jared Diamond, Discovery, August 1995.

《探索》杂志上一篇关于复活节岛的生动故事。

29. *The Day the World Took off*: The Roots of the Industrial Revolution, Sally Dugan & David Dugan, Channel 4 Books, London, 2000.

这是我在本书中提到的工业革命和茶的故事的出处。

30. *Gaia*: The Practical Science of Planetary Medicine, James Lovelock, Gaia Books, London, 1991.

这是一本制作精美的书，用非技术语言和插图解释了盖亚假说。关于睡莲的故事也在这里。

31. *The Ages of Gaia*: A Biography of our Living Earth, James Lovelock, Oxford University Press, Oxford, 1995.

对盖亚更为技术性的阐述。

32. *Homage to Gaia*: The Life of an Independent Scientist, James Lovelock, Oxford University Press, Oxford, 2000.

Lovelock 的自传，表现了一个非常罕见的天才、独立科学家、自由撰稿人和思想家、研究者的独特视角。

33. *A Green History of the World*: The Environment and the Collapse of Great

Civilisations, Clive Ponting, Penguin, Harmondsworth, 1993.

这是一个环境保护论者对历史的看法（不是环境保护主义的历史），包括对复活节岛大灾难的描述。

34. *Captain Cook's Voyages 1768-1779*, Glyndwr Williams (ed.), Folio Society, London, 1997.

这是一本讲述库克船长探险历程的书，根据库克船长的日记编写。

关于智力资本

35. *Intellectual Capital*: *The Proven Way to Establish Your Company's Real Value by Measuring its Hidden Brainpower*, Leif Edvinsson & Michael S Malone, Piatkus, London, 1997.

这是该领域领先者的标准著述。

关于约束理论

36. *The Goal*: *Beating the Competition*, Eliyahu M Goldratt & Jeff Cox, Gower, Basingstoke, 1993.

在这本原创性的商业小说中，Goldratt 为人们展示如何通过故事来撰写一部教科书。

37. *Goldratt's Theory of Constraints*: *A Systems Approach to Continuous Improvement*, H William Dettmern, ASQ Quality Press, Milwaukee, WI, 1996.

关于哲学

38. *The Metaphysics, Aristotle,* Hugh Lawson-Tancred (trans.), Penguin, Harmondsworth, 1998.

我们所熟知的"整体大于部分之和"就出自该书第六部分第 248 页。

译者后记

让学习型组织"落地"

2002年以来,笔者一直在思考如何让学习型组织从理论走向实务的问题,也就是让学习型组织在中国这块广阔的土地上落地、生根、开花、结果。相信这也是很多研究、推广与实践学习型组织的人士共同关心的话题。2003年9月28日,由我召集在北京举办了一次主题沙龙,得到了各方面人士的热烈响应,讨论非常热烈;其后,在"学习型组织研修中心"网站论坛(http://www.cko.com.cn)上,这一问题也继续深入研讨。与此同时,我也在其他层面上思考和推进这一问题。

作为学习型组织研究与实践的爱好者,我首先想到的是学习,也就是大量阅读各种文献,了解国内外优秀企业的实践经验;同时,广拜各方为师,与有共同兴趣和志向的学者、官员、企业家、咨询顾问、学习型组织爱好者、推动者甚至匿名人士进行交流,听取他们的意见。

在这个过程中,我痛感到国际上有关学习型组织的优秀书籍如雨后春笋般涌现,但国内翻译引进的却不多;与此同时,我国广大创建学习型组织的企事业单位又迫切需要了解国内外优秀企业的最佳实践。因此,在机械工业出版社的大力支持下,策划出版了"学习型组织实战丛书"(包括《创建学习型组织5要素》(*Building the Learning Organization: Mastering 5 Elements for Corporate Learning*,

2nd Edition)、《实践社团：学习型组织知识管理指南》（*Cultivating Communities of Practice*）、《英国石油公司组织学习最佳实践》（*Learning to Fly: Practical Lessons from one of the World's Leading Knowledge Companies*）以及《学习型组织研发团队管理指南》（*The Smart Organization: Creating Value through Strategic R&D*）四本书⊖）。我本人承担了部分翻译和审校工作。这四本书不仅有可操作的整体框架，而且包含大量实践案例和实务指南，受到了业内人士和企事业单位的一致好评，相信对于推动学习型组织的"落地"将起到积极的作用。当然，这一努力延续到《学习型组织行动纲领》（*Learning in Action: A Guide to Putting the Learning Organization to Work*）⊜和本书的翻译出版。

上述努力只是第一个层面，即为大家介绍了一些好的观念、理论、方法、工具。但是如果不能应用于实践，再好的观念、理论、方法、工具也只是空话。如果想让学习型组织"落地"，必须深入研究、剖析其中的一些理论精髓，给出工具、方法的详细使用指南，便于组织领导、管理者和员工掌握必备的技能，并通过演练、辅导等方式，促进其在实际工作中应用，然后，根据使用的效果，对理论、工具、方法加以改善或扬弃，或者总结提炼出适合中国国情和企业特点的方法。这是一个长期持续的艰巨过程，不仅需要我们这些研究、推动者的努力，更离不开企业的实践。出于这种考虑，我们一方面继续翻译一些属于深入剖析和使用指南性的书籍（本书即是其一，作者丹尼斯·舍伍德深入剖析了彼得·圣吉所提出的"五项修炼"之核心——系统思考，并给出了详细的使用指南），另一方面通过组织公开培训、内训等方式推介这些工具和方法，例如，在北京举办"系统思考研修班""团队学习研习班""愿景与领导训练营"等。同时，我也希望得到更多有志于真正创建学习型组织的企事业单位的支持，共同推动学习型组织的研究与实践。

深入"第五项修炼"的核心

彼得·圣吉在《第五项修炼》一书中提出的"五项修炼"实际上是改善个人

⊖⊜ 已由机械工业出版社出版。

与组织的思维模式，使组织朝向学习型组织迈进的五项技术。作为一个整体，它们是紧密相关、缺一不可的。正如书名所指，"系统思考"作为"第五项修炼"，是彼得·圣吉理论体系的核心。这五项修炼解读如下。

第一项修炼，自我超越

"自我超越"（personal mastery）的修炼是学习不断厘清并加深个人的真正愿望，集中精力、培养耐心，并客观地观察现实的过程。它是学习型组织的精神基础。精通"自我超越"的人，能够不断实现他们内心深处最想实现的愿望，他们对生命的态度就如同艺术家对于艺术一样，全心投入、锲而不舍，并不断追求超越自我。有了这种精神动力，个人的学习就不是一个一蹴而就的项目了，而是一个永无尽头、持续不断的过程。而组织学习根植于个人对于学习的意愿与能力，也会不断学习。

第二项修炼，改善心智模式

"改善心智模式"（improving mental models）的修炼是把镜子转向自己，发掘自己内心世界深处的秘密，并客观地审视，借以改善自身的心智模式，更利于自己深入地学习。壳牌石油公司之所以能成功地度过20世纪七八十年代石油危机的巨大冲击，并成长为全球首强，主要得益于学习如何显现管理者的心智模式，并加以改善。

第三项修炼，建立共同愿景

2500年前，孙子在《孙子兵法·计篇》中就讲到"五事七计"首要的因素就是"道"。"道者，令民与上同意者也，可与之死，可与之生，民弗诡也。"故"上下同欲者胜"。千百年来，组织中的人们一直梦寐以求的最高境界就是"上下同欲"，即建立共同愿景（building shared vision）。惟有有了衷心渴望实现的共同目标，大家才会发自内心地努力工作、努力学习、追求卓越，从而使组织欣欣向荣。否则，一个缺乏共同愿景的组织必定人心涣散，相互掣肘，难成大器。

共同的愿景常以一位伟大的领袖为中心，或激发自一件共同的危机。但是，很多组织缺乏将个人愿景整合为共同愿景的修炼。

第四项修炼，团队学习

团队作为一种新兴的管理方法，现在正风靡一时。团队中的成员互相学习，取长补短，不仅使团队整体的绩效大幅提升，而且使团队中的成员成长得更快。但是团队学习存在局限性，以至于在实践中出现了团队中每个人的智商都在120以上，而集体的智商却只有62的窘境。团队学习的修炼就是要处理这种困境。

团队学习（team learning）的修炼从对话开始。所谓对话，指的是团队中的所有成员敞开心扉，进行心灵的沟通，从而进入真正统一思考的方法或过程。另外，"对话"也可以找出有碍学习的互动模式。

团队学习之所以非常重要，是因为在现代组织中，学习的基本单位是团队而非个人。除非团队能学习，否则组织就无法学习。

第五项修炼，系统思考

企业与人类社会都是一种"系统"，是由一系列微妙的、彼此息息相关的因素所构成的有机整体。这些因素通过各不相同的模式或渠道相互影响，"牵一发而动全身"。但是，这种影响并不是立竿见影、一一对应的，而常常是要经年累月才完全展现出来。身处系统中的一小部分，人们往往不由自主地倾向于关注系统中的某一片段（或局部），而无法真正把握整体。系统思考的修炼就在于扩大人们的视野，让人们"见树又见林"。

上述五项修炼中，"系统思考"的修炼是非常重要的。它是整合其他各项修炼成一体的理论与实务，防止组织在真正实践时，将各项修炼列为互不相干的名目或一时流行的风尚。少了系统思考，就无法探究各项修炼之间是如何互动的。系统思考强化其他每一项修炼，并不断提醒我们：融合整体能得到整体大于部分之和的效果。

当然，"系统思考"也需要其他四项修炼来配合，以发挥它的潜力。"建立共同愿景"培养成员对团队的长期承诺；"改善心智模式"使人专注于以开放的方式承认我们认知方面的缺失；"团队学习"是发挥团体力量，全面提升团队整体力量的技术；而"自我超越"是不断反照个人对周边影响的一面镜子，缺少了它，人们将陷入简单的"压力——反应"式的结构困境。因此，五项修炼是一个有机整体，不能孤立或分割开来。

事实上，不管是否接触过"五项修炼"，很多人都不会否定系统思考的重要性，这也是现代经理人制定睿智决策、处理复杂事务所需的关键技能之一。正如作者所言，系统思考根本就不是那种充满学究气、象牙塔中的活动，它极其实用而且务实，可以应用到商业和组织生活中的每个侧面。

尽管如此，令人惊讶的是，我们在市面上居然找不到一本实用的系统思考应用指南，尤其是经理人能够读得懂、学得会的通俗读物（限于篇幅，彼得·圣吉在《第五项修炼》以及其后的著作中，也未给出系统思考详尽的指南）。本书填补了这一空白。

本书的价值

看看书后那些热情洋溢的赞誉，你就会明白这本书的价值：

本书以清晰易读的方式，使用我们在日常生活中经常会遇到的真实例子，对系统思考进行了完美的概述，它从解释系统思考最基本的要素入手，从教你画一条线段、一个箭头开始，一步步引导你揭开复杂问题下的逻辑，并把它们清晰地用系统循环图（或称因果回路图）的形式呈现出来；同时，本书还深入浅出地向你介绍了系统思考的基本概念、原理与精髓，以及熟悉系统思考技能必须具备的基本规则，并包含大量诀窍、实用工具和技术，有助于你制定未来的战略、指导团队建设、管理业务的成长。这是一本一般人士和经理人能够读得懂的系统思考应用指南，简洁但不失必要的细节。

因此，无论你是打算利用系统思考来剖析自己工作生活中面临的复杂问题，还是作为团队修炼、组织学习的工具，本书都将对你大有裨益。

当然，就我个人看来，阅读本书将有三重境界：

首先，如果你能够塌下心来，融入书中的情境，跟上作者的思维脉络，并且一路坚持到底，你将对系统思考及其工具、方法有所领悟和掌握。

其次，如果你根据本书中所提供的一些指示和参考，与自己的团队一起，结合实际工作中的问题，使用这些工具和方法，绘制你自己的系统循环图，你将开始掌握并会使用这些方法。

当然，如果你能够透过这些系统循环图和其他工具，发掘自己和他人隐藏的心智模式（这些工具有助于心智模式的浮现），继而认识、接受和改善它们，形成团队共享的心智模式，你将开始体味真正的深度学习和团队学习——此时，你已经向学习型组织迈进了一大步。

如果你用心，达到第一重境界似乎不难，但要达到第二、第三重境界，还是需要花费一番工夫，甚至需要悟性和运气。如果你做到了这一点，别忘了告诉我——我也想和你一起分享这种快乐；如果你做不到这一点，也欢迎你告诉我——我愿意和你一起切磋琢磨。

你如何使用这本书

如前所述，这本书是我致力于推动学习型组织从理论走向实务的努力之一，但它能否达到这种效果，则完全取决于你——我亲爱的读者：正是你决定如何阅读这本书；正是你决定能否将系统思考应用于实际；正是你决定系统思考应用的功效。因此，当你翻开这本书的时候，请相信我正在用热切的目光期待着你让它陪伴你开始系统思考修炼之旅。

其他说明

本书是集体智慧的结晶。我首先要深深地感谢清华大学 CMIS 研究中心博士研究生刘昕。如果没有他的努力，本书不可能如期高质量地面世。我和刘昕曾经一起共事，他做事认真、勤于钻研，对新事物保持着高昂的热情——当然，他也对学习型组织产生了浓厚兴趣。之后，我们开始在学习型组织的研究与实践方面进行合作。在翻译本书的过程中，我们首先讨论了一些理论，统一了部分术语，刘昕还提前阅读了《第五项修炼·实践篇》和《变革之舞》等中译本，之后他陆续提供了初译稿，由我进行修改、审校以及最后的整合。刘昕还帮助校对了正文。

同样深深感谢台湾羽白国际管理顾问公司总经理、知名学习型组织专家刘兆岩先生的大力协助。他不仅在百忙之中帮助审读了全文，提出了非常宝贵的修改建议，还多次和我讨论一些术语的译法和相关问题，我们在 MSN 上的交流经常持续到深夜。同时，兆岩还为本书挥毫作序，贡献他十余年研修并辅导企业创建学习型组织的智慧。

感谢我的导师全国人大常务委员会副委员长成思危教授、南开大学国际商学院院长李维安教授，以及南开大学博士生导师张玉利教授、王迎军教授、白长虹老师等给予我的教诲和大力支持！很多学习型组织的实践者和推动者，如中国社会科学院哲学研究所金吾伦教授、中国人民大学工商研修中心任志宽主任、研究员叶延红老师、吴兆颐老师、《现代企业教育》杂志社刘大星社长、上海明德学习型组织研究所张声雄教授、山东鲁南水泥有限公司总经理张金栋、副总经理盛春德、沧州电力局高文书记等，都对我的工作给予了很大关注与支持。在此感谢他们，并向他们不遗余力推动学习型组织的精神以及取得的丰硕成果表示由衷的敬意！尤其是他们的开阔胸襟以及高风亮节，更值得钦佩。我还想感谢所有支持我、帮助过我的朋友们，他们是包蔚然、博惠、曹京丽、程斌宏、董增有、傅宗科、桂学军、韩东晖、何伟、胡锦建、黄少刚、姜天剑、冷明、秦宇、牛继舜、单晓伟、孙作新、王钧、王俊、王瑞、肖良、易言、雍娜、张鼎昆、张丽霞、张民、张善勇、张志奇、赵佑军、朱竹林、庄秀丽等。感谢我的夫人崔玲以及女儿邱鹏锦给我的关爱和支持。

由于译者水平有限，加上时间紧张，书中难免还有一些错误或纰漏，欢迎读者批评指正。让我们共同努力，推动学习型组织在中国的研究与实践！

译者联系方式：qiuzl@cko.com.cn。

欲了解更多信息，欢迎访问学习型组织研修中心网站：www.cko.com.cn。

邱昭良

南开大学国际商学院博士研究生

学习型组织研修中心创始人